小学校学習指導要領（平成29年告示）解説

社会編

平成29年7月

文部科学省

まえがき

　文部科学省では，平成29年3月31日に学校教育法施行規則の一部改正と小学校学習指導要領の改訂を行った。新小学校学習指導要領等は平成32年度から全面的に実施することとし，平成30年度から一部を移行措置として先行して実施することとしている。

　今回の改訂は，平成28年12月の中央教育審議会答申を踏まえ，

① 教育基本法，学校教育法などを踏まえ，これまでの我が国の学校教育の実績や蓄積を生かし，子供たちが未来社会を切り拓くための資質・能力を一層確実に育成することを目指すこと。その際，子供たちに求められる資質・能力とは何かを社会と共有し，連携する「社会に開かれた教育課程」を重視すること。

② 知識及び技能の習得と思考力，判断力，表現力等の育成のバランスを重視する平成20年改訂の学習指導要領の枠組みや教育内容を維持した上で，知識の理解の質を更に高め，確かな学力を育成すること。

③ 先行する特別教科化など道徳教育の充実や体験活動の重視，体育・健康に関する指導の充実により，豊かな心や健やかな体を育成すること。

を基本的なねらいとして行った。

　本書は，大綱的な基準である学習指導要領の記述の意味や解釈などの詳細について説明するために，文部科学省が作成するものであり，小学校学習指導要領第2章第2節「社会」について，その改善の趣旨や内容を解説している。

　各学校においては，本書を御活用いただき，学習指導要領等についての理解を深め，創意工夫を生かした特色ある教育課程を編成・実施されるようお願いしたい。

　むすびに，本書「小学校学習指導要領解説社会編」の作成に御協力くださった各位に対し，心から感謝の意を表する次第である。

　平成29年7月

　　　　　　　　　　　　　　　　　　　　　　文部科学省初等中等教育局長

　　　　　　　　　　　　　　　　　　　　　　　　　　髙橋　道和

目次

- 第1章　総説 ………………………………………………………… 1
  - 1　改訂の経緯及び基本方針 ………………………………… 1
  - 2　社会科改訂の趣旨及び要点 ……………………………… 5
- 第2章　社会科の目標及び内容 ……………………………………… 17
  - 第1節　社会科の目標 ……………………………………… 17
    - 1　教科の目標 ………………………………………… 17
    - 2　学年の目標 ………………………………………… 24
  - 第2節　社会科の内容構成 ………………………………… 29
- 第3章　各学年の目標及び内容 ……………………………………… 31
  - 第1節　第3学年の目標及び内容 ………………………… 31
  - 第2節　第4学年の目標及び内容 ………………………… 48
  - 第3節　第5学年の目標及び内容 ………………………… 70
  - 第4節　第6学年の目標及び内容 ………………………… 97
- 第4章　指導計画の作成と内容の取扱い …………………………… 135
  - 1　指導計画作成上の配慮事項 ……………………………… 135
  - 2　内容の取扱いについての配慮事項 ……………………… 141
- 参考資料 …………………………………………………………… 148
  - 参考資料1：小・中学校社会科において育成を目指す資質・能力 … 148
  - 参考資料2：小・中学校社会科における内容の枠組みと対象 ……… 150
  - 参考資料3：社会的事象等について調べまとめる技能 …………… 152
  - 参考資料4：社会科に関係する教材や資料集等について ………… 154

目次

- ● 付　録 ……………………………………………………………… 155
  - ● 付録1：学校教育法施行規則（抄） ………………………… 156
  - ● 付録2：小学校学習指導要領　第1章　総則 ……………… 160
  - ● 付録3：小学校学習指導要領　第2章　第2節　社会 ………… 167
  - ● 付録4：中学校学習指導要領　第2章　第2節　社会 ………… 179
  - ● 付録5：小学校学習指導要領　第3章　特別の教科　道徳 …… 195
  - ● 付録6：「道徳の内容」の学年段階・学校段階の一覧表 …… 202
  - ● 付録7：幼稚園教育要領 ……………………………………… 204

第1章　総説

●1　改訂の経緯及び基本方針

(1) 改訂の経緯

　今の子供たちやこれから誕生する子供たちが，成人して社会で活躍する頃には，我が国は厳しい挑戦の時代を迎えていると予想される。生産年齢人口の減少，グローバル化の進展や絶え間ない技術革新等により，社会構造や雇用環境は大きく，また急速に変化しており，予測が困難な時代となっている。また，急激な少子高齢化が進む中で成熟社会を迎えた我が国にあっては，一人一人が持続可能な社会の担い手として，その多様性を原動力とし，質的な豊かさを伴った個人と社会の成長につながる新たな価値を生み出していくことが期待される。

　こうした変化の一つとして，人工知能（AI）の飛躍的な進化を挙げることができる。人工知能が自ら知識を概念的に理解し，思考し始めているとも言われ，雇用の在り方や学校において獲得する知識の意味にも大きな変化をもたらすのではないかとの予測も示されている。このことは同時に，人工知能がどれだけ進化し思考できるようになったとしても，その思考の目的を与えたり，目的のよさ・正しさ・美しさを判断したりできるのは人間の最も大きな強みであるということの再認識につながっている。

　このような時代にあって，学校教育には，子供たちが様々な変化に積極的に向き合い，他者と協働して課題を解決していくことや，様々な情報を見極め知識の概念的な理解を実現し情報を再構成するなどして新たな価値につなげていくこと，複雑な状況変化の中で目的を再構築することができるようにすることが求められている。

　このことは，本来，我が国の学校教育が大切にしてきたことであるものの，教師の世代交代が進むと同時に，学校内における教師の世代間のバランスが変化し，教育に関わる様々な経験や知見をどのように継承していくかが課題となり，また，子供たちを取り巻く環境の変化により学校が抱える課題も複雑化・困難化する中で，これまでどおり学校の工夫だけにその実現を委ねることは困難になってきている。

　こうした状況を踏まえ，平成26年11月には，文部科学大臣から新しい時代にふさわしい学習指導要領等の在り方について中央教育審議会に諮問を行った。中央教育審議会においては，2年1か月にわたる審議の末，平成28年12月21日に「幼稚園，小学校，中学校，高等学校及び特別支援学校の学習指導要領等の改善及び必要な方策等について（答申）」（以下「中央教育審議会答申」という。）を示した。

　中央教育審議会答申においては，"よりよい学校教育を通じてよりよい社会を創

る"という目標を学校と社会が共有し,連携・協働しながら,新しい時代に求められる資質・能力を子供たちに育む「社会に開かれた教育課程」の実現を目指し,学習指導要領等が,学校,家庭,地域の関係者が幅広く共有し活用できる「学びの地図」としての役割を果たすことができるよう,次の6点にわたってその枠組みを改善するとともに,各学校において教育課程を軸に学校教育の改善・充実の好循環を生み出す「カリキュラム・マネジメント」の実現を目指すことなどが求められた。

① 「何ができるようになるか」(育成を目指す資質・能力)
② 「何を学ぶか」(教科等を学ぶ意義と,教科等間・学校段階間のつながりを踏まえた教育課程の編成)
③ 「どのように学ぶか」(各教科等の指導計画の作成と実施,学習・指導の改善・充実)
④ 「子供一人一人の発達をどのように支援するか」(子供の発達を踏まえた指導)
⑤ 「何が身に付いたか」(学習評価の充実)
⑥ 「実施するために何が必要か」(学習指導要領等の理念を実現するために必要な方策)

　これを踏まえ,平成29年3月31日に学校教育法施行規則を改正するとともに,幼稚園教育要領,小学校学習指導要領及び中学校学習指導要領を公示した。小学校学習指導要領は,平成30年4月1日から第3学年及び第4学年において外国語活動を実施する等の円滑に移行するための措置(移行措置)を実施し,平成32年4月1日から全面実施することとしている。また,中学校学習指導要領は,平成30年4月1日から移行措置を実施し,平成33年4月1日から全面実施することとしている。

(2) 改訂の基本方針

　今回の改訂は中央教育審議会答申を踏まえ,次の基本方針に基づき行った。

① 今回の改訂の基本的な考え方

ア　教育基本法,学校教育法などを踏まえ,これまでの我が国の学校教育の実践や蓄積を生かし,子供たちが未来社会を切り拓くための資質・能力を一層確実に育成することを目指す。その際,子供たちに求められる資質・能力とは何かを社会と共有し,連携する「社会に開かれた教育課程」を重視すること。

イ　知識及び技能の習得と思考力,判断力,表現力等の育成のバランスを重視する平成20年改訂の学習指導要領の枠組みや教育内容を維持した上で,知識の理解の質を更に高め,確かな学力を育成すること。

ウ　先行する特別教科化など道徳教育の充実や体験活動の重視,体育・健康に関する指導の充実により,豊かな心や健やかな体を育成すること。

② 育成を目指す資質・能力の明確化

中央教育審議会答申においては，予測困難な社会の変化に主体的に関わり，感性を豊かに働かせながら，どのような未来を創っていくのか，どのように社会や人生をよりよいものにしていくのかという目的を自ら考え，自らの可能性を発揮し，よりよい社会と幸福な人生の創り手となる力を身に付けられるようにすることが重要であること，こうした力は全く新しい力ということではなく学校教育が長年その育成を目指してきた「生きる力」であることを改めて捉え直し，学校教育がしっかりとその強みを発揮できるようにしていくことが必要とされた。また，汎用的な能力の育成を重視する世界的な潮流を踏まえつつ，知識及び技能と思考力，判断力，表現力等をバランスよく育成してきた我が国の学校教育の蓄積を生かしていくことが重要とされた。

このため「生きる力」をより具体化し，教育課程全体を通して育成を目指す資質・能力を，ア「何を理解しているか，何ができるか（生きて働く「知識・技能」の習得）」，イ「理解していること・できることをどう使うか（未知の状況にも対応できる「思考力・判断力・表現力等」の育成）」，ウ「どのように社会・世界と関わり，よりよい人生を送るか（学びを人生や社会に生かそうとする「学びに向かう力・人間性等」の涵養）」の三つの柱に整理するとともに，各教科等の目標や内容についても，この三つの柱に基づく再整理を図るよう提言がなされた。

今回の改訂では，知・徳・体にわたる「生きる力」を子供たちに育むために「何のために学ぶのか」という各教科等を学ぶ意義を共有しながら，授業の創意工夫や教科書等の教材の改善を引き出していくことができるようにするため，全ての教科等の目標及び内容を「知識及び技能」，「思考力，判断力，表現力等」，「学びに向かう力，人間性等」の三つの柱で再整理した。

③ 「主体的・対話的で深い学び」の実現に向けた授業改善の推進

子供たちが，学習内容を人生や社会の在り方と結び付けて深く理解し，これからの時代に求められる資質・能力を身に付け，生涯にわたって能動的に学び続けることができるようにするためには，これまでの学校教育の蓄積を生かし，学習の質を一層高める授業改善の取組を活性化していくことが必要であり，我が国の優れた教育実践に見られる普遍的な視点である「主体的・対話的で深い学び」の実現に向けた授業改善（アクティブ・ラーニングの視点に立った授業改善）を推進することが求められる。

今回の改訂では「主体的・対話的で深い学び」の実現に向けた授業改善を進める際の指導上の配慮事項を総則に記載するとともに，各教科等の「第3　指導計画の作成と内容の取扱い」において，単元や題材など内容や時間のまとまりを見通して，

その中で育む資質・能力の育成に向けて,「主体的・対話的で深い学び」の実現に向けた授業改善を進めることを示した。

その際,以下の6点に留意して取り組むことが重要である。

ア 児童生徒に求められる資質・能力を育成することを目指した授業改善の取組は,既に小・中学校を中心に多くの実践が積み重ねられており,特に義務教育段階はこれまで地道に取り組まれ蓄積されてきた実践を否定し,全く異なる指導方法を導入しなければならないと捉える必要はないこと。

イ 授業の方法や技術の改善のみを意図するものではなく,児童生徒に目指す資質・能力を育むために「主体的な学び」,「対話的な学び」,「深い学び」の視点で,授業改善を進めるものであること。

ウ 各教科等において通常行われている学習活動（言語活動,観察・実験,問題解決的な学習など）の質を向上させることを主眼とするものであること。

エ 1回1回の授業で全ての学びが実現されるものではなく,単元や題材など内容や時間のまとまりの中で,学習を見通し振り返る場面をどこに設定するか,グループなどで対話する場面をどこに設定するか,児童生徒が考える場面と教師が教える場面をどのように組み立てるかを考え,実現を図っていくものであること。

オ 深い学びの鍵として「見方・考え方」を働かせることが重要になること。各教科等の「見方・考え方」は,「どのような視点で物事を捉え,どのような考え方で思考していくのか」というその教科等ならではの物事を捉える視点や考え方である。各教科等を学ぶ本質的な意義の中核をなすものであり,教科等の学習と社会をつなぐものであることから,児童生徒が学習や人生において「見方・考え方」を自在に働かせることができるようにすることにこそ,教師の専門性が発揮されることが求められること。

カ 基礎的・基本的な知識及び技能の習得に課題がある場合には,その確実な習得を図ることを重視すること。

④ 各学校におけるカリキュラム・マネジメントの推進

各学校においては,教科等の目標や内容を見通し,特に学習の基盤となる資質・能力（言語能力,情報活用能力（情報モラルを含む。以下同じ。）,問題発見・解決能力等）や現代的な諸課題に対応して求められる資質・能力の育成のためには,教科等横断的な学習を充実することや,「主体的・対話的で深い学び」の実現に向けた授業改善を,単元や題材など内容や時間のまとまりを見通して行うことが求められる。これらの取組の実現のためには,学校全体として,児童生徒や学校,地域の実態を適切に把握し,教育内容や時間の配分,必要な人的・物的体制の確保,教育

課程の実施状況に基づく改善などを通して，教育活動の質を向上させ，学習の効果の最大化を図るカリキュラム・マネジメントに努めることが求められる。

このため総則において，「児童や学校，地域の実態を適切に把握し，教育の目的や目標の実現に必要な教育の内容等を教科等横断的な視点で組み立てていくこと，教育課程の実施状況を評価してその改善を図っていくこと，教育課程の実施に必要な人的又は物的な体制を確保するとともにその改善を図っていくことなどを通して，教育課程に基づき組織的かつ計画的に各学校の教育活動の質の向上を図っていくこと（以下「カリキュラム・マネジメント」という。）に努める」ことについて新たに示した。

⑤ 教育内容の主な改善事項

このほか，言語能力の確実な育成，理数教育の充実，伝統や文化に関する教育の充実，体験活動の充実，外国語教育の充実などについて総則や各教科等において，その特質に応じて内容やその取扱いの充実を図った。

2　社会科改訂の趣旨及び要点

(1) 改訂の趣旨

このたびの小学校社会科の改訂は，前述した中央教育審議会答申を踏まえて行われたものである。

中央教育審議会答申の中で，社会科，地理歴史科，公民科の全体に関わる改善について示している事項を「社会科，地理歴史科，公民科の改善の基本方針及び具体的な改善事項」としてまとめると次のようになる。

（ⅰ）社会科，地理歴史科，公民科の改善の基本方針
○　社会科，地理歴史科，公民科では，社会との関わりを意識して課題を追究したり解決したりする活動を充実し，知識や思考力等を基盤として社会の在り方や人間としての生き方について選択・判断する力，自国の動向とグローバルな動向を横断的・相互的に捉えて現代的な諸課題を歴史的に考察する力，持続可能な社会づくりの観点から地球規模の諸課題や地域課題を解決しようとする態度など，国家及び社会の形成者として必要な資質・能力を育んでいくことが求められる。
○　社会科，地理歴史科，公民科における教育目標は，従前の目標の趣旨を勘案して「公民としての資質・能力」を育成することを目指し，その資質・能力の具体的な内容を「知識・技能」，「思考力・判断力・表現力等」，「学びに

向かう力・人間性等」の三つの柱で示した。

その際,高等学校地理歴史科,公民科では,広い視野に立ち,グローバル化する国際社会に主体的に生きる平和で民主的な国家及び社会の有為な形成者に必要な公民としての資質・能力を,小・中学校社会科ではその基礎をそれぞれ育成することが必要である。

○ 資質・能力の具体的な内容としては,「知識・技能」については,社会的事象等に関する理解などを図るための知識と社会的事象等について調べまとめる技能として,「思考力・判断力・表現力等」については,社会的事象等の意味や意義,特色や相互の関連を考察する力,社会に見られる課題を把握して,その解決に向けて構想する力や,考察したことや構想したことを説明する力,それらを基に議論する力として,また,「学びに向かう力・人間性等」については,主体的に学習に取り組む態度と,多面的・多角的な考察や深い理解を通して涵養される自覚や愛情などとして,それぞれ校種の段階や分野・科目ごとの内容に応じて整理した。

○ 「社会的な見方・考え方」は,課題を追究したり解決したりする活動において,社会的事象等の意味や意義,特色や相互の関連を考察したり,社会に見られる課題を把握して,その解決に向けて構想したりする際の視点や方法であると考えられる。そこで,小学校社会科においては,「社会的事象を,位置や空間的な広がり,時期や時間の経過,事象や人々の相互関係などに着目して捉え,比較・分類したり総合したり,地域の人々や国民の生活と関連付けたりすること」を「社会的事象の見方・考え方」として整理し,中学校社会科,高等学校地理歴史科,公民科においても,校種の段階や分野・科目の特質を踏まえた「見方・考え方」をそれぞれ整理した。その上で,「社会的な見方・考え方」をそれらの総称とした。

○ こうした「社会的な見方・考え方」は,社会科,地理歴史科,公民科としての本質的な学びを促し,深い学びを実現するための思考力,判断力の育成はもとより,生きて働く知識の習得に不可欠であること,主体的に学習に取り組む態度や学習を通して涵養される自覚や愛情等にも作用することなどを踏まえると,資質・能力全体に関わるものであると考えられる。

（ⅱ）社会科,地理歴史科,公民科の具体的な改善事項

○ 三つの柱に沿った資質・能力を育成するためには,課題を追究したり解決したりする活動の充実が求められる。社会科においては従前,小学校で問題解決的な学習の充実,中学校で適切な課題を設けて行う学習の充実が求められており,それらの趣旨を踏襲する。

○ そうした学習活動を充実させるための学習過程の例としては,大きくは課

題把握，課題追究，課題解決の三つが考えられる。また，それらを構成する活動の例としては，動機付けや方向付け，情報収集や考察・構想，まとめや振り返りなどの活動が考えられる。

○ 社会科，地理歴史科，公民科の内容については，三つの柱に沿った資質・能力や学習過程の在り方を踏まえて，それらの趣旨を実現するため，次の二点から教育内容を整理して示すことが求められる。

　視点の第一は，社会科における内容の枠組みや対象に関わる整理である。小学校社会科では，中学校社会科の分野別の構成とは異なり，社会的事象を総合的に捉える内容として構成されている。そのため教員は，指導している内容が社会科全体においてどのような位置付けにあるか，中学校社会科とどのようにつながるかといったことを意識しづらいという点が課題として指摘されている。そのことを踏まえ，小・中学校社会科の内容を，①地理的環境と人々の生活，②歴史と人々の生活，③現代社会の仕組みや働きと人々の生活という三つの枠組みに位置付ける。また，①，②は空間的な広がりを念頭に地域，日本，世界と，③は社会的事象について経済・産業，政治及び国際関係と，対象を区分する。

　視点の第二は，「社会的な見方・考え方」に基づいた示し方の改善である。「社会的な見方・考え方」は社会的事象等を見たり考えたりする際の視点や方法であり，時間，空間，相互関係などの視点に着目して事実等に関する知識を習得し，それらを比較，関連付けなどして考察・構想し，特色や意味，理論などの概念等に関する知識を身に付けるために必要となるものである。これらのことを踏まえて，学習指導要領の内容について，例えば「社会的な見方・考え方」と概念等に関する知識との関係などを示していくことが重要である。

○ 社会に見られる課題を把握して，その解決に向けて構想する力を養うためには，現行学習指導要領において充実された伝統・文化等に関する様々な理解を引き続き深めつつ，将来につながる現代的な諸課題を踏まえた教育内容の見直しを図ることが必要である。具体的には，日本と世界の生活・文化の多様性の理解や，地球規模の諸課題や地域的な諸課題の解決について，例えば，我が国の固有の領土について地理的な側面や国際的な関係に着目して考えるなど，時間的・空間的など多様な視点から考察する力を身に付けるなどのグローバル化への対応，持続可能な社会の形成，情報化等による産業構造の変化やその中での起業，防災・安全への対応や周囲が海に囲まれ，多くの島々からなる海洋国家である我が国の国土の様子，主権者教育において重要な役割を担う教科として選挙権年齢の18歳への引き下げに伴い財政や税，社会保障，雇用，労働や金融といった課題への対応にも留意した政治参加，

少子高齢化等による地域社会の変化などを踏まえた教育内容の見直しを図ることが必要である。

○ 主体的な学びについては，児童生徒が学習課題を把握しその解決への見通しを持つことが必要である。そのためには，単元などを通した学習過程の中で動機付けや方向付けを重視するとともに，学習内容・活動に応じた振り返りの場面を設定し，児童生徒の表現を促すようにすることなどが重要である。

○ 対話的な学びについては，例えば，実社会で働く人々が連携・協働して社会に見られる課題を解決している姿を調べたり，実社会の人々の話を聞いたりする活動の一層の充実が期待される。しかしながら，話合いの指導が十分に行われずグループによる活動が優先し内容が深まらないといった課題が指摘されるところであり，深い学びとの関わりに留意し，その改善を図ることが求められる。

○ また，主体的・対話的な学びの過程で，ICTを活用することも効果的である。

○ これらのことを踏まえるとともに，深い学びの実現のためには，「社会的な見方・考え方」を用いた考察，構想や，説明，議論等の学習活動が組み込まれた，課題を追究したり解決したりする活動が不可欠である。具体的には，教科・科目及び分野の特質に根ざした追究の視点と，それを生かした課題（問い）の設定，諸資料等を基にした多面的・多角的な考察，社会に見られる課題の解決に向けた広い視野からの構想（選択・判断），論理的な説明，合意形成や社会参画を視野に入れながらの議論などを通し，主として用語・語句などを含めた個別の事実等に関する知識のみならず，主として社会的事象等の特色や意味，理論などを含めた社会の中で汎用的に使うことのできる概念等に関わる知識を獲得するように学習を設計することが求められる。このような観点から，例えば主権者教育の充実のため，モデル事業等による指導法の改善や単元開発の実施，新しい教材の開発・活用など教育効果の高い指導上の工夫の普及などを図ることも重要である。

○ 授業において，新聞や公的機関が発行する資料等を一層活用すること。

○ 教育環境の充実のために次のような条件整備が求められる。
・教科の内容に関係する専門家や関係諸機関等と円滑な連携・協働を図り，社会との関わりを意識して課題を追究したり解決したりする活動を充実させること
・博物館や資料館，図書館などの公共施設についても引き続き積極的に活用すること
・教員を対象とした研修の充実に努めること

これらは,社会科,地理歴史科,公民科を通じて「公民としての資質・能力」の育成を目指すこと,小・中学校においては公民としての資質・能力の基礎を育成することを求めている。そのために,社会科,地理歴史科,公民科を通して育成を目指す資質・能力の具体を「知識・技能」,「思考力・判断力・表現力等」,「学びに向かう力・人間性等」の三つの柱で明確化し,「社会的な見方・考え方」を働かせた学びを通して,三つの柱で整理した資質・能力を育成していくことを求めている。

また,社会との関わりを意識して課題を追究したり解決したりする活動を位置付けた学習過程を工夫し,「主体的・対話的で深い学び」を実現するよう授業改善を図ることや,小・中学校の社会科の内容を枠組みや対象に区分して整理したり,「社会的な見方・考え方」と概念等に関する知識との関係などを整理したりして,学習指導要領に示していくこと,教育環境の充実のための条件整備を図ることなどを求めている。

次に,中央教育審議会答申では,小学校社会科における具体的な改善事項について,以下のように示している。

(ⅲ)具体的な改善事項(小学校)
○ 小学校社会科においては,世界の国々との関わりや政治の働きへの関心を高めるよう教育内容を見直すとともに,自然災害時における地方公共団体の働きや地域の人々の工夫・努力等に関する指導の充実,少子高齢化等による地域社会の変化や情報化に伴う生活や産業の変化に関する教育内容を見直すなどの改善を行う。
○ 小学校社会科においては,これまで第4学年から配布されていた「教科用図書　地図」を第3学年から配布するようにし,グローバル化などへの対応を図っていく。

これらの中央教育審議会答申を踏まえて,小学校社会科では,次のように改善事項をまとめた。

○ 幼児教育で育まれたものや,生活科をはじめとする小学校低学年における学習を通じて身に付けた資質・能力の上に,小学校社会科において育成を目指す資質・能力を「知識及び技能」,「思考力,判断力,表現力等」,「学びに向かう力,人間性等」の三つの柱に沿って明確化するとともに,「社会的な見方・考え方」については,小学校社会科の特質を踏まえ,本解説第2章第1節1①において示すとおり,「社会的事象の見方・考え方」と言い換え,資質・能力全体に関わるものとして位置付ける方向で教科の目標の改善を図る。

○ 各学年の目標も，三つの柱に沿った資質・能力として整理・明確化する。その際，第3学年及び第4学年の目標と内容については，系統的，段階的に再整理する。また，地図帳の使用を第3学年から目標に示す。

○ 小学校社会科における見方・考え方を「社会的事象の見方・考え方」とし，社会的事象の特色や意味などを考えたり，社会に見られる課題を把握して，その解決に向けて社会への関わり方を選択・判断したりする際の「視点や方法（考え方）」であり，「位置や空間的な広がり，時期や時間の経過，事象や人々の相互関係に着目して社会的事象を捉え，比較・分類したり総合したり，地域の人々や国民の生活と関連付けたりすること」と整理する。

○ 内容について，中学校への接続・発展を視野に入れて，①地理的環境と人々の生活，②歴史と人々の生活，③現代社会の仕組みや働きと人々の生活，の三つに，また，①，②は空間的な広がりを念頭に，地域，日本，世界と，③は経済・産業，政治及び国際関係と，それぞれ区分して整理する方向で改善を図る。

○ 現代的な諸課題を踏まえる観点から，我が国や地方公共団体の政治の仕組みや働き，世界の国々との関わりに関心を高めるとともに，社会に見られる課題を把握して社会の発展を考える学習の充実を図る方向で改善を図る。また，持続可能な社会づくりの観点から，人口減少や地域の活性化，国土や防災安全に関する内容の充実を図るとともに，情報化による生活や産業の変化，産業における技術の向上などに関する内容についても充実する方向で改善を図る。

○ 社会との関わりを意識して学習の問題を追究・解決する学習の充実を図り，学習過程において「主体的・対話的で深い学び」が実現するよう指導方法の不断の見直し，改善を図る。

（2）改訂の要点

① 目標の改善

小学校社会科においては，中央教育審議会答申を踏まえて，教科の目標を次のように改めた。

〔教科の目標〕

社会的な見方・考え方を働かせ，課題を追究したり解決したりする活動を通して，グローバル化する国際社会を主体的に生きる平和で民主的な国家及び社会の形成者に必要な公民としての資質・能力の基礎を次のとおり育成することを目指す。

(1) 地域や我が国の国土の地理的環境，現代社会の仕組みや働き，地域や我が国の歴史や伝統と文化を通して社会生活について理解するとともに，様々な資料や調査活動を通して情報を適切に調べまとめる技能を身に付けるようにする。

(2) 社会的事象の特色や相互の関連,意味を多角的に考えたり,社会に見られる課題を把握して,その解決に向けて社会への関わり方を選択・判断したりする力,考えたことや選択・判断したことを適切に表現する力を養う。

(3) 社会的事象について,よりよい社会を考え主体的に問題解決しようとする態度を養うとともに,多角的な思考や理解を通して,地域社会に対する誇りと愛情,地域社会の一員としての自覚,我が国の国土と歴史に対する愛情,我が国の将来を担う国民としての自覚,世界の国々の人々と共に生きていくことの大切さについての自覚などを養う。

また,各学年の目標を次のように改めた。

〔第3学年の目標〕

社会的事象の見方・考え方を働かせ,学習の問題を追究・解決する活動を通して,次のとおり資質・能力を育成することを目指す。

(1) 身近な地域や市区町村の地理的環境,地域の安全を守るための諸活動や地域の産業と消費生活の様子,地域の様子の移り変わりについて,人々の生活との関連を踏まえて理解するとともに,調査活動,地図帳や各種の具体的資料を通して,必要な情報を調べまとめる技能を身に付けるようにする。

(2) 社会的事象の特色や相互の関連,意味を考える力,社会に見られる課題を把握して,その解決に向けて社会への関わり方を選択・判断する力,考えたことや選択・判断したことを表現する力を養う。

(3) 社会的事象について,主体的に学習の問題を解決しようとする態度や,よりよい社会を考え学習したことを社会生活に生かそうとする態度を養うとともに,思考や理解を通して,地域社会に対する誇りと愛情,地域社会の一員としての自覚を養う。

〔第4学年の目標〕

社会的事象の見方・考え方を働かせ,学習の問題を追究・解決する活動を通して,次のとおり資質・能力を育成することを目指す。

(1) 自分たちの都道府県の地理的環境の特色,地域の人々の健康と生活環境を支える働きや自然災害から地域の安全を守るための諸活動,地域の伝統と文化や地域の発展に尽くした先人の働きなどについて,人々の生活との関連を踏まえて理解するとともに,調査活動,地図帳や各種の具体的資料を通して,必要な情報を調べまとめる技能を身に付けるようにする。

(2) 社会的事象の特色や相互の関連,意味を考える力,社会に見られる課題を把握して,その解決に向けて社会への関わり方を選択・判断する力,考えたこと

や選択・判断したことを表現する力を養う。
(3) 社会的事象について，主体的に学習の問題を解決しようとする態度や，よりよい社会を考え学習したことを社会生活に生かそうとする態度を養うとともに，思考や理解を通して，地域社会に対する誇りと愛情，地域社会の一員としての自覚を養う。

〔第5学年の目標〕

社会的事象の見方・考え方を働かせ，学習の問題を追究・解決する活動を通して，次のとおり資質・能力を育成することを目指す。
(1) 我が国の国土の地理的環境の特色や産業の現状，社会の情報化と産業の関わりについて，国民生活との関連を踏まえて理解するとともに，地図帳や地球儀，統計などの各種の基礎的資料を通して，情報を適切に調べまとめる技能を身に付けるようにする。
(2) 社会的事象の特色や相互の関連，意味を多角的に考える力，社会に見られる課題を把握して，その解決に向けて社会への関わり方を選択・判断する力，考えたことや選択・判断したことを説明したり，それらを基に議論したりする力を養う。
(3) 社会的事象について，主体的に学習の問題を解決しようとする態度や，よりよい社会を考え学習したことを社会生活に生かそうとする態度を養うとともに，多角的な思考や理解を通して，我が国の国土に対する愛情，我が国の産業の発展を願い我が国の将来を担う国民としての自覚を養う。

〔第6学年の目標〕

社会的事象の見方・考え方を働かせ，学習の問題を追究・解決する活動を通して，次のとおり資質・能力を育成することを目指す。
(1) 我が国の政治の考え方と仕組みや働き，国家及び社会の発展に大きな働きをした先人の業績や優れた文化遺産，我が国と関係の深い国の生活やグローバル化する国際社会における我が国の役割について理解するとともに，地図帳や地球儀，統計や年表などの各種の基礎的資料を通して，情報を適切に調べまとめる技能を身に付けるようにする。
(2) 社会的事象の特色や相互の関連，意味を多角的に考える力，社会に見られる課題を把握して，その解決に向けて社会への関わり方を選択・判断する力，考えたことや選択・判断したことを説明したり，それらを基に議論したりする力を養う。
(3) 社会的事象について，主体的に学習の問題を解決しようとする態度や，より

よい社会を考え学習したことを社会生活に生かそうとする態度を養うとともに，多角的な思考や理解を通して，我が国の歴史や伝統を大切にして国を愛する心情，我が国の将来を担う国民としての自覚や平和を願う日本人として世界の国々の人々と共に生きることの大切さについての自覚を養う。

② 内容構成の改善

内容構成の改善に当たっては，各学年の内容を，①地理的環境と人々の生活，②歴史と人々の生活，③現代社会の仕組みや働きと人々の生活に区分する観点及び第3学年と第4学年の目標と内容を分けて示す観点から，整理し直した。また，各学年の内容を「知識及び技能に関わる事項」と「思考力，判断力，表現力等に関わる事項」に分けて明確化した。

その上で，世界の国々との関わりや政治の働きへの関心を高めるよう教育内容を見直すとともに，自然災害時における地方公共団体の働きや地域の人々の工夫・努力等に関する指導の充実，少子高齢化等による地域社会の変化や情報化に伴う生活や産業の変化に関する教育内容を見直すなどの改善を図った。

これらのことを背景として，具体的には次のような明確化や改善を図った。

〔第3学年の内容〕

第3学年においては，自分たちの市を中心とした地域を学習対象として取り上げ，次のような改善を図った。

○ 主として「地理的環境と人々の生活」に区分される内容
  ・身近な地域や市区町村の様子に関する内容については，公共施設の場所と働きに「市役所など」という文言を加え，市役所の働きを取り上げることを示した。なお，内容の取扱いにおいて，この内容を「学年の導入で扱うこととし，『自分たちの市』に重点を置くよう配慮すること」や「白地図などにまとめる際に，教科用図書「地図」を参照し，方位や地図記号について扱うこと」を加えた。

○ 主として「歴史と人々の生活」に区分される内容
  ・これまでの「古くから残る暮らしにかかわる道具，それを使っていたころの暮らしの様子」に関する内容を「市の様子の移り変わり」に関する内容に改め，交通や公共施設，土地利用や人口，生活の道具を調べるように示した。また，少子高齢化等による地域の変化を視野に入れて，内容の取扱いにおいて，「『人口』を取り上げる際には，少子高齢化，国際化などに触れ」ることを示した。また，政治の働きへの関心を高めるようにすることを重視して，内容の取扱いにおいて，「市が公共施設の整備を進めてきたことを取り上げること。その際，租税の役割に触れること」を示した。また，「時期の区分について，昭和，平

成など元号を用いた言い表し方などがあることを取り上げること」も示した。
○ 主として「現代社会の仕組みや働きと人々の生活」に区分される内容
・地域に見られる生産や販売の仕事に関する内容については,生産の仕事において,「仕事の種類や産地の分布,仕事の工程」を取り上げるように示した。また,販売の仕事において,「他地域や外国との関わり」を取り上げるように示し,内容の取扱いにおいて,「地図帳などを使用」することとした。また,「消費者の多様な願いを踏まえ売り上げを高めるよう,工夫して」いることを示した。
・地域の安全を守る働きに関する内容については,内容の取扱いにおいて,これまでの「火災,風水害,地震などの中から選択して取り上げ」ることを,火災を取り上げることに改めた。また,「火災と事故はいずれも取り上げること。その際,どちらかに重点を置くなど効果的な指導を工夫すること」を加えた。

〔第4学年の内容〕
　第4学年においては,自分たちの県を中心とした地域を学習対象として取り上げ,次のような改善を図った。
○ 主として「地理的環境と人々の生活」に区分される内容
・都道府県の様子に関する内容については,「自分たちの県の地理的環境の概要を理解すること」や「47都道府県の名称と位置を理解すること」を示した。
・世界との関わりに関心を高めるようにすることを重視して,県内の特色ある地域の様子に関する内容の取扱いにおいて,これまでの「自然環境,伝統や文化などの資源を保護・活用している地域や伝統的な工業などの地場産業の盛んな地域」に「国際交流に取り組んでいる地域」を加えた。
○ 主として「歴史と人々の生活」に区分される内容
・県内の伝統や文化に関する内容については,内容の取扱いにおいて,「県内の主な文化財や年中行事が大まかに分かるようにする」ことを示した。
・先人の働きに関する内容については,内容の取扱いにおいて,これまでの「開発,教育,文化,産業など」に「医療」を加えた。
○ 主として「現代社会の仕組みや働きと人々の生活」に区分される内容
・これまで「地域社会における災害及び事故の防止」の内容の取扱いに示されていた「風水害,地震など」を独立させ「自然災害から人々を守る活動」として示し,「地震災害,津波災害,風水害,火山災害,雪害などの中から,過去に県内で発生したものを選択して取り上げる」ようにした。その際,政治の働きに関心を高めるようにすることを重視して,「県庁や市役所の働きなどを中心に取り上げ,防災情報の発信,避難体制の確保などの働き,自衛隊など国の機関との関わりを取り上げること」を示した。

・人々の健康や生活環境を支える事業に関する内容については，飲料水，電気，ガスを供給する事業において「安全で安定的」な供給を，廃棄物の処理において「衛生的な処理」を示した。なお，内容の取扱いにおいて，「現在に至るまでに仕組みが計画的に改善され公衆衛生が向上してきたことに触れること」を加えるとともに，これまで飲料水，電気，ガスの確保及び廃棄物の処理の内容において扱うものとしていた「法やきまり」を廃棄物の処理に限定した。

〔第5学年の内容〕

第5学年においては，我が国の国土や産業を学習対象として取り上げ，次のような改善を図った。

○ 主として「地理的環境と人々の生活」に区分される内容

・我が国の国土の様子と国民生活に関する内容については，「領土の範囲」を大まかに理解することを示し，内容の取扱いにおいて，「『領土の範囲』については，竹島や北方領土，尖閣諸島が我が国の固有の領土であることに触れること」を示した。

○ 主として「現代社会の仕組みや働きと人々の生活」に区分される内容

・我が国の農業や水産業における食料生産に関する学習については，これまでア「様々な食料生産が国民の食生活を支えていること，食料の中には外国から輸入しているものがあること」とイ「我が国の主な食料生産物の分布や土地利用の特色など」とに分けて示されていた内容を「食料生産の概要」として合わせて示した。また，食料生産に関わる人々の工夫や努力として，「生産性や品質を高める」ことや「輸送方法や販売方法を工夫」していることを示すとともに，これまで内容の取扱いに示されていた「価格や費用」を内容に示した。

・我が国の工業生産に関する内容については，これまでア「様々な工業製品が国民生活を支えていること」とイ「我が国の各種の工業生産や工業地域の分布など」とに分けて示されていた内容を「工業生産の概要」として合わせて示し，「工業製品の改良」を取り上げるように示した。また，工業生産に関わる人々の工夫や努力として，「製造の工程」，「工場相互の協力関係」や「優れた技術」を示した。また，「貿易や運輸」を独立して示し，それらが工業生産を支える役割を考えるようにした。

・情報化に伴う生活や産業の変化を視野に入れて，我が国の産業と情報との関わりに関する内容については，これまでイ「情報化した社会の様子と国民生活とのかかわり」として示していた内容を「情報を生かして発展する産業」に改め，内容の取扱いにおいて，「販売，運輸，観光，医療，福祉などに関わる産業の中から選択して取り上げる」ことを示した。また，技能に関わる事項において，

「映像や新聞など」の資料で調べることを示した。
- 主として「地理的環境と人々の生活」及び「現代社会の仕組みや働きと人々の生活」に区分される内容
  - これまで「国土の保全などのための森林資源の働き及び自然災害の防止」として示していた内容を「自然災害」と「森林」に分けて示した。

〔第6学年の内容〕

第6学年においては，我が国の政治の働きや歴史上の主な事象，グローバル化する世界と日本の役割を学習対象として取り上げ，次のような改善を図った。

- 「歴史と人々の生活」に区分される内容
  - 第6学年の我が国の歴史学習においては，「世の中の様子，人物の働きや代表的な文化遺産などに着目して」調べることや，「我が国の歴史の展開」を考えること，我が国が歩んできた「大まかな歴史」や「関連する先人の業績，優れた文化遺産」を理解することなど，小学校の歴史学習の趣旨を明示した。
  - (ア)から(ケ)の内容については，政治の中心地や世の中の様子に着目して時期を捉える小学校の歴史学習の趣旨を踏まえて，「日本風の文化が生まれたこと」，「戦国の世の中が統一されたこと」を独立して示すよう改めた。
  - 「オリンピック」→「オリンピック・パラリンピック」，「歌川(安藤)広重」→「歌川広重」等，歴史上の事象や人物の名称の表記を改めた。
  - 外国との関わりへの関心を高めるようにすることを重視して，内容の取扱いにおいて，「当時の世界との関わりにも目を向け，我が国の歴史を広い視野から捉えられるよう配慮すること」を加えた。
- 主として「現代社会の仕組みや働きと人々の生活」に区分される内容
  - 政治の働きへの関心を高めるようにすることを重視して，我が国の政治の働きに関する内容については，これまでの順序を改め，内容の (2) を (1) として示すとともに，これまでのア（地方公共団体や国の政治に関する内容），イ（日本国憲法と国民生活に関する内容）の順序も改め，(ア)日本国憲法や立法，行政，司法の三権と国民生活に関する内容，(イ)国や地方公共団体の政治の取組に関する内容として示した。その際，(イ)については，「政策の内容や計画から実施までの過程，法令や予算との関わり」を取り上げるように示すとともに，内容の取扱いにおいて，これまでの「地域の開発」を「地域の開発や活性化」と改めた。
  - グローバル化する世界と日本の役割に関する内容については，「国際交流」をこれまでのイ（我が国の国際交流や国際協力，国際連合に関する内容）からア（日本とつながりの深い国の人々の生活に関する内容）に移行し，「国際交流の果たす役割を考え」るようにした。

第2章　社会科の目標及び内容

第1節　社会科の目標

1　教科の目標

> 　社会的な見方・考え方を働かせ，課題を追究したり解決したりする活動を通して，グローバル化する国際社会に主体的に生きる平和で民主的な国家及び社会の形成者に必要な公民としての資質・能力の基礎を次のとおり育成することを目指す。
> (1)　地域や我が国の国土の地理的環境，現代社会の仕組みや働き，地域や我が国の歴史や伝統と文化を通して社会生活について理解するとともに，様々な資料や調査活動を通して情報を適切に調べまとめる技能を身に付けるようにする。
> (2)　社会的事象の特色や相互の関連，意味を多角的に考えたり，社会に見られる課題を把握して，その解決に向けて社会への関わり方を選択・判断したりする力，考えたことや選択・判断したことを適切に表現する力を養う。
> (3)　社会的事象について，よりよい社会を考え主体的に問題解決しようとする態度を養うとともに，多角的な思考や理解を通して，地域社会に対する誇りと愛情，地域社会の一員としての自覚，我が国の国土と歴史に対する愛情，我が国の将来を担う国民としての自覚，世界の国々の人々と共に生きていくことの大切さについての自覚などを養う。

　小学校の教育課程において，教科の役割や性格を明確にし，表現しているのが，教科の目標である。

　小学校社会科の教科の目標は，「社会的な見方・考え方を働かせ，課題を追究したり解決したりする活動を通して，グローバル化する国際社会に主体的に生きる平和で民主的な国家及び社会の形成者に必要な公民としての資質・能力の基礎を養う」という柱書部分と，「知識及び技能」，「思考力，判断力，表現力等」，「学びに向かう力，人間性等」の三つの柱に沿った資質・能力に関わる具体的な目標で構成されている。

　「社会的な見方・考え方を働かせ，課題を追究したり解決したりする活動を通して」とは，社会科，地理歴史科，公民科の特質に応じた学び方を示している。

　「グローバル化する国際社会に主体的に生きる平和で民主的な国家及び社会の形

成者に必要な公民としての資質・能力の基礎を次のとおり育成することを目指す」とは，小学校及び中学校の社会科の共通のねらいであり，小学校及び中学校における社会科の指導を通して，その実現を目指す究極的なねらいを示している。

① **社会的な見方・考え方**（小学校社会科の各学年の目標においては，「社会的事象の見方・考え方」と表記している。）

「社会的な見方・考え方」は，小学校社会科，中学校社会科において，社会的事象の意味や意義，特色や相互の関連を考察したり，社会に見られる課題を把握して，その解決に向けて構想したりする際の「視点や方法（考え方）」であると考えられる。そして，「社会的な見方・考え方を働かせ」るとは，そうした「視点や方法（考え方）」を用いて課題を追究したり解決したりする学び方を表すとともに，これを用いることにより児童生徒の「社会的な見方・考え方」が鍛えられていくことを併せて表現している。

こうした「社会的な見方・考え方を働かせ」ることは，社会科，地理歴史科，公民科としての本質的な学びを促し，深い学びを実現するための思考力，判断力の育成はもとより，生きて働く知識の習得に不可欠であること，主体的に学習に取り組む態度にも作用することなどを踏まえると，資質・能力全体に関わるものであると考えられるため，柱書に位置付けられている。

また，「社会的な見方・考え方」は，次ページの図のように，小学校社会科，中学校社会科の各分野の特質に応じた見方・考え方の総称であり，小学校社会科においては，「社会的事象の見方・考え方」を働かせ，学ぶことを重視する必要がある。

「社会的事象の見方・考え方」は，「位置や空間的な広がり，時期や時間の経過，事象や人々の相互関係などに着目して（視点），社会的事象を捉え，比較・分類したり総合したり，地域の人々や国民の生活と関連付けたりすること（方法）」と考えられ，これらは，中学校社会科の各分野の学習に発展するものである。「社会的事象の見方・考え方を働かせ」るとは，これらの視点や方法を用いて，社会的事象について調べ，考えたり，選択・判断したりする学び方を示している。

例えば，どのような場所にあるか，どのように広がっているかなどと，分布，地域，範囲（位置や空間的な広がり）などを問う視点から，また，なぜ始まったのか，どのように変わってきたのかなどと，起源，変化，継承（時期や時間の経過）などを問う視点から，あるいは，どのようなつながりがあるか，なぜこのような協力が必要かなどと，工夫，関わり，協力（事象や人々の相互関係）などを問う視点から，それぞれ問いを設定して，社会的事象について調べて，その様子や現状などを捉えることである。また，どのような違いや共通点があるかなどと，比較・分類したり総合したり，どのような役割を果たしているかなどと，地域の人々や国民の生活と

関連付けたりする方法で，考えたり選択・判断したりすることなどである。

　したがって，教師が教材や資料を準備する際には，こうした視点や方法に基づいて，問いを意識することが大切である。なお，問いとは，調べたり考えたりする事項を示唆し学習の方向を導くものであり，単元などの学習の問題（以下，解説において「学習問題」という。）はもとより，児童の疑問や教師の発問などを幅広く含むものであると考えられる。

社会的な見方・考え方

現代社会の見方・考え方（公民的分野）
社会的事象を
政治，法，経済などに関わる多様な視点（概念や理論など）に着目して捉え
よりよい社会の構築に向けて，課題解決のための選択・判断に資する概念や理論などと関連付けて

社会的事象の地理的な見方・考え方（地理的分野）
社会的事象を
位置や空間的な広がりに着目して捉え
地域の環境条件や地域間の結び付きなどの地域という枠組みの中で，人間の営みと関連付けて

社会的事象の歴史的な見方・考え方（歴史的分野）
社会的事象を
時期，推移などに着目して捉え
類似や差異などを明確にしたり
事象同士を因果関係などで関連付けたりして

社会的事象の見方・考え方（小学校）
社会的事象を
位置や空間的な広がり，時期や時間の経過，事象や人々の相互関係などに着目して捉え
比較・分類したり総合したり
地域の人々や国民の生活と関連付けたりして

② **課題を追究したり解決したりする活動**（小学校社会科の各学年の目標においては「学習の問題を追究・解決する活動」と表記している。）

　三つの柱に沿った資質・能力を育成するためには，社会科，地理歴史科，公民科において，児童生徒が課題を追究したり解決したりする活動の一層の充実が求められる。それらは，習得した知識や技能を活用して，調べたり思考・判断したり表現したりしながら課題を解決する一連の学習過程において，育成されるものと考えられるからである。そのため「課題を追究したり解決したりする活動を通して」と目標の柱書部分に位置付けられている。

　そうした活動の充実を図るには，小学校社会科においては，学習の問題を追究・

解決する活動，すなわち問題解決的な学習過程を充実させることが大切になる。問題解決的な学習とは，単元などにおける学習問題を設定し，その問題の解決に向けて諸資料や調査活動などで調べ，社会的事象の特色や相互の関連，意味を考えたり，社会への関わり方を選択・判断したりして表現し，社会生活について理解したり，社会への関心を高めたりする学習などを指している。問題解決的な学習過程の充実を図る際には，主体的・対話的で深い学びを実現するよう，児童が社会的事象から学習問題を見いだし，問題解決の見通しをもって他者と協働的に追究し，追究結果を振り返ってまとめたり，新たな問いを見いだしたりする学習過程などを工夫することが考えられる。

③ 公民としての資質・能力の基礎

　社会科，地理歴史科，公民科において育成する資質・能力は，従前からの学習指導要領における教科目標の趣旨を引き継ぎつつ，改めて三つの柱に整理し直す観点から，「公民としての資質・能力」とした。公民としての資質・能力とは，選挙権を有する18歳に求められる「広い視野に立ち，グローバル化する国際社会に主体的に生きる平和で民主的な国家及び社会の有為な形成者に必要な資質・能力」であると考えられる。グローバル化が一層進むことが予測されるこれからの社会において，教育基本法，学校教育法の規定を踏まえ，国家及び社会の形成者として必要な資質・能力を育むことの大切さへの意識をもつことを期待してこのような表現とした。

　「広い視野に立ち」は，中学校社会科の目標に示されている文言であり，小学校社会科から中学校社会科への接続・発展を意図している。すなわち，中学校社会科は分野別に学習する構造になっており，社会的事象を多面的・多角的に考察することや複数の立場や意見を踏まえて選択・判断することなどが求められている。また，学習対象も小学校以上に世界へと広がりを見せる。こうした点を踏まえた表現である。

　「グローバル化する国際社会」とは，人，もの，資本，情報，技術などが国境を越えて自由に移動したり，組織や企業，国家など様々な集合体の役割が増大したりしていく国際社会を指している。

　「有為な」形成者とは，中学校社会科から高等学校地理歴史科，公民科への接続・発展を意図している。すなわち，高校生には選挙権を有する18歳に求められる資質・能力である公民としての資質・能力を育てることが必要であり，「有為な」は民主的な政治に参画する国民としての資質・能力をも踏まえた表現である。

　小学校社会科においては，こうした公民としての資質・能力の基礎を育成することが求められる。

「公民としての資質・能力の基礎」は，「知識及び技能」，「思考力，判断力，表現力等」，「学びに向かう力，人間性等」の三つの柱に沿って整理した小学校社会科の目標(1)から(3)までに示す資質・能力の全てが結び付いて育まれるものであると考えられる。

なお，これまで「小学校学習指導要領解説　社会編」等で「公民的資質」として説明してきた，「平和で民主的な国家・社会の形成者としての自覚，自他の人格を互いに尊重し合うこと，社会的義務や責任を果たそうとすること，社会生活の様々な場面で多面的に考えたり，公正に判断したりすること」などの態度や能力は，今後も公民としての資質・能力に引き継がれるものである。

④　知識及び技能

本解説第2章第2節において示されているように，小学校社会科と中学校社会科の内容は，地理的環境と人々の生活，歴史と人々の生活，現代社会の仕組みや働きと人々の生活，の三つの枠組みに位置付けて整理することができる。

すなわち，小学校社会科における「知識」は，地域や我が国の地理的環境，地域や我が国の歴史や伝統と文化，現代社会の仕組みや働きを通して，社会生活についての総合的な理解を図るためのものであるということができる。

「社会生活についての理解を図る」ことは，社会科の発足以来，教科の目標として位置付けられてきた。社会生活についての理解とは，人々が相互に様々な関わりをもちながら生活を営んでいることを理解するとともに，自らが社会生活に適応し，地域社会や国家の発展に貢献しようとする態度を育てることを目指すものである。「社会生活」とは，社会との関わりの中での人々の生活のことであり，地域の地理的環境や組織的な諸活動の様子などとともに，我が国の国土の地理的環境や産業と国民生活との関連，我が国の歴史的背景などを含んでいる。小学校の社会科は，第3学年からの4年間を通して社会生活や国家及び社会について総合的に理解することを通して，公民としての資質・能力の基礎を育成することをねらいとしている。

小学校社会科における「技能」は，「社会的事象について調べまとめる技能」である。具体的には，調査活動や諸資料の活用など手段を考えて問題解決に必要な社会的事象に関する情報を集める技能，集めた情報を「社会的事象の見方・考え方」に沿って読み取る技能，読み取った情報を問題解決に沿ってまとめる技能などであると考えられる。

これらの技能は，単元などのまとまりごとに全てを育成しようとするものではなく，情報を収集する手段や情報の内容，資料の特性等に応じて指導することが考えられる。そのため，小・中学校の社会科はもとより，高等学校の地理歴史科，公民科においても，巻末の参考資料「社会的事象等について調べまとめる技能」を参考

にするなどして,繰り返し児童生徒が身に付けるように指導することが大切である。
　なお,地球儀の活用については,第5学年及び第6学年の目標(1)に「地図帳や地球儀,統計(や年表)などの各種の基礎的資料を通して情報を適切に調べまとめる技能を身に付けるようにする」と示されている。
　この目標を実現するためには,地球儀の特徴や使い方を知り,地球儀で調べる活動を指導計画に適切に位置付けることが必要である。地球儀の特徴は,平面地図に比べて,大陸や海洋,主な国の面積や相互の位置関係をより正確に捉えることができることである。第5学年の始めには,地球儀に触れる活動を通して,少しずつ使い方に慣れ,こうした特徴を実感できるようにすることが大切である。
　地球儀で調べる活動としては,世界の大陸や主な海洋,主な国の位置などを確かめる,それらと我が国との位置関係について方位などを使って調べる,主な国の位置を緯度や経度を用いて言い表したり,面積の大小や日本からの距離の違いを大まかに比べたりして,これらの方法を身に付け,児童が自ら活用できるようにすることが大切である。

⑤　思考力,判断力,表現力等

　小学校社会科における「思考力,判断力」は,社会的事象の特色や相互の関連,意味を多角的に考える力,社会に見られる課題を把握して,その解決に向けて,学習したことを基に,社会への関わり方を選択・判断する力である。
　「社会的事象の特色」とは,他の事象等と比較・分類したり総合したりすることで捉えることのできる社会的事象の特徴や傾向,そこから見いだすことのできるよさなどであり,それは,仕事や活動の特色,生産の特色,地理的環境の特色などに表されるものである。
　「社会的事象の相互の関連」とは,比較したり関連付けたりして捉えることのできる事象と事象のつながりや関わりなどであり,それは,生産・販売する側の工夫と消費者の工夫との関連,関係機関の相互の連携や協力,国会・内閣・裁判所の相互の関連などに表されるものである。
　「社会的事象の意味」とは,社会的事象の仕組みや働きなどを地域の人々や国民の生活と関連付けることで捉えることができる社会的事象の社会における働き,国民にとっての役割などであり,それは,産業が国民生活に果たす役割,情報化が国民生活に及ぼす影響,国民生活の安定と向上を図る政治の働きなどに表されるものである。
　「多角的に考える」とは,児童が複数の立場や意見を踏まえて考えることを指している。小学校社会科では,学年が上がるにつれて徐々に多角的に考えることができるようになることを求めている。

「社会に見られる課題」とは，例えば，地域社会における安全の確保や，良好な生活環境の維持，資源の有効利用，自然災害への対策，伝統や文化の保存・継承，国土の環境保全，産業の持続的な発展，国際平和の構築など現代社会に見られる課題を想定したものである。小学校においては，発達の段階を踏まえるとともに，学習内容との関連を重視し，学習展開の中で児童が出合う社会的事象を通して，課題を把握できるようにすることが大切である。

「解決に向けて」とは選択・判断の方向性を示しており，よりよい社会を考えることができるようにすることを目指している。

「社会への関わり方を選択・判断する」とは，社会的事象の仕組みや働きを学んだ上で，習得した知識などの中から自分たちに協力できることなどを選び出し，自分の意見や考えとして決めるなどして，判断することである。例えば，農業の発展に向けては，農家相互の連携・協力，農業協同組合や試験場等の支援などが結び付いて取り組まれている。また，森林資源を守る取組は，林業従事者，行政，NPO法人など様々な立場から行われている。こうした事実を学んだ上で，私たちはどうすればよいか，これからは何が大切か，今は何を優先すべきかなどの問いを設け，取組の意味を深く理解したり，自分たちの立場を踏まえて現実的な協力や，もつべき関心の対象を選択・判断したりすることなどである。

小学校社会科で養う「表現力」とは，考えたことや選択・判断したことを説明する力や，考えたことや選択・判断したことを基に議論する力などである。その際，資料等を用いて作品などにまとめたり図表などに表したりする表現力や，調べたことや理解したことの言語による表現力を育成することも併せて考えることが大切である。

「説明する」とは，物事の内容や意味をよく分かるように説き明かすことであり，「説明する力」については，根拠や理由を明確にして，社会的事象について調べて理解したことや，それに対する自分の考えなどを論理的に説明できるように養うことが大切である。「議論する」とは，互いに自分の主張を述べ合い論じ合うことであり，「議論する力」については，他者の主張につなげたり，互いの立場や根拠を明確にして討論したりして，社会的事象についての自分の考えを主張できるように養うことが大切である。

これらの「思考力，判断力，表現力等」は，問題解決的な学習過程において相互に関連性をもちながら育成されるものと考えられる。また，小・中・高等学校を通じて，児童生徒が主体的に考えたり選択・判断したりして表現する学習活動を重視しながら育成していくことが大切である。

⑥ 学びに向かう力，人間性等

　小学校社会科における「学びに向かう力，人間性等」は，「よりよい社会を考え主体的に問題解決しようとする態度」と，「多角的な思考や理解を通して」涵養される自覚や愛情などである。

　「よりよい社会を考え主体的に問題解決しようとする態度」は，主体的に学習の問題を解決しようとする態度や，よりよい社会を考え学習したことを社会生活に生かそうとする態度などである。

　「多角的な思考や理解を通して」涵養される自覚や愛情などは，各学年の内容に応じて涵養される地域社会に対する誇りと愛情，地域社会の一員としての自覚，我が国の国土と歴史に対する愛情，我が国の将来を担う国民としての自覚，世界の国々の人々と共に生きていくことの大切さについての自覚などである。

2　学年の目標

（1）学年の目標

　各学年の目標は，小学校社会科の究極的なねらいである公民としての資質の基礎を育成することを実現するため，指導内容と児童の発達の段階を考慮し，「知識及び技能」，「思考力，判断力，表現力等」，「学びに向かう力，人間性等」の統一的な育成を目指して，それぞれに関する目標から構成されている。

　すなわち，第3学年及び第4学年では自分たちの住んでいる地域社会（市や県など）の学習を通して，第5学年では国民生活の舞台である国土の地理的環境とそこで営まれている産業に関する学習を通して，第6学年では我が国の政治，歴史及び国際理解に関する学習を通して，児童に育成する「知識及び技能」，「思考力，判断力，表現力等」，「学びに向かう力，人間性等」の三つの柱に沿った目標が掲げられている。

　また，問題解決的な学習による深い学びを通して，これらの目標を実現するよう，冒頭には「社会的事象の見方・考え方を働かせ，学習の問題を追究・解決する活動を通して」と示されている（「学習の問題」について，解説では「学習問題」としている。）。

（2）各学年の目標の系統

　各学年の目標の系統を，「知識及び技能」，「思考力，判断力，表現力等」，「学びに向かう力，人間性等」に分けて示すと，次のようになる。

① 「知識及び技能」に関する目標

「知識及び技能」に関する目標については，第3学年，第4学年，第5学年及び第6学年の目標の(1)にそれぞれ示されている事項が該当する。

知識に関する目標を学年順に示すと，次のようになる。

○ 第3学年
- 身近な地域や市区町村の地理的環境，地域の安全を守るための諸活動や地域の産業と消費生活の様子，地域の様子の移り変わりについて，人々の生活との関連を踏まえて理解する。

○ 第4学年
- 自分たちの都道府県の地理的環境の特色，地域の人々の健康と生活環境を支える働きや自然災害から地域の安全を守るための諸活動，地域の伝統と文化や地域の発展に尽くした先人の働きなどについて，人々の生活との関連を踏まえて理解する。

○ 第5学年
- 我が国の国土の地理的環境の特色や産業の現状，社会の情報化と産業の関わりについて，国民生活との関連を踏まえて理解する。

○ 第6学年
- 我が国の政治の考え方と仕組みや働き，国家及び社会の発展に大きな働きをした先人の業績や優れた文化遺産，我が国と関係の深い国の生活やグローバル化する国際社会における我が国の役割について理解する。

これらのことから分かるように，知識に関する目標については，理解する内容が，次のように系統的，段階的に示されている。すなわち，第3学年では自分たちの市を中心とした地域における地理的環境や人々の生活や諸活動，それらの移り変わりについて，第4学年では自分たちの県を中心とした地域における地理的環境や人々の生活や諸活動，伝統と文化や地域の発展に尽くした先人の働きについて理解するようにし，人々の生活舞台を市から県へと広げるようにしている。第5学年では我が国の国土に生活舞台を広げ，国土の地理的環境とそこで営まれている産業の様子，情報化に伴う産業や国民生活の変化について理解し，そして第6学年では，我が国の政治の考え方と仕組みや働き，我が国の国家及び社会の発展に大きな働きをした先人の業績や優れた文化遺産について，我が国と関係の深い国の生活やグローバル化する国際社会における我が国の役割について，それぞれ理解を深めるようになっている。

技能に関する目標を学年順に示すと，次のようになる。

○ 第3学年及び第4学年
- 調査活動，地図帳や各種の具体的資料を通して，必要な情報を調べまとめる技

能を身に付ける。
- ○ 第5学年
  - ・地図帳や地球儀，統計などの各種の基礎的資料を通して，情報を適切に調べまとめる技能を身に付ける。
- ○ 第6学年
  - ・地図帳や地球儀，統計や年表などの各種の基礎的資料を通して，情報を適切に調べまとめる技能を身に付ける。

これらのことから分かるように，技能に関する目標については，社会的事象に関する情報を調べてまとめる技能を，内容に応じて繰り返し身に付けるように示されている。すなわち，第3学年及び第4学年では，市や県などの地域における社会的事象を観察や見学，聞き取りなどの調査活動，地図帳や各種の具体的資料を通して集めて，読み取り，まとめる技能を身に付けることができるようにすることを求めている。第5学年では，我が国の国土や産業などに関する情報を地図帳や地球儀，統計などの各種の基礎的資料を通して適切に集めて，読み取り，まとめる技能を身に付けるようにすることを，第6学年では，我が国の政治や歴史，グローバル化する国際社会における我が国の役割などに関する情報を，地図帳や地球儀，統計や年表などの各種の基礎的資料を通して適切に集めて，読み取り，まとめる技能を身に付けるようにすることを求めている。なお，「適切に」とは，情報を集める際に，情報手段の特性や情報の正しさ，資料の特性に留意することなどを指している。また，第3学年及び第4学年において身に付ける観察や見学，聞き取りなどの調査活動の技能については，第5学年及び第6学年においても必要に応じて取り上げて身に付けるように指導することが大切である。

② 「思考力，判断力，表現力等」に関する目標

「思考力，判断力，表現力等」に関する目標については，第3学年，第4学年，第5学年及び第6学年の目標の(2)にそれぞれ示されている事項が該当する。

「思考力，判断力，表現力等」に関する目標を学年順に示してみると，次のようになる。

- ○ 第3学年及び第4学年
  - ・社会的事象の特色や相互の関連，意味を考える力，社会に見られる課題を把握して，その解決に向けて社会への関わり方を選択・判断する力，考えたことや選択・判断したことを表現する力を養う。
- ○ 第5学年及び第6学年
  - ・社会的事象の特色や相互の関連，意味を多角的に考える力，社会に見られる課題を把握して，その解決に向けて社会への関わり方を選択・判断する力，考え

たことや選択・判断したことを説明したり，それらを基に議論したりする力を養う。

これらのことから分かるように，「思考力，判断力，表現力等」に関する目標については，児童の発達の段階を2学年ごとのまとまりで捉えて，系統的，段階的に示されている。思考力，判断力については，第3学年及び第4学年では，社会的事象の特色や相互の関連，意味を考える力，社会に見られる課題を把握して，その解決に向けて自分たちにできることなど社会への関わり方を選択・判断する力を，第5学年及び第6学年では，複数の立場や意見を踏まえて，社会的事象の特色や相互の関連，意味を多角的に考える力，社会に見られる課題を把握して，その解決に向けてよりよい発展を考えたり社会への関わり方を選択・判断したりする力を養うことを求めている。

表現力については，第3学年及び第4学年では，考えたことや選択・判断したことを文章で記述したり図表などに表したことを使って説明したりして表現する力を，第5学年及び第6学年では，考えたことや選択・判断したことを根拠や理由などを明確にして論理的に説明したり，他者の主張につなげ立場や根拠を明確にして議論したりする力を養うことを求めている。

③ 「学びに向かう力，人間性等」に関する目標

「学びに向かう力，人間性等」に関する目標については，第3学年，第4学年，第5学年及び第6学年の目標の(3)にそれぞれ示されている事項が該当する。「学びに向かう力，人間性等」に関する目標は，「知識及び技能」や「思考力，判断力，表現力等」に関する目標において示されている事項と密接に関連しているものであり，児童の発達の段階を踏まえて，それとの関わりで系統的，段階的に示されている。

「学びに向かう力，人間性等」に関する目標を学年順に示すと，次のようになる。

○ 第3学年及び第4学年
 ・社会的事象について，主体的に学習の問題を解決しようとする態度や，よりよい社会を考え学習したことを社会生活に生かそうとする態度を養う。
 ・思考や理解を通して，地域社会に対する誇りと愛情，地域社会の一員としての自覚を養う。

○ 第5学年
 ・社会的事象について，主体的に学習の問題を解決しようとする態度や，よりよい社会を考え学習したことを社会生活に生かそうとする態度を養う。
 ・多角的な思考や理解を通して，我が国の国土に対する愛情，我が国の産業の発展を願い我が国の将来を担う国民としての自覚を養う。

○ 第6学年

- 社会的事象について，主体的に学習の問題を解決しようとする態度や，よりよい社会を考え学習したことを社会生活に生かそうとする態度を養う。
- 多角的な思考や理解を通して，我が国の歴史や伝統を大切にして国を愛する心情，我が国の将来を担う国民としての自覚や平和を願う日本人として世界の国々の人々と共に生きることの大切さについての自覚を養う。

これらのことから分かるように，「学びに向かう力，人間性等」に関する目標については，各学年の内容に応じて繰り返し養う「社会的事象について，主体的に学習の問題を解決しようとする態度や，よりよい社会を考え学習したことを社会生活に生かそうとする態度」と，各学年の内容に関連した思考や理解を通して涵養される愛情や自覚などについて示されている。愛情や自覚などについては，第3学年及び第4学年では，学習する生活舞台が市や県などの地域であることから，地域社会に対する誇りと愛情，地域社会の一員としての自覚を養うことを，第5学年では，学習する生活舞台が我が国の国土であることから，我が国の国土に対する愛情，我が国の産業の発展を願い我が国の将来を担う国民としての自覚を，第6学年においては，我が国の政治や歴史，グローバル化する国際社会における我が国の役割を学ぶことから，我が国の歴史や伝統を大切にして国を愛する心情，我が国の将来を担う国民としての自覚や平和を願う日本人として世界の国々の人々と共に生きることの大切さについての自覚を養うことを求めている。

なお，我が国の国土に対する愛情については，身近な地域や市，県の様子についての指導を踏まえて，我が国の国土の地理的環境とそこで営まれている産業の様子などの理解を図り，我が国の国土に対する愛情を育てることをねらいとしている。また，我が国の歴史に対する愛情についても，市を中心とした地域の人々の生活の変化や県を中心とした地域の伝統や文化，地域の発展に尽くした先人の働きの指導を踏まえ，我が国の歴史に対する理解を深めるとともに，我が国の歴史に対する愛情を育てることをねらいとしている。

以上のように，我が国の国土と歴史に対する愛情は，地域社会や我が国の国土の地理的環境，産業の様子及び先人の働きなどについての学習を通して育てられるものである。小学校社会科は，身近な地域や市や県についての理解を深め，地域社会に対する誇りと愛情を養うとともに，我が国の国土と歴史に対する理解を深めて，それらに対する愛情を養うことをねらいとしているのである。

第2節　社会科の内容構成

　社会科の内容については，第3学年においては市を中心とする地域社会に関する内容を，第4学年においては県を中心とする地域社会に関する内容を，第5学年においては我が国の国土と産業に関する内容を，第6学年においては我が国の政治と歴史，国際理解に関する内容を，それぞれ取り上げている。これらは，中学校で学ぶ内容との関連を考慮し，①地理的環境と人々の生活，②歴史と人々の生活，③現代社会の仕組みや働きと人々の生活に区分して捉えることができる。具体的には，次のとおりである。

1　第3学年の内容

　第3学年の内容は，地域社会の社会的事象について，次の四つの項目から構成されている（なお，(1), (2)及び(4)の丸数字は主として区分される番号を示している。）。

　(1)　身近な地域や市区町村の様子・・・・・・・・①
　(2)　地域に見られる生産や販売の仕事・・・・・・③
　(3)　地域の安全を守る働き・・・・・・・・・・・③
　(4)　市の様子の移り変わり・・・・・・・・・・・②

　第3学年では，これらの内容を取り上げ，自分たちの市を中心とした地域の社会生活を総合的に理解できるようにするとともに，地域社会に対する誇りと愛情，地域社会の一員としての自覚を養うようにする。

2　第4学年の内容

　第4学年の内容は，地域社会の社会的事象について，次の五つの項目から構成されている（なお，(2)から(5)までの丸数字は主として区分される番号を示している。）。

　(1)　都道府県の様子・・・・・・・・・・・・・・①
　(2)　人々の健康や生活環境を支える事業・・・・・③
　(3)　自然災害から人々を守る活動・・・・・・・・③
　(4)　県内の伝統や文化，先人の働き・・・・・・・②
　(5)　県内の特色ある地域の様子・・・・・・・・・①

　第4学年では，これらの内容を取り上げ，自分たちの県を中心とした地域の社会生活を総合的に理解できるようにするとともに，地域社会に対する誇りと愛情，地域社会の一員としての自覚を養うようにする。

3　第5学年の内容

第5学年の内容は，我が国の国土や産業に関わって，次の五つの項目から構成されている（なお，(1)から(4)までの丸数字は主として区分される番号を示している。）。

- (1) 我が国の国土の様子と国民生活・・・・・・・①
- (2) 我が国の農業や水産業における食料生産・・・③
- (3) 我が国の工業生産・・・・・・・・・・・・③
- (4) 我が国の産業と情報との関わり・・・・・・③
- (5) 我が国の国土の自然環境と国民生活との関連・①及び③

第5学年では，これらの内容を取り上げ，我が国の国土と産業の様子や特色を総合的に理解できるようにするとともに，我が国の国土に対する愛情，我が国の産業の発展を願い我が国の将来を担う国民としての自覚を養うようにする。

4　第6学年の内容

第6学年の内容は，我が国の政治，歴史及び国際理解の三つの項目から構成されている（なお，(3)の丸数字は主として区分される番号を示している。）。

- (1) 我が国の政治の働き・・・・・・・・・・・③
- (2) 我が国の歴史上の主な事象・・・・・・・・②
- (3) グローバル化する世界と日本の役割・・・・③

第6学年では，これらの内容を取り上げ，我が国の政治の働きや歴史，我が国と関係の深い国の生活やグローバル化する国際社会における我が国の役割について理解できるようにするとともに，我が国の歴史や伝統を大切にして国を愛する心情，我が国の将来を担う国民としての自覚や平和を願う日本人として世界の国々の人々と共に生きることの大切さについての自覚を養うようにする。

第3章　各学年の目標及び内容

第1節　第3学年の目標及び内容

1　第3学年の目標

> 　社会的事象の見方・考え方を働かせ，学習の問題を追究・解決する活動を通して，次のとおり資質・能力を育成することを目指す。
> (1)　身近な地域や市区町村の地理的環境，地域の安全を守るための諸活動や地域の産業と消費生活の様子，地域の様子の移り変わりについて，人々の生活との関連を踏まえて理解するとともに，調査活動，地図帳や各種の具体的資料を通して，必要な情報を調べまとめる技能を身に付けるようにする。
> (2)　社会的事象の特色や相互の関連，意味を考える力，社会に見られる課題を把握して，その解決に向けて社会への関わり方を選択・判断する力，考えたことや選択・判断したことを表現する力を養う。
> (3)　社会的事象について，主体的に学習の問題を解決しようとする態度や，よりよい社会を考え学習したことを社会生活に生かそうとする態度を養うとともに，思考や理解を通して，地域社会に対する誇りと愛情，地域社会の一員としての自覚を養う。

　これは，教科の目標を受け，第3学年の目標を示している。
　第3学年においては，社会的事象の見方・考え方を働かせ，学習問題を追究・解決する活動を通して，次の(1)から(3)までのとおり資質・能力を育成することを目指す。

> (1)　身近な地域や市区町村の地理的環境，地域の安全を守るための諸活動や地域の産業と消費生活の様子，地域の様子の移り変わりについて，人々の生活との関連を踏まえて理解するとともに，調査活動，地図帳や各種の具体的資料を通して，必要な情報を調べまとめる技能を身に付けるようにする。

　これは，第3学年における「知識及び技能」に関する目標を示している。

身近な地域や市区町村の地理的環境，地域の安全を守るための諸活動や地域の産業と消費生活の様子，地域の様子の移り変わりについて，人々の生活との関連を踏まえて理解するとは，知識に関する目標を示している。

身近な地域や市区町村の地理的環境について理解するとは，身近な地域や自分たちの市区町村の位置，地形や土地利用，交通の広がり，市役所などの主な公共施設の場所と働き，古くから残る建造物の分布などを基に，身近な地域や市区町村の様子を大まかに理解できるようにすることである。

地域の安全を守るための諸活動や地域の産業と消費生活の様子について理解するとは，消防署や警察署などの関係機関の働きや，地域に見られる生産や販売の仕事の様子などを理解できるようにすることである。

地域の様子の移り変わりについて理解するとは，自分たちの市やそこに住む人々の生活の様子は時間の経過に伴い移り変わってきたことなどを理解できるようにすることである。

人々の生活との関連を踏まえて理解するとは，身近な地域や市区町村の地理的環境，地域の安全を守るための諸活動や地域の産業と消費生活の様子，地域の様子の移り変わりのいずれにおいても，地域の人々の生活との関連を考えることを通して，地域における社会生活について理解できるようにすることである。なお，ここでいう「地域」とは，主として自分たちが生活している市区町村の範囲を指している。

調査活動，地図帳や各種の具体的資料を通して，必要な情報を調べまとめる技能を身に付けるようにするとは，技能に関する目標を示している。

調査活動，地図帳や各種の具体的資料を通してとは，身近な地域や市区町村の地理的環境，地域の安全を守るための諸活動や地域の産業と消費生活の様子，地域の様子の移り変わりについて，見学や観察，聞き取りなどの調査活動や，地図帳や地域の平面地図や立体地図，写真，実物などの具体的資料を通して調べることである。これらの調査活動や資料を通して，必要な情報を集め，読み取り，白地図や年表などにまとめる技能を身に付けるようにすることを示している。なお，ここでいう「必要な情報」とは，学習問題の追究・解決に必要な情報であり，学習計画に沿って集める情報，予想に基づいて調べる情報などを指している。

> (2) 社会的事象の特色や相互の関連，意味を考える力，社会に見られる課題を把握して，その解決に向けて社会への関わり方を選択・判断する力，考えたことや選択・判断したことを表現する力を養う。

これは，第3学年における「思考力，判断力，表現力等」に関する目標を示している。

社会的事象の特色や相互の関連，意味を考える力を養うとは，身近な地域や市の場所による違い，生産の仕事と地域の人々の生活の関連や販売の仕事に見られる工夫，人々の安全を守る関係機関の相互の関連やそこに従事する人々の働き，市や人々の生活の様子の変化などを考える力を養うようにすることである。

社会に見られる課題を把握して，その解決に向けて社会への関わり方を選択・判断する力を養うとは，例えば，地域や自分自身の安全に関して，地域や生活における課題を見いだし，それらの解決のために自分たちにできることを選択・判断したり，これからの市の発展について考えたりする力を養うようにすることである。

考えたことや選択・判断したことを表現する力を養うとは，社会的事象の特色や相互の関連，意味について考えたことや，社会への関わり方について選択・判断したことを文章で記述したり，資料などを用いて説明したり話し合ったりする力を養うようにすることである。

---

(3) 社会的事象について，主体的に学習の問題を解決しようとする態度や，よりよい社会を考え学習したことを社会生活に生かそうとする態度を養うとともに，思考や理解を通して，地域社会に対する誇りと愛情，地域社会の一員としての自覚を養う。

これは，第3学年における「学びに向かう力，人間性等」に関する目標を示している。

社会的事象について，主体的に学習の問題を解決しようとする態度を養うとは，学習問題を追究・解決するために，社会的事象について意欲的に調べ，社会的事象の特色や相互の関連，意味について粘り強く考えたり，調べたことや考えたことを表現しようとしたりする主体的な学習態度を養うようにすることである。

よりよい社会を考え学習したことを社会生活に生かそうとする態度を養うとは，これまでの学習を振り返り，学習したことを確認するとともに，学習成果を基に，生活の在り方やこれからの地域社会の発展について考えようとする態度を養うようにすることである。

地域社会に対する誇りと愛情を養うとは，地域社会についての理解を踏まえて，自分たちの生活している地域社会としての市区町村に対する誇りと愛情を養うようにすることである。

地域社会の一員としての自覚を養うとは，地域社会についての理解を踏まえて，自分も地域社会の一員であるという自覚や，これからの地域の発展を実現していくために共に努力し，協力しようとする意識などを養うようにすることである。

思考や理解を通してとは，これらの誇りや愛情，自覚は，現在及び過去の地域社

会の特色やよさ，課題への理解に基づくものであり，学習活動を通して考えたり理解したりしたことを基に涵養されるものであることを示している。

2 第3学年の内容

> (1) 身近な地域や市区町村（以下第2章第2節において「市」という。）の様子について，学習の問題を追究・解決する活動を通して，次の事項を身に付けることができるよう指導する。
> ア 次のような知識及び技能を身に付けること。
>   (ア) 身近な地域や自分たちの市の様子を大まかに理解すること。
>   (イ) 観察・調査したり地図などの資料で調べたりして，白地図などにまとめること。
> イ 次のような思考力，判断力，表現力等を身に付けること。
>   (ア) 都道府県内における市の位置，市の地形や土地利用，交通の広がり，市役所など主な公共施設の場所と働き，古くから残る建造物の分布などに着目して，身近な地域や市の様子を捉え，場所による違いを考え，表現すること。

　この内容は，主として「地理的環境と人々の生活」に区分されるものであり，身近な地域や市区町村の様子についての学習で身に付ける事項を示している。身近な地域や市区町村の様子とは，自分たちが通う学校の周りの地域や自分たちの住んでいる市の様子を指している。なお，ここで示している区とは，東京都の特別区（23区）を指している。

　身近な地域や自分たちの市の様子に関する内容については，アの(ア)及び(イ)とイの(ア)を関連付けて指導する。例えば，**都道府県内における市の位置，市の地形や土地利用，交通の広がり，市役所など主な公共施設の場所と働き，古くから残る建造物の分布などに着目して，観察・調査したり地図などの資料で調べたりして，白地図などにまとめ，身近な地域や市の様子を捉え，場所による違いを考え，表現すること**を通して，**身近な地域や自分たちの市の様子を大まかに理解**できるようにすることである。

　アは，「知識及び技能」に関わる事項である。
　アの(ア)は，知識に関わる事項である。
　身近な地域や自分たちの市の様子を大まかに理解することとは，都道府県内における市の位置，市の地形や土地利用，交通の広がり，市役所など主な公共施設の場

所と働き,古くから残る建造物の分布などを基に,身近な地域や市区町村の様子について理解することである。

アの(イ)は,技能に関わる事項である。

観察・調査したり地図などの資料で調べたりして,白地図などにまとめることとは,身近な地域や市の様子について,地図や写真などの資料で市の位置や地形,土地利用,交通の広がりなどを観察したり調べたりして,白地図などにまとめることである。ここでは,観察・調査して必要な情報を集める技能,地図などの資料から位置や地形,広がりや分布などを読み取る技能,地図記号を使って,調べたことを白地図などにまとめる技能などを身に付けるようにすることが大切である。

イの(ア)は,「思考力,判断力,表現力等」に関わる事項である。

都道府県内における市の位置,市の地形や土地利用,交通の広がり,市役所など主な公共施設の場所と働き,古くから残る建造物の分布などに着目して,身近な地域や市の様子を捉え,場所による違いを考え,表現することとは,社会的事象の見方・考え方を働かせ,身近な地域や市の様子について,例えば,市はどこに位置しているか,どのように広がっているか,どのように利用されているかなどの問いを設けて調べたり,場所ごとの様子を比較して違いを考えたりして,調べたことや考えたことを表現することである。

都道府県内における市の位置に着目するとは,都道府県全体から見た自分たちの市や隣接する市などの位置や位置関係について調べることである。**市の地形**に着目するとは,土地の低いところや高いところ,広々と開けた土地や山々に囲まれた土地,川の流れているところや海に面したところなどの地形の様子について調べることである。**土地利用**に着目するとは,田や畑,森林の広がり,住宅や商店,工場の分布など,土地利用の広がりや分布について調べることである。**交通の広がり**に着目するとは,主な道路や鉄道の名称や主な経路などについて調べることである。**市役所など主な公共施設の場所と働き**に着目するとは,人々が利用する主な公共施設の場所や施設としての働きについて調べることである。ここで取り上げる公共施設としては,市(区)役所や町(村)役場(以下市役所という。)をはじめ,学校,公園,公民館,コミュニティセンター,図書館,児童館,体育館,美術館,博物館,資料館,文化会館,消防署,警察署,交番,裁判所,検察庁,港など,多くの市民が利用したり,市民のために活動したりしている施設が考えられる。その際,多くの公共施設は市役所によって運営されていることや,災害時における避難場所は市役所において指定されていることに触れることが大切である。**古くから残る建造物の分布**に着目するとは,身近な地域や市に古くから残る神社,寺院,伝統的な家屋などの建造物や,門前町,城下町,宿場町などの伝統的なまち並みの位置や広がり,いわれなどについて調べることである。このようにして調べたことを手掛かりに,

身近な地域や市の様子を捉えることができるようにする。

場所による違いを考え，表現することとは，例えば，駅や市役所の付近，工場や住宅の多いところ，田畑や森林が多いところ，伝統的なまち並みがあるところなど，場所ごとの様子を比較したり，主な道路と工場の分布，主な駅と商店の分布など土地利用の様子と，交通などの社会的な条件や土地の高低などの地形条件を関連付けたりして，市内の様子は場所によって違いがあることを考え，文章で記述したり，白地図などにまとめたことを基に説明したりすることである。

実際の指導に当たっては，生活科での学習経験を生かし，小高い山や校舎の屋上など高いところから身近な地域の景観を展望したり，地理的に見て特徴のある場所や主な公共施設などを観察・調査したりする活動が考えられる。そうした活動からつなげて，地図や写真などを活用して，市全体の様子へ視野を広げるようにすることが大切である。

（内容の取扱い）

> (1) 内容の(1)については，次のとおり取り扱うものとする。
>   ア　学年の導入で扱うこととし，アの(ア)については，「自分たちの市」に重点を置くよう配慮すること。
>   イ　アの(イ)については，「白地図などにまとめる」際に，教科用図書「地図」（以下第2章第2節において「地図帳」という。）を参照し，方位や主な地図記号について扱うこと。

内容の取扱いの(1)のアは，内容の(1)の指導における配慮事項を示している。

ここでは，第3学年の内容の(2)，(3)及び(4)に関わりがあることを踏まえて，学年の導入で扱うようにすることや，授業時間数の配分などを工夫して，「自分たちの市」に重点を置いた効果的な指導を行うように計画することを求めている。市の範囲や広がりを捉えることは，地域社会の生産や販売，安全を守るための諸活動，市の様子の移り変わりを理解する上で基礎となるものである。身近な地域を見学したり聞き取り調査をしたりして情報を集める際には，目的や着目する視点を明確にして効果的に行い，市全体を調べる際にその視点を生かすなどして，市全体の地理的環境の概要を理解できるよう工夫することが大切である。

内容の取扱いの(1)のイは，内容の(1)のアの(イ)の指導において，地図帳を使って方位や主な地図記号について扱うようにすることを示したものである。

ここでは，市の様子に関する内容の指導において，自分たちの市の位置を確かめたり調べたことを白地図にまとめたりする際に必要となる方位や主な地図記号につ

いて,地図帳を参照して理解し活用できるようにすることを求めている。

方位については,四方位と八方位を扱う。その際,児童の実態等を考慮に入れ,最初に四方位を取り上げ,八方位については,ここでの学習も含めて第4学年修了までに身に付けるようにする。

主な地図記号については,身近な地域の様子を地図に表したり,地図から市の様子を読み取ったりする際に,地域の実態を踏まえて必要なものを扱うようにする。地図記号は,例えば,学校,警察署,交番,消防署,工場,神社,寺院,市役所,図書館,博物館,老人ホーム,郵便局,銀行などの金融機関,病院などの建物・施設に関わるもの,田,畑,果樹園,森林などの土地利用に関わるもの,鉄道,駅,道路,橋,港,空港などの交通に関わるものなどに分類される。

---

(2) 地域に見られる生産や販売の仕事について,学習の問題を追究・解決する活動を通して,次の事項を身に付けることができるよう指導する。
  ア 次のような知識及び技能を身に付けること。
    (ア) 生産の仕事は,地域の人々の生活と密接な関わりをもって行われていることを理解すること。
    (イ) 販売の仕事は,消費者の多様な願いを踏まえ売り上げを高めるよう,工夫して行われていることを理解すること。
    (ウ) 見学・調査したり地図などの資料で調べたりして,白地図などにまとめること。
  イ 次のような思考力,判断力,表現力等を身に付けること。
    (ア) 仕事の種類や産地の分布,仕事の工程などに着目して,生産に携わっている人々の仕事の様子を捉え,地域の人々の生活との関連を考え,表現すること。
    (イ) 消費者の願い,販売の仕方,他地域や外国との関わりなどに着目して,販売に携わっている人々の仕事の様子を捉え,それらの仕事に見られる工夫を考え,表現すること。

この内容は,主として「現代社会の仕組みや働きと人々の生活」に区分されるものであり,地域に見られる生産や販売の仕事についての学習で身に付ける事項を示している。地域に見られる生産や販売の仕事とは,身近な地域や市の人々の農作物や工業製品などを生産する仕事や商品を販売する仕事を指している。

ここでは,生産の仕事に関する内容と販売の仕事に関する内容から構成されている。生産の仕事に関する内容については,アの(ア)及び(ウ)とイの(ア)を関連付けて指導する。例えば,**仕事の種類や産地の分布,仕事の工程などに着目して,見学・調査**

したり地図などの資料で調べたりして，白地図などにまとめ，生産に携わっている人々の仕事の様子を捉え，地域の人々の生活との関連を考え，表現することを通して，**生産の仕事は，地域の人々の生活と密接な関わりをもって行われていることを理解**できるようにすることである。

　販売の仕事に関する内容については，アの(イ)及び(ウ)とイの(イ)を関連付けて指導する。例えば，**消費者の願い，販売の仕方，他地域や外国との関わりなどに着目して，見学・調査したり地図などの資料で調べたりして，白地図などにまとめ，販売に携わっている人々の仕事の様子を捉え，それらの仕事に見られる工夫を考え，表現すること**を通して，**販売の仕事は，消費者の多様な願いを踏まえ売り上げを高めるよう，工夫して行われていることを理解**できるようにすることである。

　アは，「知識及び技能」に関わる事項である。
　アの(ア)及び(イ)は，知識に関わる事項である。
　アの(ア)の**生産の仕事は，地域の人々の生活と密接な関わりをもって行われていることを理解すること**とは，自分たちの住む地域には様々な生産に関する仕事があること，産地は市内に分布していること，生産するには一定の順序や工程があること，地域で生産された物は地域の人々の生活に使われていることなどを基に，生産の仕事の様子について理解することである。

　アの(イ)の**販売の仕事は，消費者の多様な願いを踏まえ売り上げを高めるよう，工夫して行われていることを理解すること**とは，販売の仕事は消費者の需要を踏まえて売り上げを高めるよう工夫していること，商店では商品の品質や並べ方，値段の付け方などを工夫して販売していること，販売の仕事は商品や人を通して国内の他地域や外国とも関わりがあることなどを基に，販売の仕事の様子について理解することである。

　アの(ウ)は，技能に関わる事項である。
　見学・調査したり地図などの資料で調べたりして，白地図などにまとめることとは，地域に見られる販売や生産の仕事について，農家や工場，商店などを見学したり，地図などの資料で生産の仕事の種類や産地の分布，商品の仕入れ先や商圏を調べたりして，市の白地図などにまとめることである。ここでは，見学・調査して必要な情報を集める技能，地図などの資料から分布や地域間のつながりなどを読み取る技能，方位や位置などを確かめながら，調べたことを白地図などにまとめる技能などを身に付けるようにすることが大切である。

　イは，「思考力，判断力，表現力等」に関わる事項である。
　イの(ア)の**仕事の種類や産地の分布，仕事の工程などに着目して，生産に携わっている人々の仕事の様子を捉え，地域の人々の生活との関連を考え，表現する**とは，社会的事象の見方・考え方を働かせ，生産に携わっている人々の仕事の様子につい

て，例えば，市内にはどのような生産の仕事があるか，それらはどこに集まっているか，どのようにして生産されているかなどの問いを設けて調べたり，生産の仕事と地域の人々の生活を関連付けて考えたりして，調べたことや考えたことを表現することである。

仕事の種類に着目するとは，市内に見られる農作物や工業製品などをつくる仕事の種類について調べることである。**産地の分布**に着目するとは，市内における田や畑，工場などがある場所の分布について調べることである。**仕事の工程**に着目するとは，農家や工場などの仕事に見られる原材料の仕入，施設・設備，働く人の仕事の手順，生産物の販売の様子について調べることである。このようにして調べたことを手掛かりに，**生産に携わっている人々の仕事の様子**を捉えることができるようにする。

地域の人々の生活との関連を考え，表現するとは，例えば，生産の仕事の様子と地域を結び付けて，地域に見られる生産の仕事と地域の人々の生活との関連を考え，文章で記述したり，白地図などにまとめたことを基に説明したりすることである。

イの(イ)の**消費者の願い，販売の仕方，他地域や外国との関わりなどに着目して，販売に携わっている人々の仕事の様子を捉え，それらの仕事に見られる工夫を考え，表現する**とは，社会的事象の見方・考え方を働かせ，販売に携わっている人々の仕事の様子について，例えば，消費者はどのようなことを願って買い物をしているか，商店の人は消費者の願いに応え売り上げを高めるためにどのような工夫をしているか，商品や客はどこから来ているかなどの問いを設けて調べたり，販売する側の仕事の工夫と消費者の願いを関連付けて考えたりして，調べたことや考えたことを表現することである。

消費者の願いに着目するとは，家族などがよく買い物をする店や，買い物する際の工夫について調べることである。**販売の仕方**に着目するとは，商品の品質管理，売り場での並べ方や値段の付け方，宣伝の仕方などについて調べることである。**他地域や外国との関わり**に着目するとは，外国を含めた商品の産地や仕入れ先の名称と位置，買い物に来る客の居住地の範囲などについて調べることである。このようにして調べたことを手掛かりに，**地域の販売に携わっている人々の仕事の様子**を捉えることができるようにする。

それら（販売に携わっている人々）の仕事に見られる工夫を考え，表現することとは，例えば，観点を設けて，販売の仕方を分類したり，それらと消費者の願いを関連付けたりして，販売の仕事に見られる工夫を考え，文章で記述したり，図表などにまとめたことを基に説明したりすることである。

実際の指導に当たっては，生産の仕事については，市内に見られる生産の仕事の

主な種類や分布を大まかに調べた上で,生産の仕事の様子を見学・調査すること,販売の仕事については,地域の人々が利用している身近な商店などを見学・調査することなどが考えられる。なお,販売の仕事と自分たちの生活との関わりについて調べる際には,個人のプライバシーに十分配慮する必要がある。

(内容の取扱い)

> (2) 内容の(2)については,次のとおり取り扱うものとする。
> ア アの(ア)及びイの(ア)については,事例として農家,工場などの中から選択して取り上げるようにすること。
> イ アの(イ)及びイの(イ)については,商店を取り上げ,「他地域や外国との関わり」を扱う際には,地図帳などを使用して都道府県や国の名称と位置などを調べるようにすること。
> ウ イの(イ)については,我が国や外国には国旗があることを理解し,それを尊重する態度を養うよう配慮すること。

内容の取扱いの(2)のアは,内容の(2)のアの(ア)及びイの(ア)の指導において,取り上げる生産の仕事の範囲を示したものである。

生産の仕事について,事例として取り上げる際には,例えば,地域の実態に応じた学習が展開できるか,市の人々の仕事の特色を具体的に捉えることができるかなどに留意し,農家の仕事,工場の仕事,木を育てる仕事,魚や貝などを採ったり育てたりする仕事などの中から選択して取り上げることが考えられる。

内容の取扱いの(2)のイは,内容の(2)のアの(イ)及びイの(イ)において,販売の仕事を取り上げる際の配慮事項を示したものである。

ここでは,販売の仕事については,身近な地域にある,例えば,小売店,スーパーマーケット,コンビニエンスストア,デパート,移動販売などの中から選択して,商店を取り上げることとし,その際,国内の「他地域や外国との関わり」について指導することを示している。例えば,販売における商品の仕入れ先を調べる際,地図帳などを使って,都道府県や外国の名称と位置を確かめる活動を行い,自分たちの消費生活を支えている販売の仕事は国内の他地域や外国と結び付いていることに気付くように指導する必要がある。

内容の取扱いの(2)のウは,内容の(2)のイの(イ)において外国を取り上げる際,我が国や外国には国旗があることを理解させるとともに,それを尊重する態度を育てるようにすることを示したものである。

ここでは,我が国や外国には国旗があること,いずれの国でも国旗を大切にして

いること，及び我が国の国旗を尊重するとともに，外国の国旗を尊重することが大切であることなどを指導することが大切である。その際，取り上げた外国の国旗を地図帳などで確認することなどを通して指導するように配慮する必要がある。

> (3) 地域の安全を守る働きについて，学習の問題を追究・解決する活動を通して，次の事項を身に付けることができるよう指導する。
> 　ア　次のような知識及び技能を身に付けること。
> 　　(ｱ)　消防署や警察署などの関係機関は，地域の安全を守るために，相互に連携して緊急時に対処する体制をとっていることや，関係機関が地域の人々と協力して火災や事故などの防止に努めていることを理解すること。
> 　　(ｲ)　見学・調査したり地図などの資料で調べたりして，まとめること。
> 　イ　次のような思考力，判断力，表現力等を身に付けること。
> 　　(ｱ)　施設・設備などの配置，緊急時への備えや対応などに着目して，関係機関や地域の人々の諸活動を捉え，相互の関連や従事する人々の働きを考え，表現すること。

　この内容は，「現代社会の仕組みや働きと人々の生活」に区分されるものであり，地域の安全を守る働きについての学習で身に付ける事項を示している。地域の安全を守る働きとは，消防署や警察署などの関係機関に従事する人々が相互に連携し，地域の人々と協力して，火災や事故などから人々の安全を守るために行っている働きを指している。ここで取り上げる火災や事故などとは，地域の人々の生命や財産を脅かす火災，交通事故や犯罪などの事故や事件である。

　地域の安全を守る働きに関する内容については，アの(ｱ)及び(ｲ)とイの(ｱ)を関連付けて指導する。例えば，**施設・設備などの配置，緊急時への備えや対応などに着目して，見学・調査したり地図などの資料で調べたりして，まとめ，関係機関や地域の人々の諸活動を捉え，相互の関連や従事する人々の働きを考え，表現すること**を通して，**消防署や警察署などの関係機関は，地域の安全を守るために，相互に連携して緊急時に対処する体制をとっていることや，関係機関が地域の人々と協力して火災や事故などの防止に努めていることを理解**できるようにすることである。

　アは，「知識及び技能」に関わる事項である。
　アの(ｱ)は，知識に関わる事項である。
　消防署や警察署などの関係機関は，地域の安全を守るために，相互に連携して緊急時に対処する体制をとっていることを理解することとは，緊急時において，消防署や警察署などの関係機関が，緊急指令室等を中心にネットワークを活用して相互

に連携するとともに,火災,交通事故,犯罪など緊急事態が発生した時には,状況に応じて迅速かつ確実に事態に対処していることや,近隣の消防署や警察署,市役所や病院,放送局,水・電気・ガスを供給している機関などが協力していること,消防団など地域の人々が組織する諸団体が緊急事態に対処していることなどを基に,地域の安全を守る働きについて理解することである。

消防署や警察署などの**関係機関が地域の人々と協力して火災や事故などの防止に努めていることを理解すること**とは,火災については,消防署を中心に警察署,市役所,病院,放送局,学校,水,電気・ガスを供給している機関などが普段から施設・設備の整備や点検,訓練,広報活動などに取り組み,火災の予防に努めていることや,地域の人々が消防署への火災通報,避難訓練の実施,地域の消防団による防火を呼び掛ける活動などの火災予防に協力していることなどを基にして,地域の安全を守る働きについて理解することである。また,交通事故や犯罪などの事故や事件については,警察署が中心となって,消防署,市役所,病院,放送局,地域の町内会や自治会,学校,ＰＴＡその他の関係の諸団体が連携・協力して交通安全運動や防犯活動を展開していることや,保護者による地域の巡回,「子ども110番の家」の設置など,地域の人々が事故防止や防犯に協力していることなどを基に,地域の安全を守る働きについて理解することである。

アの(イ)は,技能に関わる事項である。

見学・調査したり地図などの資料で調べたりして,まとめることとは,地域の安全を守る活動について,消防署や警察署などの関係機関や関連する施設・設備を見学したり,地図や関係機関が作成した資料などで調べたりして,白地図などにまとめることである。ここでは,見学・調査して必要な情報を集める技能,施設・設備の位置,関係機関相互の協力関係などを読み取る技能,調べたことを白地図や図表などにまとめる技能などを身に付けるようにすることが大切である。

イの(ア)は,「思考力,判断力,表現力等」に関わる事項である。

施設・設備などの配置,緊急時への備えや対応などに着目して,関係機関や地域の人々の諸活動を捉え,相互の関連や従事する人々の働きを考え,表現するとは,社会的事象の見方・考え方を働かせ,関係機関や地域の人々の諸活動について,例えば,どこにどのような施設・設備があるか,どのように連携・協力して火災や事故などの発生に備えたり対応したりしているかなどの問いを設けて調べたり,それらの諸活動と人々の生活を関連付けて考えたりして,調べたことや考えたことを表現することである。

施設・設備などの配置に着目するとは,消防署や警察署などの関係機関や消火栓や火災報知器,消防水利,消防団倉庫などの施設・設備や,ガードレールや交通標識,信号,カーブミラー,「子ども110番の家」などの施設・設備の位置や分布に

ついて調べることである。**緊急時への備えや対応**に着目するとは，働いている人の勤務体制や待機の仕方，訓練，施設・設備の点検，パトロールの様子などについて調べたり，関係機関のそれぞれの役割や通信指令室を中心とするネットワークによる関係機関の相互の連携などについて調べたりすることである。このようにして調べたことを手掛かりに，**関係機関や地域の人々の諸活動**を捉えることができるようにする。

　相互の関連や従事する人々の働きを考え，表現することとは，例えば，連携・協力している関係機関の働きを比較・分類したり，結び付けたりして，関係機関の相互の関連を考え，文章で記述したり，図などにまとめたことを基に説明したりすることである。また，関係機関に従事する人々の活動と地域の人々の生活を関連付けて，関係機関の働きを考え，文章で記述したり話し合ったりすることである。

　実際の指導に当たっては，関係機関等から集めた資料を活用したり，関係機関や地域の人などから地域の安全を守るための活動について話を聞いたりする活動が考えられる。

（内容の取扱い）

> (3) 内容の(3)については，次のとおり取り扱うものとする。
> 　ア　アの(ｱ)の「緊急時に対処する体制をとっていること」と「防止に努めていること」については，火災と事故はいずれも取り上げること。その際，どちらかに重点を置くなど効果的な指導を工夫すること。
> 　イ　イの(ｱ)については，社会生活を営む上で大切な法やきまりについて扱うとともに，地域や自分自身の安全を守るために自分たちにできることなどを考えたり選択・判断したりできるよう配慮すること。

　内容の取扱いの(3)のアは，内容の(3)のアの(ｱ)において，「消防署や警察署などの関係機関は，地域の安全を守るために，相互に連携して緊急時に対処する体制をとっていることや，関係機関が地域の人々と協力して火災や事故などの防止に努めていること」を指導する際の配慮事項を示したものである。「緊急時に対処する体制をとっていること」と「防止に努めていること」については，火災と事故のいずれにおいても取り上げるものとする。その際，例えば，「緊急時に対処する体制をとっていること」については，火災に重点を置き，「防止に努めていること」については，事故に重点を置くなど，取り上げ方に軽重を付け，効果的に指導するようにする。

　内容の取扱いの(3)のイは，内容の(3)のイの(ｱ)において，社会生活を営む上で大切な法やきまりについて扱うようにすることを示したものである。火災について

1　第3学年の目標及び内容

は，例えば，防火設備の設置や点検，消防訓練の義務など，火災の防止に関する法やきまりを，事故などについては，例えば，登下校などにおける交通事故の防止に関する法やきまりを取り上げるなど，地域の人々の安全な生活の維持と向上を図るための法やきまりを扱うようにする。

また，内容の(3)のイの(ア)における配慮事項を示したものである。ここでは，学習したことを基に，地域の人々が行っている火災予防，交通安全や防犯などに関わる活動の中から，地域社会の一員として自分たちにも協力できることを考えたり，自分自身の安全を守るために日頃から心掛けるべきことを選択・判断したりして，それらを基に話し合うことなどが大切である。例えば，火事を引き起こさない生活の仕方や事故を起こしたり事件に巻き込まれたりしない行動の仕方について討論したり，標語やポスターなどを作成したりすることなどが考えられる。

---

(4) 市の様子の移り変わりについて，学習の問題を追究・解決する活動を通して，次の事項を身に付けることができるよう指導する。
　ア　次のような知識及び技能を身に付けること。
　　(ア)　市や人々の生活の様子は，時間の経過に伴い，移り変わってきたことを理解すること。
　　(イ)　聞き取り調査をしたり地図などの資料で調べたりして，年表などにまとめること。
　イ　次のような思考力，判断力，表現力等を身に付けること。
　　(ア)　交通や公共施設，土地利用や人口，生活の道具などの時期による違いに着目して，市や人々の生活の様子を捉え，それらの変化を考え，表現すること。

この内容は，主として「歴史と人々の生活」に区分されるものであり，市の様子の移り変わりについての学習で身に付ける事項を示している。市の様子の移り変わりとは，自分たちの市において，交通や公共施設が整備されたり人口が増えたり，土地利用の様子が変わったりしてきたこと，それらに伴い市や人々の生活の様子が変化してきたことを指している。

市の様子の移り変わりに関する内容については，アの(ア)及び(イ)とイの(ア)を関連付けて指導する。例えば，**交通や公共施設，土地利用や人口，生活の道具などの時期による違いに着目して，聞き取り調査をしたり地図などの資料で調べたりして，年表などにまとめ，市や人々の生活の様子を捉え，それらの変化を考え，表現することを通して，市や人々の生活の様子は，時間の経過に伴い，移り変わってきたことを理解**できるようにすることである。

アは,「知識及び技能」に関わる事項である。

アの(ア)は,知識に関わる事項である。

市や人々の生活の様子は,時間の経過に伴い,移り変わってきたことを理解することとは,自分たちの市は,昔から今に至る時間の経過に伴って,駅や道路などの交通網が整備されてきたこと,公共施設などが建設されてきたこと,土地利用の様子や人口が変化してきたこと,生活で使う道具などが改良され変わってきたことなどを基に,市や人々の生活の様子の移り変わりについて理解することである。

アの(イ)は,技能に関わる事項である。

聞き取り調査をしたり地図などの資料で調べたりして,年表などにまとめることとは,市の様子の移り変わりについて,博物館や資料館などの関係者や地域の人などへの聞き取り調査をしたり,関係機関が作成した資料などで調べたりして,年表などにまとめることである。ここでは,聞き取り調査で必要な情報を集める技能,地図や写真などの資料を見比べながら,移り変わりなどの情報を読み取る技能,時期の区分や時間の経過に沿って,調べたことを年表などにまとめる技能などを身に付けるようにすることが大切である。

イの(ア)は,「思考力,判断力,表現力等」に関わる事項である。

交通や公共施設,土地利用や人口,生活の道具などの時期による違いに着目して,市や人々の生活の様子を捉え,それらの変化を考え,表現することとは,社会的事象の見方・考え方を働かせ,市や人々の生活の様子について,例えば,鉄道や道路はどのように整備されてきたか,どのような公共施設が建てられてきたか,土地の使われ方や人口はどのように変わってきたか,生活の道具はどのように変化してきたかなどの問いを設けて調べたり,その変化の傾向を考えたりして,調べたことや考えたことを表現することである。

交通の時期による違いに着目するとは,市内の鉄道や主要な道路などが整備される前や整備された後の市の様子,及び現在の市の様子について調べることである。**公共施設**の時期による違いに着目するとは,自分たちの学校や中央図書館,公民館などの公共施設が建設された頃と現在の市の様子について調べることである。**土地利用**の時期による違いに着目するとは,大きな団地などの住宅開発や工業団地の建設など,大きく変わった市の土地利用の様子について調べることである。その際,例えば,昔は山林や農地が多かったが現在はその多くが住宅地などに変わっていることなど,市全体を見渡して違いを捉えるようにすることも大切である。**人口**の時期による違いに着目するとは,現在に至るまでに増加したり減少したりして変化してきた市の人口について調べることである。その際,市町村の合併による市の広がりなどに触れることも大切である。**生活の道具**の時期による違いに着目するとは,電化製品が普及する前と普及した後,及び現在の生活の中で使用している道具の使

い方や生活の様子について調べることである。ここでは，炊事や洗濯など家事に使用する道具や明かりや暖をとる道具など生活の中で使われた道具を取り上げることが考えられる。このようにして調べたことを手掛かりに，**市や人々の生活の様子**を捉えることができるようにする。

それら（市や人々の様子）の変化を考え，表現することとは，例えば，駅や鉄道，公共施設ができたこと，人口が変化してきたこと，土地利用の様子や生活の道具が変わったことなどを相互に関連付けたり，市の様子の変化と人々の生活の様子の変化を結び付けたりして，都市化や過疎化，少子高齢化など市全体の変化の傾向を考え，文章で記述したり，年表などにまとめたことを基に話し合ったりすることである。

実際の指導に当たっては，市町村合併の時期，交通の整備や公共施設の建設，人口の増減などの視点から市の様子が大きく変わった幾つかの時期に着目して，その頃の様子を調べる活動や，現在と比較して年表などにまとめる活動などが考えられる。その際，内容の(1)の「身近な地域や市の様子」の学習において作成した地図などを活用することなどが考えられる。

（内容の取扱い）

> (4) 内容の(4)については，次のとおり取り扱うものとする。
>   ア アの(イ)の「年表などにまとめる」際には，時期の区分について，昭和，平成など元号を用いた言い表し方などがあることを取り上げること。
>   イ イの(ア)の「公共施設」については，市が公共施設の整備を進めてきたことを取り上げること。その際，租税の役割に触れること。
>   ウ イの(ア)の「人口」を取り上げる際には，少子高齢化，国際化などに触れ，これからの市の発展について考えることができるよう配慮すること。

内容の取扱いの(4)のアは，内容の(4)のアの(イ)の指導において，「年表などにまとめる」際に，取り上げるべき事項について示したものである。ここでは，市の様子の移り変わりについて指導する際に，時期の区分について，昭和，平成などの元号を取り上げるようにする。また，明治，大正などの元号や江戸時代などの言い表し方があることを取り上げることも考えられる。年表に元号などを位置付けて，市の様子の移り変わりを年代順に整理できるようにすることが大切である。

内容の取扱いの(4)のイは，内容の(4)のイの(ア)において，「公共施設」を取り上げる際の留意事項を示したものである。

公共施設については，学校，図書館，公民館，資料館などが考えられる。その際，

内容の(1)において取り上げた公共施設との関連を図り，公共施設の建設や運営には市役所が関わってきたことや，その建設や運営には租税が重要な役割を果たしていることに触れるようにすることが大切である。

内容の取扱いの(4)のウは，内容の(4)のイの(ア)において，「人口」を取り上げる際の留意事項を示したものである。

人口を取り上げる際には，表や棒グラフを活用するなど，増減の傾向を大まかに捉えるようにすることが大切である。その際，市によっては，少子化や高齢化が進んでいることや外国人居住者が増え国際化が進んでいることなどに触れることも大切である。

また，市役所などが作成している資料などを基に，これからの市の発展に関心をもち，市が将来どのようになってほしいか，そのためには市民としてどのように行動していけばよいかなど，市の将来について考えたり討論したりすることができるよう指導することが大切である。

第3学年の内容においては，内容の(1)から(4)の学習を通して，社会的事象について，学習問題を主体的に解決しようとする態度や，よりよい社会を考え学習したことを社会生活に生かそうとする態度を養うとともに，思考や理解を通して，地域社会に対する誇りと愛情，地域社会の一員としての自覚を養うようにすることが大切である。

第2節　第4学年の目標及び内容

1　第4学年の目標

> 　社会的事象の見方・考え方を働かせ，学習の問題を追究・解決する活動を通して，次のとおり資質・能力を育成することを目指す。
> (1)　自分たちの都道府県の地理的環境の特色，地域の人々の健康と生活環境を支える働きや自然災害から地域の安全を守るための諸活動，地域の伝統と文化や地域の発展に尽くした先人の働きなどについて，人々の生活との関連を踏まえて理解するとともに，調査活動，地図帳や各種の具体的資料を通して，必要な情報を調べまとめる技能を身に付けるようにする。
> (2)　社会的事象の特色や相互の関連，意味を考える力，社会に見られる課題を把握して，その解決に向けて社会への関わり方を選択・判断する力，考えたことや選択・判断したことを表現する力を養う。
> (3)　社会的事象について，主体的に学習の問題を解決しようとする態度や，よりよい社会を考え学習したことを社会生活に生かそうとする態度を養うとともに，思考や理解を通して，地域社会に対する誇りと愛情，地域社会の一員としての自覚を養う。

　これは，教科の目標を受けて，第4学年の目標を示している。

　第4学年においては，社会的事象の見方・考え方を働かせ，学習問題を追究・解決する活動を通して，次の(1)から(3)までのとおり資質・能力を育成することを目指す。

> (1)　自分たちの都道府県の地理的環境の特色，地域の人々の健康と生活環境を支える働きや自然災害から地域の安全を守るための諸活動，地域の伝統と文化や地域の発展に尽くした先人の働きなどについて，人々の生活との関連を踏まえて理解するとともに，調査活動，地図帳や各種の具体的資料を通して，必要な情報を調べまとめる技能を身に付けるようにする。

　これは，第4学年における「知識及び技能」に関する目標を示している。

　自分たちの都道府県の地理的環境の特色，地域の人々の健康と生活環境を支える働きや自然災害から地域の安全を守るための諸活動，地域の伝統と文化や地域の発展に尽くした先人の働きなどについて，人々の生活との関連を踏まえて理解すると

は,知識に関する目標を示している。

　自分たちの都道府県の地理的環境の特色について理解するとは,自分たちの県の位置や地形,主な産業の分布など地理的環境の概要及び47都道府県の名称と位置とともに,県内には地理的環境などの特色を生かし,まちづくりや産業の発展などに努めている地域があることなどを理解できるようにすることである。

　地域の人々の健康と生活環境を支える働きや自然災害から地域の安全を守るための諸活動について理解するとは,飲料水,電気,ガスを供給する事業や廃棄物を処理する事業は人々の健康や生活環境の維持と向上に役立っていることや,地域の関係機関や人々は自然災害に対し様々な対処や備えをしていることなどを理解できるようにすることである。

　地域の伝統と文化や地域の発展に尽くした先人の働きについて理解するとは,県内の文化財や年中行事は地域の人々の願いが込められ受け継がれていることや,地域の発展に尽くした先人は様々な苦心や努力により生活の向上に貢献したことなどを理解できるようにすることである。

　人々の生活との関連を踏まえて理解するとは,自分たちの都道府県の地理的環境の特色,地域の人々の健康と生活環境を支える働きや自然災害から地域の安全を守るための諸活動,地域の伝統と文化や地域の発展に尽くした先人の働きのいずれにおいても,地域の人々の生活との関連を考えることを通して,地域における社会生活について理解できるようにすることである。なお,ここでいう「地域」とは,主として自分たちが生活している都道府県の範囲を指している。

　調査活動,地図帳や各種の具体的資料を通して,必要な情報を調べまとめる技能を身に付けるようにするとは,技能に関する目標を示している。

　調査活動,地図帳や各種の具体的資料を通してとは,自分たちの都道府県の地理的環境の特色,地域の人々の健康と生活環境を支える働きや自然災害から地域の安全を守るための諸活動,地域の伝統と文化や地域の発展に尽くした先人の働きについて,見学や観察,聞き取り調査などの調査活動や,地図帳や地域の平面地図や立体地図,写真,実物などの具体的資料を通して調べることである。これらの調査活動や資料を通して,学習問題の追究・解決に必要な情報を集め,読み取り,白地図や年表などにまとめる技能を身に付けるようにすることを示している。なお,ここでいう「必要な情報」とは,学習問題の追究・解決に必要な情報であり,学習計画に沿って集める情報,予想に基づいて調べる情報などを指している。

---

(2) 社会的事象の特色や相互の関連,意味を考える力,社会に見られる課題を把握して,その解決に向けて社会への関わり方を選択・判断する力,考えたことや選択・判断したことを表現する力を養う。

これは，第4学年における「思考力，判断力，表現力等」の育成に関する目標を示している。

社会的事象の特色や相互の関連，意味を考える力を養うとは，自分たちの県の地理的環境の特色，飲料水，電気，ガスを供給する事業や廃棄物を処理する事業が果たす役割，自然災害から人々の安全を守る活動の働き，文化財や年中行事に込められた人々の願いや努力，地域の発展に尽くした先人の働きなどを考える力を養うようにすることである。

社会に見られる課題を把握して，その解決に向けて社会への関わり方を選択・判断する力を養うとは，例えば，節水や節電，ごみの減量や水を汚さない工夫，自然災害に対する日頃からの備え，伝統や文化の保護・継承などに関して，地域や生活における課題を見いだし，それらの解決のために自分たちにできることを選択・判断する力を養うようにすることである。

考えたことや選択・判断したことを表現する力を養うとは，社会的事象の特色や相互の関連，意味について考えたことや，社会への関わり方について選択・判断したことを，文章で記述したり，資料などを用いて説明したり話し合ったりする力を養うようにすることである。

> (3) 社会的事象について，主体的に学習の問題を解決しようとする態度や，よりよい社会を考え学習したことを社会生活に生かそうとする態度を養うとともに，思考や理解を通して，地域社会に対する誇りと愛情，地域社会の一員としての自覚を養う。

これは，第4学年における「学びに向かう力，人間性等」の育成に関する目標を示している。

社会的事象について，主体的に学習の問題を解決しようとする態度を養うとは，学習問題を追究・解決するために，社会的事象について意欲的に調べ，社会的事象の特色や相互の関連，意味について粘り強く考えたり，調べたことや考えたことを表現しようとしたりする主体的な学習態度を養うようにすることである。

よりよい社会を考え学習したことを社会生活に生かそうとする態度を養うとは，これまでの学習を振り返り，学習したことを確認するとともに，学習成果を基に生活の在り方やこれからの地域社会の発展について考えようとする態度を養うようにすることである。

地域社会に対する誇りと愛情を養うとは，地域社会についての理解を踏まえて，自分たちの生活している地域社会としての都道府県に対する誇りと愛情を養うようにすることである。

地域社会の一員としての自覚を養うとは，地域社会についての理解を踏まえて，自分も地域社会の一員であるという自覚や，地域の人々の健康やよりよい生活環境，自然災害への対策など安全な生活，伝統や文化の保護・継承を実現していくために共に努力し，協力しようとする意識などを養うようにすることである。

思考や理解を通してとは，これらの誇りや愛情，自覚は，現在及び過去の地域社会の特色やよさ，課題への理解に基づくものであり，学習活動を通して考えたり理解したりしたことを基に涵養されるものであることを示している。

2　第4学年の内容

---

(1)　都道府県（以下第2章第2節において「県」という。）の様子について，学習の問題を追究・解決する活動を通して，次の事項を身に付けることができるよう指導する。

　ア　次のような知識及び技能を身に付けること。

　　(ア)　自分たちの県の地理的環境の概要を理解すること。また，47都道府県の名称と位置を理解すること。

　　(イ)　地図帳や各種の資料で調べ，白地図などにまとめること。

　イ　次のような思考力，判断力，表現力等を身に付けること。

　　(ア)　我が国における自分たちの県の位置，県全体の地形や主な産業の分布，交通網や主な都市の位置などに着目して，県の様子を捉え，地理的環境の特色を考え，表現すること。

この内容は，「地理的環境と人々の生活」に区分されるものであり，都道府県の様子についての学習で身に付ける事項を示している。都道府県の様子とは，自分たちの県の位置や地形，産業や交通，主な都市の位置などの概要を指している。

都道府県の様子に関する内容については，アの(ア)と(イ)及びイの(ア)をそれぞれ関連付けて指導する。例えば，**我が国における自分たちの県の位置，県全体の地形や主な産業の分布，交通網や主な都市の位置などに着目して，地図帳や各種の資料で調べ，白地図などにまとめ，県の様子を捉え，地理的環境の特色を考え，表現すること**を通して，**自分たちの県の地理的環境の概要を理解する**とともに，**47都道府県の名称と位置を理解**できるようにすることである。

アは，「知識及び技能」に関わる事項である。

アの(ア)は，知識に関わる事項である。

自分たちの県の地理的環境の概要を理解することとは，国内における自分たちの

県の位置，隣接する県との位置関係，県全体の地形や主な産業，交通網の様子や主な都市の位置などを基に，都道府県の様子について理解することである。

47都道府県の名称と位置を理解することとは，我が国が47の都道府県で構成されていることや，各都道府県の名称や日本地図上の位置などを基に，47都道府県の名称と位置について理解することである。その際，都道府県の名称に用いる漢字については，国語科において，第4学年までに指導することとなっている。このため，指導する時期について国語科との連携を図るとともに，漢字の表記に慣れるよう配慮する。

地図帳や各種の資料で調べ，白地図などにまとめることとは，自分たちの県の様子について，地図帳や立体模型，航空写真などの資料で調べ，県の白地図などにまとめることや，47都道府県の名称と位置について，地図帳などで確かめたり，日本の白地図などに書き表したりすることである。ここでは，地図帳などを用いて，位置や地形，広がりや分布などの情報を読み取る技能，名称と位置を確かめながら，調べたことを白地図などにまとめる技能などを身に付けるようにすることが大切である。

イの(ア)は，「思考力，判断力，表現力等」に関わる事項である。

我が国における自分たちの県の位置，県全体の地形や主な産業の分布，交通網や主な都市の位置などに着目して，県の様子を捉え，地理的環境の特色を考え，表現することとは，社会的事象の見方・考え方を働かせ，県の様子について，例えば，自分たちの県は日本のどこに位置しているか，どのような地形が見られるか，主な産業はどこに分布しているか，交通網はどのように広がっているか，主な都市はどこに位置しているかなどの問いを設けて調べたり，それらを総合して県の地理的環境の特色を考えたりして，調べたことや考えたことを表現することである。

我が国における自分たちの県の位置に着目するとは，日本全体から見た自分たちの県の位置や隣接する県との位置関係について調べることである。**県全体の地形**に着目するとは，県全体の主な山地や平地，半島，川，湖や沼，海などの位置や広がりの様子について調べることである。**主な産業の分布**に着目するとは，県内の主要な産業や特色ある産業の分布について調べることである。**交通網**に着目するとは，主な駅や港，空港の位置，県内を通る主な道路や鉄道などの交通網の広がりについて調べることである。主な道路としては高速道路や主な国道や県道などが考えられる。**主な都市の位置**に着目するとは，県庁のある市や人口が集中している市，交通の要衝となっている市，産業の盛んな市など主な都市の位置を調べることである。このようにして調べたことを手掛かりに，**県の様子**を捉えることができるようにする。

地理的環境の特色を考え，表現するとは，例えば，県の位置や県全体の地形，主

な産業,交通網や主な都市の位置などの情報を総合して,自分たちの県の概要や特色を考え,文章で記述したり,白地図などにまとめたことを基に説明したりすることである。

実際の指導に当たっては,県の地図や地図帳を十分に活用することが大切である。例えば,地図上で自分たちの県の位置を言い表す活動,県の白地図に地形や産業の分布,交通網,主な都市の位置を書き表す活動,47都道府県の位置を地図帳で確かめ,その名称を白地図に書き表す活動などが考えられる。

> (2) 人々の健康や生活環境を支える事業について,学習の問題を追究・解決する活動を通して,次の事項を身に付けることができるよう指導する。
> ア 次のような知識及び技能を身に付けること。
> (ア) 飲料水,電気,ガスを供給する事業は,安全で安定的に供給できるよう進められていることや,地域の人々の健康な生活の維持と向上に役立っていることを理解すること。
> (イ) 廃棄物を処理する事業は,衛生的な処理や資源の有効利用ができるよう進められていることや,生活環境の維持と向上に役立っていることを理解すること。
> (ウ) 見学・調査したり地図などの資料で調べたりして,まとめること。
> イ 次のような思考力,判断力,表現力等を身に付けること。
> (ア) 供給の仕組みや経路,県内外の人々の協力などに着目して,飲料水,電気,ガスの供給のための事業の様子を捉え,それらの事業が果たす役割を考え,表現すること。
> (イ) 処理の仕組みや再利用,県内外の人々の協力などに着目して,廃棄物の処理のための事業の様子を捉え,その事業が果たす役割を考え,表現すること。

この内容は,主として「現代社会の仕組みや働きと人々の生活」に区分されるものであり,人々の健康や生活環境を支える事業についての学習で身に付ける事項を示している。人々の健康や生活環境を支える事業とは,飲料水,電気,ガスを供給する事業と廃棄物を処理する事業を指している。

ここでは,飲料水,電気,ガスを供給する事業に関する内容と廃棄物を処理する事業に関する内容から構成されている。飲料水,電気,ガスを供給する事業に関する内容については,アの(ア)及び(ウ)とイの(ア)を関連付けて指導する。例えば,**供給の仕組みや経路,県内外の人々の協力などに着目して,見学・調査したり地図などの資料で調べたりして,まとめ,飲料水,電気,ガスの供給のための事業の様子を捉**

え，それらの事業が果たす役割を考え，表現することを通して，**飲料水，電気，ガスを供給する事業は，安全で安定的に供給できるよう進められていることや，地域の人々の健康な生活の維持と向上に役立っていることを理解**できるようにすることである。

廃棄物の処理に関する内容については，アの(イ)及び(ウ)とイの(イ)を関連付けて指導する。例えば，**処理の仕組みや再利用，県内外の人々の協力などに着目して，見学・調査したり地図などの資料で調べたりして，まとめ，廃棄物の処理のための事業の様子を捉え，その事業が果たす役割を考え，表現すること**を通して，**廃棄物を処理する事業は，衛生的な処理や資源の有効利用ができるよう進められていることや，生活環境の維持と向上に役立っていることを理解**できるようにすることである。

アは，「知識及び技能」に関わる事項である。

アの(ア)及び(イ)は，知識に関わる事項である。

アの(ア)の**飲料水，電気，ガスを供給する事業は，安全で安定的に供給できるよう進められていること**を理解することとは，飲料水，電気，ガスを供給する事業は，人々が安心してそれらを使うことができるよう様々な面で安全確保に努めていること，必要な量をいつでも使えるよう確保に努めていること，関係機関が相互に連携したり県内外の人々と協力したりして安定的に供給できるように進められていることなどを基に，飲料水，電気，ガスを供給する事業について理解することである。また，（飲料水，電気，ガスを供給する事業は，）**地域の人々の健康な生活の維持と向上に役立っていることを理解すること**とは，地域の人々の日常生活において，大量の飲料水，電気，ガスが使用されていること，飲料水，電気，ガスを供給する事業においては，現在に至るまでに安全かつ安定的に供給する仕組みがつくられ，計画的に改善されてきたことや，その結果，地域の公衆衛生が向上し，健康な生活が維持・向上してきたことなどを基に，飲料水，電気，ガスを供給する事業について理解することである。

アの(イ)の**廃棄物を処理する事業は，衛生的な処理や資源の有効利用ができるよう進められていること**を理解することとは，ごみや下水などの廃棄物を処理する事業は，地域の生活環境に配慮しながら廃棄物を安全かつ衛生的に処理していることや，県内外の関係機関が相互に連携して処理したり再利用したりしていることなどを基に，廃棄物を処理する事業について理解することである。また，（廃棄物を処理する事業は，）**生活環境の維持と向上に役立っていることを理解すること**とは，地域の人々の日常生活において，大量で多様な廃棄物が排出されていることや，廃棄物を処理する事業においては，現在に至るまでに衛生的に処理する仕組みがつくられ計画的に改善されてきたこと，その結果，地域の公衆衛生が向上し，人々の生活環境が維持・向上してきたことなどを基に，廃棄物を処理する事業について理解する

ことである。

アの(ウ)は，技能に関わる事項である。

見学・調査したり地図などの資料で調べたりして，まとめることとは，人々の健康や生活環境を支える事業について，関連する施設や事業所を見学したり，地図や関係機関が作成した資料などで調べたりして，県の白地図や図表などにまとめることである。ここでは，見学・調査して必要な情報を集める技能，関係機関相互の協力関係などを読み取る技能，調べたことを図表などにまとめる技能などを身に付けるようにすることが大切である。

イは，「思考力，判断力，表現力等」に関わる事項である。

イの(ア)の**供給の仕組みや経路，県内外の人々の協力などに着目して，飲料水，電気，ガスの供給のための事業の様子を捉え，それらの事業が果たす役割を考え，表現すること**とは，社会的事象の見方・考え方を働かせ，飲料水，電気，ガスの供給のための事業の様子について，例えば，どのような仕組みで作られているか，どのような経路を通って送られて来るか，どのような関係機関や人々の協力の基に成り立っているかなどの問いを設けて調べたり，それらの事業と人々の生活を関連付けて考えたりして，調べたことや考えたことを表現することである。

供給の仕組みや経路に着目するとは，飲料水，電気，ガスの確保に向けた取組や，飲料水，電気，ガスが自分たちの地域に届けられる仕組みや経路について調べることである。飲料水の供給については，水源林の確保，ダムや貯水池，浄水場での高度な技術を活用した浄水処理や給水の仕組みなどを調べることである。電気の供給については，火力，水力，原子力などの発電所，燃料や水資源の確保，発電所から消費地までの送電，必要な量の電気の確保などの様子を調べることである。その際，火力発電所や原子力発電所については，環境や安全に配慮して発電していることについても調べる必要がある。ガスの供給については，原料の液化天然ガスなどを外国から輸入していること，液化天然ガスの製造基地，都市ガスとしての供給，安全の確保などの様子を調べることである。**県内外の人々の協力**に着目するとは，飲料水，電気，ガスの供給に関係する施設や事業所などの建設に関わる県内外の人々，節水（節電や省エネ）などに関わる県内の人々の連携や協力について調べることである。なお，電気を取り上げる場合には，電力を大量に消費する大都市圏に住む人々の生活は，消費地から離れた県などにある発電所から電力の供給を受けることで成り立っていることに触れるようにする。その際，先の東日本大震災において原子力発電所で大きな事故が発生したことに伴って生じ，現在なお直面している多くの困難を踏まえ，当該地域やその住民，一時避難者に十分配慮して指導することが必要である。

このようにして調べたことを手掛かりに，**飲料水，電気，ガスの供給のための事**

業の様子を捉えることができるようにする。

　それらの事業が果たす役割を考え，表現することとは，例えば，飲料水，電気，ガスの供給のための事業に見られる仕組みや人々の協力関係と地域の人々の健康や生活環境を関連付けて，それらの事業が果たす役割を考え，文章で記述したり，白地図や図表などにまとめたことを基に話し合ったりすることである。

　イの(イ)の**処理の仕組みや再利用，県内外の人々の協力などに着目して，廃棄物の処理のための事業の様子を捉え，その事業が果たす役割を考え，表現すること**とは，社会的事象の見方・考え方を働かせ，廃棄物の処理のための事業の様子について，例えば，廃棄物をどのように集め処理しているか，再利用にはどのような方法があるか，どのような関係機関や人々の協力の基に成り立っているかなどの問いを設けて調べたり，その事業と人々の健康や生活環境を関連付けて考えたりして，調べたことや考えたことを表現することである。

　処理の仕組みに着目するとは，ごみや下水などの廃棄物を処理したり処分したりする仕組みについて調べることである。**再利用**に着目するとは，廃棄物が資源として再利用されていることについて調べることである。ごみの処理については，資源の分別収集や再利用，再生された製品の有効利用，焼却時の熱を利用した施設などを調べることである。下水の処理については，下水を処理した再生水や雨水の有効利用の取組などを調べることである。**県内外の人々の協力**に着目するとは，廃棄物の処理に関係する施設や事業所，ごみ処理場や下水処理場などの建設に関わる県内外の人々，ごみ資源のリサイクルや水の再利用などに関わる人々などの連携や協力について調べることである。このようにして調べたことを手掛かりに，**廃棄物の処理のための事業の様子**を捉えることができるようにする。

　その事業が果たす役割を考え，表現することとは，例えば，ごみや下水などの廃棄物を処理する仕組みや人々の協力関係と地域の良好な生活環境を関連付けて，廃棄物を処理する事業の役割を考え，文章で記述したり，白地図や図表などにまとめたことを基に話し合ったりすることである。

　実際の指導に当たっては，学校など身近な生活や社会における飲料水の使われ方や使用量，学校，商店などから出される廃棄物の種類や量などを調べることが考えられる。なお，各家庭における状況を調べる場合には，個人のプライバシーに十分配慮することが大切である。

(内容の取扱い)

> (1) 内容の(2)については，次のとおり取り扱うものとする。
> 　ア　アの(ア)及び(イ)については，現在に至るまでに仕組みが計画的に改善され公衆衛生が向上してきたことに触れること。
> 　イ　アの(ア)及びイの(ア)については，飲料水，電気，ガスの中から選択して取り上げること。
> 　ウ　アの(イ)及びイの(イ)については，ごみ，下水のいずれかを選択して取り上げること。
> 　エ　イの(ア)については，節水や節電など自分たちにできることを考えたり選択・判断したりできるよう配慮すること。
> 　オ　イの(イ)については，社会生活を営む上で大切な法やきまりについて扱うとともに，ごみの減量や水を汚さない工夫など，自分たちにできることを考えたり選択・判断したりできるよう配慮すること。

　内容の取扱いの(1)のアは，内容の(2)のアの(ア)及び(イ)について指導する際の配慮事項を示したものである。

　内容の(2)のアの(ア)の「地域の人々の健康な生活の維持と向上に役立っていること」やアの(イ)の「生活環境の維持と向上に役立っていること」を理解できるようにする際に，供給や処理の仕組みが過去から現在に至るまでに計画的に改善され，公衆衛生が向上してきたことに触れるようにすることを示したものである。

　ここでは，例えば，川の水や井戸水をそのまま飲んでいたこと，かまどやランプを使って生活していたこと，下水を十分に処理しないまま川や海などに流したり，ごみをそのまま埋めたり燃やしたりしていたことなどに触れ，その後，上水の仕組み，ごみや下水の処理の仕組みなどが計画的に改善されてきたことにより，公衆衛生が向上し，環境に与える負荷が軽減してきたことに気付くようにすることなどが考えられる。

　内容の取扱いの(1)のイは，内容の(2)のアの(ア)及びイの(ア)の指導において，取り上げる対象の範囲を示したものである。

　ここでは，「飲料水，電気，ガス」の中から一つを選択して取り上げることが考えられる。その際，地域の実態に応じて，見学を取り入れたり関係機関が作成した資料などを活用したりして，具体的に調べることができるようにすることが大切である。

　内容の取扱いの(1)のウは，内容の(2)のアの(イ)及びイの(イ)の指導において，取り上げる対象の範囲について示したものである。

ここでは,「ごみ,下水」のいずれかを選択して取り上げることが考えられる。その際,地域の実態に応じて,見学を取り入れたり関係機関が作成した資料などを活用したりして,具体的に調べることができるようにすることが大切である。

内容の取扱いの(1)のエは,内容の(2)のイの(ア)について指導する際の配慮事項について示したものである。

ここでは,学習したことを基に,水,電気,ガスを大切な資源として捉え,節水や節電,省エネなどに向けて,自分たちが協力できることなどを考えたり選択・判断したりするなど,資源の有効利用に関心を高めるよう配慮することが大切である。その際,市などが行っている節水や節電の呼びかけ,家庭や学校,事業所などでの節水や節電の取組,太陽エネルギー利用の取組などを取り上げ,飲料水や電気,ガスなどの使い方を見直し有効に利用することが大切であることに気付くようにすることが大切である。

内容の取扱いの(1)のオは,内容の(2)のイの(イ)の指導において,地域の人々の健康や生活環境を守る上で大切な法やきまりについて扱うようにすることを示したものである。

ここでは,例えば,ごみの処理,下水の処理に関わって,ごみの出し方や生活排水の処理,資源の再利用などに関する法やきまりを取り上げるなど,地域の人々の健康な生活や良好な生活環境の維持と向上を図るための法やきまりを扱うようにする。

また,内容の(2)のイの(イ)について指導する際の配慮事項について示したものである。

ここでは,学習したことを基に,ごみを減らしたり水を汚したりしないために自分たちが協力できることを考えたり選択・判断したりして,人々の生活環境の保全に関心を高めるよう配慮することが大切である。その際,地域におけるごみの減量や資源としての再利用,水を汚さない取組などを取り上げるなどして,自らも廃棄物の適切な処理や再利用に協力しようとする態度を養うように配慮することが大切である。

> (3) 自然災害から人々を守る活動について,学習の問題を追究・解決する活動を通して,次の事項を身に付けることができるよう指導する。
> 　ア　次のような知識及び技能を身に付けること。
> 　　(ア)　地域の関係機関や人々は,自然災害に対し,様々な協力をして対処してきたことや,今後想定される災害に対し,様々な備えをしていることを理解すること。
> 　　(イ)　聞き取り調査をしたり地図や年表などの資料で調べたりして,まとめ

ること。
　イ　次のような思考力，判断力，表現力等を身に付けること。
　　(ｱ)　過去に発生した地域の自然災害，関係機関の協力などに着目して，災害から人々を守る活動を捉え，その働きを考え，表現すること。

　この内容は，主として「現代社会の仕組みや働きと人々の生活」に区分されるものであり，自然災害から人々を守る活動についての学習で身に付ける事項を示している。自然災害から人々を守る活動とは，県庁や市役所などの関係機関が相互に連携したり地域の人々と協力したりして，自然災害から人々の安全を守るために行っている活動を指している。

　自然災害から人々を守る活動に関する内容については，アの(ｱ)及び(ｲ)とイの(ｱ)を関連付けて指導する。例えば，**過去に発生した地域の自然災害，関係機関の協力などに着目して，聞き取り調査をしたり地図や年表などの資料で調べたりして，まとめ，災害から人々を守る活動を捉え，その働きを考え，表現すること**を通して，**地域の関係機関や人々は，自然災害に対し，様々な協力をして対処してきたことや，今後想定される災害に対し，様々な備えをしていることを理解**できるようにすることである。

　アは，「知識及び技能」に関わる事項である。
　アの(ｱ)は，知識に関わる事項である。
　地域の関係機関や人々は，自然災害に対し，様々な協力をして対処してきたことを理解することとは，県内で過去に自然災害が発生していること，発生した際には県や市，警察署や消防署，消防団などの関係機関や地域の人々が協力して，自然災害から人々の安全を守るために対処してきたことなどを基に，自然災害から人々を守る活動について理解することである。

　（地域の関係機関や人々は，）**今後想定される災害に対し，様々な備えをしていることを理解すること**とは，県庁や市役所，警察署や消防署，消防団などの関係機関と地域の人々は，過去の自然災害の発生状況などを踏まえ，気象情報を収集したり災害の前兆現象を察知したりして，起こり得る自然災害による被害を防いだり減らしたりするための備えをしていることなどを基に，自然災害から人々を守る活動について理解することである。

　アの(ｲ)は，技能に関わる事項である。
　聞き取り調査をしたり地図や年表などの資料で調べたりして，まとめることとは，自然災害から地域の安全を守る活動について，県庁や市役所，地域の防災組織などの関係者から聞き取り調査をしたり，地図や年表，関係者が作成した資料などで調べたりして，年表などにまとめることである。ここでは，聞き取り調査で必要な情

報を集める技能,地図や年表などの資料から情報を読み取る技能,時間の経過に沿って年表などに整理したり関係機関相互の協力関係を図表などにまとめたりする技能などを身に付けるようにすることが大切である。

イの(ア)は,「思考力,判断力,表現力等」に関わる事項である。

過去に発生した地域の自然災害,関係機関の協力などに着目して,災害から人々を守る活動を捉え,その働きを考え,表現することとは,社会的事象の見方・考え方を働かせ,災害から人々を守る活動について,例えば,県内で過去にどのような自然災害が発生しどのような被害をもたらしたか,被害を減らすために関係機関や人々はどのように協力しているかなどの問いを設けて調べたり,それらの活動と人々の生活を関連付けて考えたりして,調べたことや考えたことを表現することである。

過去に発生した地域の自然災害に着目するとは,県内で発生した自然災害の種類や場所,時期について調べることである。**関係機関の協力**に着目するとは,自然災害が発生した際には,県庁や市役所はもとより警察署や消防署,消防団や地域の自主防災組織など様々な機関や団体,人々が協力して,被害を減らすよう努力してきたことや,これからの災害に備えて県庁や市役所などが防災対策を考え,地域の人々とともに取組を進めていることなどについて調べることである。このようにして調べたことを手掛かりに,**自然災害から人々を守る活動**を捉えることができるようにする。

その(災害から人々を守る活動の)**働きを考え,表現する**とは,例えば,自然災害が発生した際の被害状況と災害から人々を守る活動を関連付けて,県内の人々の命や財産を守るなど,それらの活動の働きを考え,文章で記述したり,年表や図表などにまとめたことを基に説明したり話し合ったりすることである。

実際の指導に当たっては,ハザードマップや県や市の広報誌,災害年表などを活用して調べることが考えられる。

(内容の取扱い)

> (2) 内容の(3)については,次のとおり取り扱うものとする。
>   ア アの(ア)については,地震災害,津波災害,風水害,火山災害,雪害などの中から,過去に県内で発生したものを選択して取り上げること。
>   イ アの(ア)及びイの(ア)の「関係機関」については,県庁や市役所の働きなどを中心に取り上げ,防災情報の発信,避難体制の確保などの働き,自衛隊など国の機関との関わりを取り上げること。
>   ウ イの(ア)については,地域で起こり得る災害を想定し,日頃から必要な備

> えをするなど，自分たちにできることなどを考えたり選択・判断したりできるよう配慮すること。

　内容の取扱いの(2)のアは，内容の(3)のアの(ｱ)の指導において，地域における自然災害を取り上げる際の対象の範囲と配慮事項を示したものである。

　地域における自然災害については，過去に県内で発生した「地震災害，津波災害，風水害，火山災害，雪害など」の中から選択して取り上げることが考えられる。なお，風水害とは，豪雨，洪水，崖崩れや土石流などの土砂災害，突風や竜巻などによる災害を指している。ここでは，県内において過去に発生した自然災害を取り上げて，地域の関係機関や人々の協力活動などを中心に調べるようにすることが大切である。

　例えば，地震災害を取り上げる場合には，国と県と市の協力による防災情報の提供，津波や土砂崩れなどへの対策，緊急避難場所の指定や備蓄倉庫の設置，地震の発生を想定した緊急時の連絡体制などの整備，及び救助計画，避難訓練など地域の人々の協力と参加を取り上げることが考えられる。風水害を取り上げる場合には，国や県の働きや近隣の市の協力により，崖崩れによる災害の防止や砂防ダムの建設，河川の改修，水防倉庫の設置，避難場所の確保など，風水害を未然に防ぐ努力をしていることや，避難訓練の実施，地域の消防団による危険箇所の見回りや点検など，地域の住民が風水害防止に協力していることを取り上げることが考えられる。火山災害を取り上げる場合には，国，県及び市が，地域住民や登山者に向けて作成している火山災害に関するパンフレット，火山ハザードマップや火山災害時の行動マニュアル，県や市が地域住民に対して行っている避難計画の周知や避難訓練の実施，噴火の恐れがある時には，国が観測体制を強化し，警戒レベルを決めて噴火警報を発表していることを取り上げることが考えられる。なお，実際に自然災害によって被災した地域や被災が想定される地域を取り上げる際には，そこに居住していた人々や今も居住している人々がいることを念頭に，個人の置かれている状況やプライバシーなどに十分配慮する必要がある。

　内容の取扱いの(2)のイは，内容の(3)のアの(ｱ)及びイの(ｱ)の「関係機関」として中心に取り上げる対象を示したものである。

　ここでは，県庁や市役所を中心に取り上げ，県や市が策定した防災計画に基づく防災対策，防災情報の発信や避難体制の確保などの対策や事業の取組を取り上げるようにする。その際，県庁や市役所が，消防署や警察署はもとより我が国の平和と安全を守ることを任務とする自衛隊など国の関係機関とも連携・協力して人々の安全を守る活動を行っていることに気付かせることも大切である。

　内容の取扱いの(2)のウは，内容の(3)のイの(ｱ)について指導する際の配慮事項

を示したものである。

　ここでは，県内で様々な自然災害が度々起きていることや，自然災害は気象や地象の状況と深い関係があることなどを踏まえて，日ごろから気象庁などからの情報や防災情報，地域の地理的環境などに関心をもち，災害が起きたときに自分自身の安全を守るための行動の仕方を考えたり，自分たちにできる自然災害への備えを選択・判断したりすることができるように指導することが大切である。

---

(4)　県内の伝統や文化，先人の働きについて，学習の問題を追究・解決する活動を通して，次の事項を身に付けることができるよう指導する。
　ア　次のような知識及び技能を身に付けること。
　　(ア)　県内の文化財や年中行事は，地域の人々が受け継いできたことや，それらには地域の発展など人々の様々な願いが込められていることを理解すること。
　　(イ)　地域の発展に尽くした先人は，様々な苦心や努力により当時の生活の向上に貢献したことを理解すること。
　　(ウ)　見学・調査したり地図などの資料で調べたりして，年表などにまとめること。
　イ　次のような思考力，判断力，表現力等を身に付けること。
　　(ア)　歴史的背景や現在に至る経過，保存や継承のための取組などに着目して，県内の文化財や年中行事の様子を捉え，人々の願いや努力を考え，表現すること。
　　(イ)　当時の世の中の課題や人々の願いなどに着目して，地域の発展に尽くした先人の具体的事例を捉え，先人の働きを考え，表現すること。

　この内容は，主として「歴史と人々の生活」に区分されるものであり，県内の伝統や文化，先人の働きについての学習を通して身に付ける事項を示している。**県内の伝統や文化，先人の働き**とは，県内に古くから伝わる文化財や年中行事と地域の発展に尽くした先人の働きを指している。

　ここでは，県内の伝統や文化に関する内容と先人の働きに関する内容から構成されている。県内の伝統や文化に関する内容については，アの(ア)及び(ウ)とイの(ア)を関連付けて指導する。例えば，**歴史的背景や現在に至る経過，保存や継承のための取組などに着目して，見学・調査したり地図などの資料で調べたりして，年表などにまとめ，県内の文化財や年中行事の様子を捉え，人々の願いや努力を考え，表現することを通して，県内の文化財や年中行事は，地域の人々が受け継いできたことや，それらには地域の発展など人々の様々な願いが込められていることを理解**できるよ

うにすることである。

　先人の働きに関する内容については，アの(イ)及び(ウ)とイの(イ)を関連付けて指導する。例えば，**当時の世の中の課題や人々の願いなどに着目して，見学・調査したり地図などの資料で調べたりして，年表などにまとめ，地域の発展に尽くした先人の具体的事例を捉え，先人の働きを考え，表現すること**を通して，**地域の発展に尽くした先人は，様々な苦心や努力により当時の生活の向上に貢献したことを理解**できるようにすることである。

　アは，「知識及び技能」に関わる事項である。
　アの(ア)及び(イ)は，知識に関わる事項である。
　アの(ア)の**県内の文化財や年中行事は，地域の人々が受け継いできたことを理解する**こととは，自分たちの住む県内の様々な場所で文化財や年中行事が受け継がれていること，それらは地域の歴史を伝えるものであることなどを基に，県内の伝統や文化について理解することである。また，**それら（県内の文化財や年中行事）には地域の発展など人々の様々な願いが込められていることを理解すること**とは，文化財や年中行事にはそれらの保存や継承に取り組んでいる地域の人々の努力が見られることや，地域の生産活動やまちの発展，人々のまとまりなどへの願いが込められていることを基に，県内の伝統や文化について理解することである。

　アの(イ)の**地域の発展に尽くした先人は，様々な苦心や努力により当時の生活の向上に貢献したことを理解すること**とは，開発，教育，医療，文化，産業などにおいて地域の発展に尽くした先人について，それらの先人は様々な苦心や努力を重ねて業績を成し遂げたことや，その苦心や努力が当時の人々の生活の向上や地域の発展に大きく貢献したことなどを基に，先人の働きについて理解することである。

　アの(ウ)は，技能に関わる事項である。
　見学・調査したり地図などの資料で調べたりして，年表などにまとめることとは，県内の伝統や文化，先人の働きについて，博物館や資料館などを見学したり，昔と現在の市の地図や写真などの資料で調べたりして，年表などにまとめることである。ここでは，博物館や資料館などを見学して必要な情報を集める技能，地図や写真などの資料を結び付けながら情報を読み取る技能，調べたことを時間の経過に沿って年表などに整理する技能などを身に付けるようにすることが大切である。

　イは，「思考力，判断力，表現力等」に関わる事項である。
　イの(ア)の**歴史的背景や現在に至る経過，保存や継承のための取組などに着目して，県内の文化財や年中行事の様子を捉え，人々の願いや努力を考え，表現すること**とは，社会的事象の見方・考え方を働かせ，県内の文化財や年中行事について，例えば，いつ頃，どのような理由で始まったか，どのような経過で現在に至っているか，人々は保存や継承のためにどのような取組をしているかなどの問いを設けて調べた

り，それらを人々の願いや努力と関連付けて考えたりして，調べたことや考えたことを表現することである。

歴史的背景に着目するとは，文化財がつくられたり始められたりした時期や保存されてきた理由，年中行事のおこりや成り立ちなどについて調べることである。**現在に至る経過**に着目するとは，文化財や年中行事が生み出されてから現在に至るまでの経過について調べることである。**保存や継承のための取組**に着目するとは，文化財や年中行事を大切に保存したり受け継いだりしている人々の工夫や努力について調べることである。このようにして調べたことを手掛かりに，**県内の文化財や年中行事の様子**を捉えることができるようにする。

人々の願いや努力を考え，表現するとは，例えば，文化財や年中行事を保存したり受け継いだりしている人々の工夫や努力と地域の人々の願いを関連付け，文化財や年中行事を受け継ぎ保存していることの意味を考え，文章で記述したり，年表などにまとめたことを基に説明したりすることである。

イの(イ)の**当時の世の中の課題や人々の願いなどに着目して，地域の発展に尽くした先人の具体的事例を捉え，先人の働きを考え，表現すること**とは，社会的事象の見方・考え方を働かせ，地域の発展に尽くした先人の具体的事例について，例えば，当時の人々の生活や世の中にはどのような課題があったか，人々はどのような願いをもっていたかなどの問いを設けて調べたり，先人の働きと地域の発展や人々の生活の向上を関連付けて考えたりして，調べたことや考えたことを表現することである。

当時の世の中の課題に着目するとは，先人が活躍した当時の世の中の様子や先人の働きが必要とされた背景について調べることである。**人々の願い**に着目するとは，当時の人々の生活の向上や地域の発展への願いと先人の苦心や努力を関連付けて調べることである。このようにして，調べたことを手掛かりに，**地域の発展に尽くした先人の具体的事例**を捉えることができるようにする。

先人の働きを考え，表現するとは，例えば，先人の働きと地域の発展や人々の生活の向上を関連付けて，先人が当時の地域や人々の生活の向上に貢献したことを考え，文章で記述したり，年表などにまとめたことを基に話し合ったりすることである。

実際の指導に当たっては，文化財や年中行事については，それらを保存したり継承したりしている人々から直接話を聞く活動などが考えられる。また，先人の働きについては，先人が用いた道具や技術に見られる工夫，実際の取組の様子，当時の社会に与えた影響などを調べる活動などが考えられる。

（内容の取扱い）

> (3) 内容の (4) については，次のとおり取り扱うものとする。
> ア　アの(ア)については，県内の主な文化財や年中行事が大まかに分かるようにするとともに，イの(ア)については，それらの中から具体的事例を取り上げること。
> イ　アの(イ)及びイの(イ)については，開発，教育，医療，文化，産業などの地域の発展に尽くした先人の中から選択して取り上げること。
> ウ　イの(ア)については，地域の伝統や文化の保存や継承に関わって，自分たちにできることなどを考えたり選択・判断したりできるよう配慮すること。

内容の取扱いの (3) のアは，内容の (4) のアの(ア)及びイの(ア)の指導において，「県内の主な文化財や年中行事」を取り上げる際の配慮事項について示したものである。

県内の主な文化財や年中行事については，例えば，県内を代表するような歴史を伝える建造物や遺跡，民俗芸能などの文化財，地域の人々が楽しみにしている祭りなどの年中行事などが考えられる。文化財については，文化財保護法でいう文化財はもとより，日本遺産や世界遺産といった地域の歴史的な特色やその魅力を知るための地域の遺産の中に見られる文化財なども考えられる。

県内の文化財や年中行事を調べる際には，地図や関係機関が作成した資料などを活用して調べ，県内の主な文化財や年中行事の名称や位置などが大まかに分かるようにすることが大切である。また，取り上げる事例については，見学・調査を通して，文化財や年中行事に込められた地域の人々の願いが具体的に理解できるよう配慮することが大切である。なお，ここで取り上げる文化財や年中行事については，内容の (5) において伝統的な文化を保護・活用してまちづくりなどを行っている地域の様子を学ぶ「県内の特色ある地域の様子」の学習との違いに配慮する必要がある。

内容の取扱いの (3) のイは，内容の (4) のアの(イ)及びイの(イ)において，取り上げる「地域の発展に尽くした先人」の具体的事例の範囲を示したものである。

ここでは，例えば，用水路の開削や堤防の改修，砂防ダムの建設，農地の開拓などを行って地域を興した人，藩校や私塾などを設けて地域の教育を発展させた人，新しい医療技術等を開発したり病院を設立したりして医学の進歩に貢献した人，新聞社を興すなど文化を広めた人，地域の農業・漁業・工業などの産業の発展に尽くした人など，「開発，教育，医療，文化，産業など」の面で地域の発展や技術の開発に尽くした先人の具体的事例の中から一つ選択して取り上げることが考えられる。

内容の取扱いの (3) のウは，内容の (4) のイの(ア)について指導する際の配慮事項

について示したものである。

ここでは，学習したことを基に，地域の伝統や文化を保護したり継承したりするために自分たちが協力できることを考えたり選択・判断したりして，地域に対する誇りや持続可能な社会を担おうとする態度を養うよう配慮することが大切である。その際，伝統や文化を創造する観点から，地域社会の発展への願いを基に新しく生まれた祭りなどに触れることも考えられる。

> (5) 県内の特色ある地域の様子について，学習の問題を追究・解決する活動を通して，次の事項を身に付けることができるよう指導する。
> ア　次のような知識及び技能を身に付けること。
> 　(ｱ)　県内の特色ある地域では，人々が協力し，特色あるまちづくりや観光などの産業の発展に努めていることを理解すること。
> 　(ｲ)　地図帳や各種の資料で調べ，白地図などにまとめること。
> イ　次のような思考力，判断力，表現力等を身に付けること。
> 　(ｱ)　特色ある地域の位置や自然環境，人々の活動や産業の歴史的背景，人々の協力関係などに着目して，地域の様子を捉え，それらの特色を考え，表現すること。

この内容は，主として「地理的環境と人々の生活」に区分されるものであり，県内の特色ある地域の様子についての学習で身に付ける事項を示している。県内の特色ある地域の様子とは，地理的環境などの特色を生かしてまちづくりや産業の発展に努めている県内の特色ある地域の様子を指している。

県内の特色ある地域の様子に関する内容については，アの(ｱ)及び(ｲ)とイの(ｱ)を関連付けて指導する。例えば，**特色ある地域の位置や自然環境，人々の活動や産業の歴史的背景，人々の協力関係などに着目して，地図帳や各種の資料で調べ，白地図などにまとめること**を通して，**県内の特色ある地域では，人々が協力し，特色あるまちづくりや観光などの産業の発展に努めていることを理解**できるようにすることである。

アは，「知識及び技能」に関わる事項である。

アの(ｱ)は，知識に関わる事項である。

県内の特色ある地域では，人々が協力し，特色あるまちづくりや観光などの産業の発展に努めていることを理解することとは，県内には，地場産業が盛んな地域や国際交流に取り組んでいる地域，自然環境や伝統的な文化を保護・活用している地域など特色ある地域があること，それらの地域では，特色あるまちづくりを進めたり，県や市，地域住民など様々な組織や機関，人々の協力により，観光などの産業

を発展させたりしていることなどを基に,県内の特色ある地域の様子について理解することである。

アの(イ)は,技能に関わる事項である。

地図帳や各種の資料で調べ,白地図などにまとめることとは,県内の特色ある地域の様子について,地図帳やコンピュータなどを使って調べたり,県庁や市役所などが作成した資料で特色ある地域の位置や自然環境,人々の活動や産業などを調べたりして,県の白地図などにまとめることである。ここでは,地図帳を用いたりコンピュータなどを使ったりして必要な情報を集める技能,地図や写真などの資料を見比べながら,地域ごとの情報を読み取る技能,調べたことを白地図などにまとめる技能などを身に付けるようにすることが大切である。

イの(ア)は,「思考力,判断力,表現力等」に関わる事項である。

特色ある地域の位置や自然環境,人々の活動や産業の歴史的背景,人々の協力関係などに着目して,地域の様子を捉え,それらの特色を考え,表現することとは,社会的事象の見方・考え方を働かせ,特色ある地域の様子について,例えば,どこにどのような特色ある地域があるか,その地域はどのような自然環境のところか,その活動や産業はどのような経緯で始まったか,人々はどのように協力しているかなどの問いを設けて調べたり,その地域の特色を考えたりして,調べたことや考えたことを表現することである。

特色ある地域の位置に着目するとは,特色ある地域の県内における位置や周囲の地域との位置関係について調べることである。**自然環境**に着目するとは,特色ある地域の地形や気候について調べることである。**人々の活動や産業の歴史的背景**に着目するとは,特色ある地域の人々の活動や産業のおこりや成り立ちについて調べることである。**人々の協力関係**に着目するとは,県や市,地域住民,産業に携わる人など,様々な立場の人々の協力関係について調べることである。このようにして調べたことを手掛かりに,県内の特色ある**地域の様子**を捉えることができるようにする。

それら（県内の地域）**の特色を考え,表現する**とは,例えば,特色ある地域の人々の活動や産業とそれらの地域の発展を関連付けたり,自分たちの住む地域と比較したりして,その地域の特色を考え,文章で記述したり,白地図や年表などにまとめたことを基に説明したりすることである。

実際の指導に当たっては,まず,県全体における特色ある地域の位置や自分たちの市との位置関係などを捉え,その上で,特色ある地域の様子について調べ,それらを県の白地図に整理することなどが考えられる。

(内容の取扱い)

> (4) 内容の(5)については,次のとおり取り扱うものとする。
> ア 県内の特色ある地域が大まかに分かるようにするとともに,伝統的な技術を生かした地場産業が盛んな地域,国際交流に取り組んでいる地域及び地域の資源を保護・活用している地域を取り上げること。その際,地域の資源を保護・活用している地域については,自然環境,伝統的な文化のいずれかを選択して取り上げること。
> イ 国際交流に取り組んでいる地域を取り上げる際には,我が国や外国には国旗があることを理解し,それを尊重する態度を養うよう配慮すること。

内容の取扱いの(4)のアは,内容の(5)の指導において,「県内の特色ある地域」を取り上げる際の対象の範囲と地域を選択する際の配慮事項を示したものである。

ここでは,選択する県内の地域として,「伝統的な技術を生かした地場産業が盛んな地域,国際交流に取り組んでいる地域,及び地域の資源を保護・活用している地域」の中から三つ程度を特色ある地域として取り上げる。その際,地域の資源を保護・活用している地域としては,自然環境あるいは伝統的な文化を保護・活用している地域が考えられ,そのいずれかを選択して取り上げる。

「伝統的な技術を生かした地場産業が盛んな地域」とは,県内で古くから伝わっている技術や技法を受け継いで行われている伝統的な工業や,古くから地域の特性を生かして独自の製品をつくっている産業など,地域に密着した地場産業の盛んな地域を指している。伝統的な技術を生かした工業には,例えば,陶磁器,塗り物,織物,和紙,人形,筆など,現在にも優れた技術が継承されているものが考えられ,それらの盛んな地域を取り上げることになる。ここでは,その地域の位置のほか,自然環境や産業の歴史的背景に着目して調べるようにする。

「国際交流に取り組んでいる地域」とは,姉妹都市提携などを結び外国の都市と様々な交流を行っている地域や,国際都市を目指して市内で外国との交流活動を盛んに行っている地域などを指している。ここでは,その地域の位置のほか,活動の歴史的背景や人々の協力関係に着目して調べるようにする。

「地域の資源を保護・活用している地域」とは,人々に様々な恵みをもたらしている自然の風景や歴史的景観,文化財や年中行事,その土地の特性を生かした産物などを地域の資源として保護・活用している地域を指している。例えば,渓谷や森林,高原や湿原,河川や海辺などの豊かな自然を守りながら,あるいは,歴史ある建造物やまち並み,祭りなどの地域の伝統的な文化を受け継ぎながら,それを保護・活用している地域が考えられる。また,世界遺産に登録されている地域や文化庁に

より日本遺産に認定されている地域などを取り上げることも考えられる。自然環境を保護・活用している地域を取り上げる際には，その地域の位置のほか，自然環境や産業の歴史的背景，人々の協力関係に着目して調べるようにする。また，伝統的な文化を保護・活用している地域を取り上げる際には，その地域の位置のほか，活動の歴史的背景，人々の協力関係に着目して調べるようにする。なお，伝統的な文化を保護・活用している地域を取り上げる際には，内容(4)の文化財や行事を保護・継承している人々の努力を取り上げる「県内の伝統や文化」の学習との違いに配慮する必要がある。

また，特色ある地域を選定する際には，広く県内から地域を選択し，自分たちの住んでいる市と比較しながら，それらの地域の特色を捉えることができるよう配慮する必要がある。

内容の取扱いの(4)のイは，国際交流に取り組んでいる地域において，外国を取り上げる際，我が国や外国には国旗があることを理解し，それを尊重する態度を育てようとすることを示したものである。

ここでは，我が国や外国には国旗があること，いずれの国でも国旗を大切にしていること，及び，我が国の国旗を尊重するとともに，外国の国旗を尊重することが大切であることなどを指導することが大切である。

その際，取り上げた外国の名称と位置，国旗を地図帳などで確認することなどを通して指導するように配慮する必要がある。

第4学年においては，内容の(1)から(5)の学習を通して，社会的事象について，学習問題を主体的に解決しようとする態度や，よりよい社会を考え学習したことを社会生活に生かそうとする態度を養うとともに，思考や理解を通して，地域社会に対する誇りと愛情，地域社会の一員としての自覚を養うようにすることが大切である。

第3節　第5学年の目標及び内容

1　第5学年の目標

> 　社会的事象の見方・考え方を働かせ，学習の問題を追究・解決する活動を通して，次のとおり資質・能力を育成することを目指す。
> (1)　我が国の国土の地理的環境の特色や産業の現状，社会の情報化と産業の関わりについて，国民生活との関連を踏まえて理解するとともに，地図帳や地球儀，統計などの各種の基礎的資料を通して，情報を適切に調べまとめる技能を身に付けるようにする。
> (2)　社会的事象の特色や相互の関連，意味を多角的に考える力，社会に見られる課題を把握して，その解決に向けて社会への関わり方を選択・判断する力，考えたことや選択・判断したことを説明したり，それらを基に議論したりする力を養う。
> (3)　社会的事象について，主体的に学習の問題を解決しようとする態度や，よりよい社会を考え学習したことを社会生活に生かそうとする態度を養うとともに，多角的な思考や理解を通して，我が国の国土に対する愛情，我が国の産業の発展を願い我が国の将来を担う国民としての自覚を養う。

　これは，教科の目標を受けて，第5学年の目標を示している。
　第5学年においては，社会的事象の見方・考え方を働かせ，学習問題を追究・解決する活動を通して，次の(1)から(3)までのとおり資質・能力を育成することを目指す。

> (1)　我が国の国土の地理的環境の特色や産業の現状，社会の情報化と産業の関わりについて，国民生活との関連を踏まえて理解するとともに，地図帳や地球儀，統計などの各種の基礎的資料を通して，情報を適切に調べまとめる技能を身に付けるようにする。

　これは，第5学年における「知識及び技能」に関する目標を示している。
　我が国の国土の地理的環境の特色や産業の現状，社会の情報化と産業の関わりについて，国民生活との関連を踏まえて理解するとは，知識に関する目標を示している。
　我が国の国土の地理的環境の特色について理解するとは，我が国の国土の位置や

構成，領土の範囲などを大まかに理解するとともに，国土で発生する自然災害は国土の自然条件と関連が深いことや，森林資源が国土の環境保全などに重要な役割を果たしていること，公害から国民生活を守ることの大切さなどについて理解できるようにすることである。

我が国の**産業の現状**について理解するとは，我が国の農業や水産業における食料生産や工業生産の概要，食料生産や工業生産を支える人々の工夫や努力，食料や工業製品が国民生活を支えていることなどを理解できるようにすることである。

社会の情報化と産業の関わりについて理解するとは，放送，新聞などの産業は国民生活に大きな影響を及ぼしていること，大量の情報や情報通信技術の活用は様々な産業を発展させ国民生活を向上させていることなどを理解できるようにすることである。

国民生活との関連を踏まえて理解するとは，我が国の国土の地理的環境の特色や産業の現状，社会の情報化と産業の関わりのいずれにおいても，国民生活との関連を考えることを通して，社会生活について理解できるようにすることである。

地図帳や地球儀，統計などの各種の基礎的資料を通して，情報を適切に調べまとめる技能を身に付けるようにするとは，技能に関する目標を示している。

地図帳や地球儀，統計などの各種の基礎的資料を通してとは，我が国の国土の地理的環境の特色や産業の現状，社会の情報化と産業の関わりについて，地図帳や地球儀，統計などの基礎的な資料で調べることである。これらの活動を通して，適切に情報を集め，読み取り，白地図や年表，図表などにまとめる技能を身に付けるようにすることを示している。なお，ここでいう「適切に」とは，情報の出典や作成時期，作成者を確かめたり，聞き取り調査やコンピュータなど集める手段の特性に留意したりして情報を集めること，資料の特性に留意して情報を読み取ること，必要な情報を整理して白地図や年表，図表などに効果的にまとめることなどを指している。

---

(2) 社会的事象の特色や相互の関連，意味を多角的に考える力，社会に見られる課題を把握して，その解決に向けて社会への関わり方を選択・判断する力，考えたことや選択・判断したことを説明したり，それらを基に議論したりする力を養う。

これは，第5学年における「思考力，判断力，表現力等」に関する目標を示している。

社会的事象の特色や相互の関連，意味を多角的に考える力を養うとは，複数の立場や意見を踏まえて，我が国の国土の自然環境などの特色やそれらと国民生活の関

連,産業が国民生活に果たす役割,産業に関わる人々の働きや公害防止の取組の働き,貿易や運輸が工業生産に果たす役割,森林資源が国土の環境に果たす役割,国土の自然災害と自然条件との関連などを多角的に考える力を養うようにすることである。

社会に見られる課題を把握して,その解決に向けて社会への関わり方を選択・判断する力を養うとは,例えば,これからの農業や工業などの発展,情報化の進展に伴う産業の発展や国民生活の向上などについて考えたり,国土の環境保全に関して課題を見いだし,その解決のために自分たちにできることを選択・判断したりする力を養うようにすることである。

考えたことや選択・判断したことを説明したり,それらを基に議論したりする力を養うとは,社会的事象の特色や相互の関連,意味について考えたことや,社会への関わり方について選択・判断したことを文章で記述したり,資料などを用いて説明したり,根拠や理由などを明確にして議論したりする力を養うようにすることである。

> (3) 社会的事象について,主体的に学習の問題を解決しようとする態度や,よりよい社会を考え学習したことを社会生活に生かそうとする態度を養うとともに,多角的な思考や理解を通して,我が国の国土に対する愛情,我が国の産業の発展を願い我が国の将来を担う国民としての自覚を養う。

これは,第5学年における「学びに向かう力,人間性等」に関する目標を示している。

社会的事象について,主体的に学習の問題を解決しようとする態度を養うとは,学習問題を追究・解決するために,社会的事象について意欲的に調べたり,社会的事象の特色や相互の関連,意味を多角的に考えたりして,調べたことや考えたことを表現しようとする主体的な学習態度を養うようにすることである。

よりよい社会を考え学習したことを社会生活に生かそうとする態度を養うとは,これまでの学習を振り返り,学習したことを確認するとともに,学習成果を基に生活の在り方やこれからの国家及び社会の発展について考えようとする態度を養うようにすることである。

我が国の国土に対する愛情を養うとは,我が国の国土についての理解を踏まえて,国民生活の舞台である我が国の国土の自然などに対する愛情を養うようにすることである。

我が国の産業の発展を願い我が国の将来を担う国民としての自覚を養うとは,我が国の産業についての理解を踏まえて,国家及び社会の一員としての自覚や,我が

国の産業の発展やよりよい社会を実現していくために共に努力し，協力しようとする意識などを養うようにすることである。

多角的な思考や理解を通してとは，これらの愛情や自覚は，社会の仕組みやよさ，課題への理解に基づくものであり，学習活動を通して，複数の立場や意見を踏まえて考え理解したことを基に涵養されるものであることを示している。

● 2　第5学年の内容

> (1)　我が国の国土の様子と国民生活について，学習の問題を追究・解決する活動を通して，次の事項を身に付けることができるよう指導する。
> 　ア　次のような知識及び技能を身に付けること。
> 　　(ｱ)　世界における我が国の国土の位置，国土の構成，領土の範囲などを大まかに理解すること。
> 　　(ｲ)　我が国の国土の地形や気候の概要を理解するとともに，人々は自然環境に適応して生活していることを理解すること。
> 　　(ｳ)　地図帳や地球儀，各種の資料で調べ，まとめること。
> 　イ　次のような思考力，判断力，表現力等を身に付けること。
> 　　(ｱ)　世界の大陸と主な海洋，主な国の位置，海洋に囲まれ多数の島からなる国土の構成などに着目して，我が国の国土の様子を捉え，その特色を考え，表現すること。
> 　　(ｲ)　地形や気候などに着目して，国土の自然などの様子や自然条件から見て特色ある地域の人々の生活を捉え，国土の自然環境の特色やそれらと国民生活との関連を考え，表現すること。

　この内容は，主として「地理的環境と人々の生活」に区分されるものであり，我が国の国土の様子と国民生活についての学習で身に付ける事項を示している。我が国の国土の様子と国民生活とは，世界における我が国の地理的位置や国土の構成，我が国の国土の自然環境やこれに適応している人々の生活を指している。

　ここでは，我が国の国土の概要に関する内容と国土の自然環境に関する内容から構成されている。我が国の国土の概要に関する内容については，アの(ｱ)及び(ｳ)とイの(ｱ)を関連付けて指導する。例えば，**世界の大陸と主な海洋，主な国の位置，海洋に囲まれ多数の島からなる国土の構成などに着目して，地図帳や地球儀，各種の資料で調べ，まとめ，我が国の国土の様子を捉え，その特色を考え，表現すること**を通して，**世界の中における我が国の国土の位置，国土の構成，領土の範囲などを大**

まかに理解できるようにすることである。その際，領土とは，我が国の法律が及ぶ地理的な範囲であることなど，小学校の段階に応じた指導を行うようにする。

また，我が国の国土の自然環境に関する内容については，アの(イ)及び(ウ)とイの(イ)を関連付けて指導する。例えば，**地形や気候などに着目して，地図帳や地球儀，各種の資料で調べ，まとめ，国土の自然などの様子や自然条件から見て特色ある地域の人々の生活を捉え，国土の自然環境の特色やそれらと国民生活との関連を考え，表現すること**を通して，**我が国の国土の地形や気候の概要を理解するとともに，人々は自然環境に適応して生活していることを理解**できるようにすることである。

アは，「知識及び技能」に関わる事項である。

アの(ア)及び(イ)は，知識に関わる事項である。

アの(ア)の**世界における我が国の国土の位置，国土の構成，領土の範囲などを大まかに理解すること**とは，世界の大陸と主な海洋の位置や広がりと主な国の位置，それらと我が国との位置関係，我が国の国土を構成する主な島の名称と位置，我が国の北端，南端，東端，西端の島などを含めた 6,800 以上の島を含む我が国の領土の範囲などを基に，我が国の国土の概要や特色について理解することである。

アの(イ)の**我が国の国土の地形や気候の概要を理解する**とは，我が国の地形は全体としてみると山がちで平野が少ないこと，我が国の気候には四季の変化が見られること，国土の南と北，太平洋側と日本海側では気候が異なることなどを基に，我が国の国土の自然環境について理解することである。また，**人々は自然環境に適応して生活していることを理解すること**とは，我が国には地形や気候などの自然条件から見て特色ある地域があること，人々は自然条件の中で工夫しながら生活していること，人々は自然条件を生かして野菜や果物，花卉の栽培，酪農，観光などの産業を営んでいることなどを基に，我が国の国土の様子と国民生活について理解することである。

アの(ウ)は，技能に関わる事項である。

地図帳や地球儀，各種の資料で調べ，まとめることとは，我が国の国土の様子と国民生活について，地図帳や地球儀，衛星写真などの資料で国土の位置や構成，領土の範囲などを調べたり，立体模型，統計，写真などの資料で地形や気候の概要，自然条件から見て特色ある地域の様子を調べたりして，まとめることである。ここでは，地図帳や地球儀などを用いて，方位や位置関係，範囲などを読み取る技能，調べたことを適切にまとめる技能などを身に付けるようにすることが大切である。

イは，「思考力，判断力，表現力等」に関わる事項である。

イの(ア)の**世界の大陸と主な海洋，主な国の位置，海洋に囲まれ多数の島からなる国土の構成などに着目して，我が国の国土の様子を捉え，その特色を考え，表現すること**とは，社会的事象の見方・考え方を働かせ，我が国の国土の様子について，

例えば,我が国は世界のどこに位置しているか,国土はどのような島々から成り立っているか,我が国の領土はどの範囲かなどの問いを設けて調べたり,調べたことを総合して我が国の国土の特色を考えたりして,調べたことや考えたことを表現することである。

世界の大陸と主な海洋に着目するとは,ユーラシア大陸,北アメリカ大陸,南アメリカ大陸,アフリカ大陸,オーストラリア大陸,南極大陸の六大陸と,太平洋,大西洋,インド洋の三海洋の名称と位置や広がりについて調べることである。**主な国の位置**に着目するとは,各大陸における主な国の位置を調べることである。**海洋に囲まれ多数の島からなる国土の構成**に着目するとは,北海道,本州,四国,九州,沖縄島,北方領土などの主な島やその周囲の海洋,6,800を超える大小多数の島々から成る我が国の国土の構成や弧状に連なっている国土の様子について調べることである。このようにして調べたことを手掛かりに,**我が国の国土の様子**を捉えることができるようにする。その際,世界の主な大陸と海洋,主な国を我が国の国土との位置関係に着目して捉えることができるようにすることが大切である。

その（我が国の国土の）**特色を考え,表現する**とは,例えば,我が国の国土の位置や形状,面積などの情報を総合して,我が国は北半球にあり,ユーラシア大陸の東方に位置していることや,大韓民国,中華人民共和国,ロシア連邦と隣り合っていること,太平洋や日本海,オホーツク海などに囲まれ,大小の島々が弧状に連なって構成されていることなど我が国の国土の特色を地図帳や地球儀などを用いて説明することである。

イの(イ)の**地形や気候などに着目して,国土の自然などの様子や自然条件から見て特色ある地域の人々の生活を捉え,国土の自然環境の特色やそれらと国民生活との関連を考え,表現すること**とは,社会的事象の見方・考え方を働かせ,国土の自然などの様子や自然条件から見て特色ある地域の人々の生活について,例えば,我が国の地形や気候にはどのような特色があるか,人々は地形条件や気候条件をどのように生かしているかなどの問いを設けて調べたり,国土の位置と地形や気候を関連付けて国土の特色を考えたり,国土の自然環境と国民生活の関連を考えたりして,調べたことや考えたことを表現することである。

地形や気候に着目するとは,国土の環境について,主な山地や山脈,平野,川や湖,主な島や半島などの地形の概要や特色,地域や時期によって気温や降水量が変わるなど気候の違いや変化について調べることである。自然条件から見て特色ある地域については,地形や気候に合わせた生活や産業の様子について調べることである。このようにして調べたことを手掛かりに,**国土の自然などの様子や自然条件から見て特色ある地域の人々の生活**を捉えることができるようにする。

国土の自然環境の特色やそれらと国民生活との関連を考え,表現するとは,例え

ば，我が国の位置や地形，気候の側面から，我が国の国土の自然環境の特色を考えたり，特色ある地域の自然条件と人々の生活や産業を関連付けて考えたりしたことを基に，文章で記述したり，説明したりすることである。

実際の指導に当たっては，地図帳や地球儀などを活用して，位置や方位を確かめ言い表したり，調べたことを白地図などにまとめたりする活動が考えられる。

（内容の取扱い）

> (1) 内容の (1) については，次のとおり取り扱うものとする。
>   ア　アの(ｱ)の「領土の範囲」については，竹島や北方領土，尖閣諸島が我が国の固有の領土であることに触れること。
>   イ　アの(ｳ)については，地図帳や地球儀を用いて，方位，緯度や経度などによる位置の表し方について取り扱うこと。
>   ウ　イの(ｱ)の「主な国」については，名称についても扱うようにし，近隣の諸国を含めて取り上げること。その際，我が国や諸外国には国旗があることを理解し，それを尊重する態度を養うよう配慮すること。
>   エ　イの(ｲ)の「自然条件から見て特色ある地域」については，地形条件や気候条件から見て特色ある地域を取り上げること。

内容の取扱いの (1) のアは，内容の (1) のアの「領土の範囲」について指導する際の配慮事項を示したものである。

領土の範囲について指導する際には，竹島や北方領土（歯舞群島，色丹島，国後島，択捉島），尖閣諸島は一度も他の国の領土になったことがない領土という意味で我が国の固有の領土であることなどに触れて説明することが大切である。

また，竹島や北方領土の問題については，我が国の固有の領土であるが現在大韓民国やロシア連邦によって不法に占拠されていることや，我が国は竹島について大韓民国に対し繰り返し抗議を行っていること，北方領土についてロシア連邦にその返還を求めていることなどについて触れるようにする。

さらに，尖閣諸島については，我が国が現に有効に支配する固有の領土であり，領土問題は存在しないことに触れるようにする。

その際，これら我が国の立場は，歴史的にも国際法上も正当であることを踏まえて指導するようにする。

内容の取扱いの (1) のイは，内容の (1) のアの(ｳ)の「地図帳」や「地球儀」を扱う際の配慮事項を示したものである。

地球儀の特徴や使い方については，具体的な活動を通して丁寧に指導する必要が

ある。例えば,地球儀を用いて2点間の方位や距離を確かめたり,緯度や経度等を使って位置を説明したりする活動が考えられる。

内容の取扱いの(1)のウは,内容の(1)のイの(ア)の「主な国」についての指導において取り上げる国の範囲と,それを取り扱う際の配慮事項を示したものである。

主な国の取り上げ方としては,近隣諸国を含めてユーラシア大陸やその周りに位置する国々の中から10か国程度,北アメリカ大陸,南アメリカ大陸,アフリカ大陸,オーストラリア大陸やその周りに位置する国々の中からそれぞれ2か国程度選択することが考えられる。その際,それらの国の名称や我が国との位置関係を世界地図や地球儀で確認させ,産業に関する学習などにおける基礎的な情報となるよう指導することが大切である。

指導に当たっては,地図帳や地球儀などを用いて,取り上げた国の正式な名称と位置を確認するようにする。また,我が国や諸外国には国旗があることやいずれの国でも国旗を大切にしていることが分かり,我が国の国旗を尊重するとともに,外国の国旗を尊重する態度を養うようにすることが大切である。

内容の取扱いの(1)のエは,内容の(1)のイの(イ)の「自然条件から見て特色ある地域」についての指導における配慮事項を示したものである。

事例地の選定に当たっては,自分たちの住んでいる地域の自然条件と異なる地域を選択するよう配慮する必要がある。例えば,山地や低地など特色ある地形条件の地域と,温暖多雨や寒冷多雪など特色ある気候条件の地域の中からそれぞれ一つ取り上げ,自然環境に適応しながら工夫して生活したり,自然条件を生かしながら産業を営んだりしていることを具体的に学習できるようにすることが考えられる。例えば,山地としては,山に囲まれた盆地や平らな地形の山地である高原などが,また低地としては,河口に近い地域や海沿いの平地が,それぞれ考えられる。温暖多雨の地域としては,日本列島の南に位置する地域や台風などが多く上陸する地域が,寒冷多雪の地域としては,日本列島の北に位置する地域や降雪量の多い地域などが,それぞれ考えられる。

(2) 我が国の農業や水産業における食料生産について,学習の問題を追究・解決する活動を通して,次の事項を身に付けることができるよう指導する。
　ア　次のような知識及び技能を身に付けること。
　　(ア) 我が国の食料生産は,自然条件を生かして営まれていることや,国民の食料を確保する重要な役割を果たしていることを理解すること。
　　(イ) 食料生産に関わる人々は,生産性や品質を高めるよう努力したり輸送方法や販売方法を工夫したりして,良質な食料を消費地に届けるなど,食料生産を支えていることを理解すること。

(ウ)　地図帳や地球儀，各種の資料で調べ，まとめること。
　イ　次のような思考力，判断力，表現力等を身に付けること。
　　(ア)　生産物の種類や分布，生産量の変化，輸入など外国との関わりなどに着目して，食料生産の概要を捉え，食料生産が国民生活に果たす役割を考え，表現すること。
　　(イ)　生産の工程，人々の協力関係，技術の向上，輸送，価格や費用などに着目して，食料生産に関わる人々の工夫や努力を捉え，その働きを考え，表現すること。

　この内容は，主として「現代社会の仕組みや働きと人々の生活」に区分されるものであり，我が国の農業や水産業における食料生産についての学習で身に付ける事項を示している。我が国の農業や水産業における食料生産とは，米，野菜，果物などの農産物や畜産物を生産する農業や，魚介類を採ったり養殖したりする水産業を指している。

　ここでは，我が国の食料生産の概要に関する内容と食料生産に関わる人々の工夫や努力に関する内容から構成されている。我が国の食料生産の概要に関する内容については，アの(ア)及び(ウ)とイの(ア)を関連付けて指導する。例えば，**生産物の種類や分布，生産量の変化，輸入など外国との関わりなどに着目して，地図帳や地球儀，各種の資料で調べ，まとめ，食料生産の概要を捉え，食料生産が国民生活に果たす役割を考え，表現すること**を通して，**我が国の食料生産は，自然条件を生かして営まれていることや，国民の食料を確保する重要な役割を果たしていることを理解**できるようにすることである。

　また，食料生産に関わる人々の工夫や努力に関する内容については，アの(イ)及び(ウ)とイの(イ)を関連付けて指導する。例えば，**生産の工程，人々の協力関係，技術の向上，輸送，価格や費用などに着目して，地図帳や地球儀，各種の資料で調べ，まとめ，食料生産に関わる人々の工夫や努力を捉え，その働きを考え，表現すること**を通して，**食料生産に関わる人々は，生産性や品質を高めるよう努力したり輸送方法や販売方法を工夫したりして，良質な食料を消費地に届けるなど，食料生産を支えていることを理解**できるようにすることである。

　アは，「知識及び技能」に関わる事項である。
　アの(ア)及び(イ)は，知識に関わる事項である。
　アの(ア)の**我が国の食料生産は，自然条件を生かして営まれていること**を理解することとは，我が国では様々な食料を生産していること，それぞれの土地や気候を生かして食料の生産地が広がっていることなどを基に，我が国の食料生産の概要について理解することである。また，（我が国の食料生産は，）**国民の食料を確保する重**

要な役割を果たしていることを理解することとは，食料生産は国民の食生活を支えていること，食料の生産量は国民生活と関連して変化していること，食料の中には外国から輸入しているものがあることなどを基に，我が国の食料生産の役割について理解することである。

アの(イ)の**食料生産に関わる人々は，生産性や品質を高めるよう努力したり輸送方法や販売方法を工夫したりして，良質な食料を消費地に届けるなど，食料生産を支えていることを理解すること**とは，農業や水産業の盛んな地域の人々が，新鮮で良質な物を生産し出荷するために生産性や品質を高めるなど様々な工夫や努力を行っていること，生産し輸送，販売する工程で費用が発生すること，輸送方法や販売方法を工夫することにより収益を上げていることなどを基に，食料生産に関わる人々の工夫や努力について理解することである。

アの(ウ)は，技能に関わる事項である。

地図帳や地球儀，各種の資料で調べ，まとめることとは，我が国の農業や水産業における食料生産について，地図帳や地球儀を用いて，国内の主な生産地や輸入相手国の位置，主な漁港や漁場の位置などを調べ，白地図などにまとめることや，統計，写真などの資料やコンピュータなどを使って，食料生産に関わる人々の工夫や努力を調べて，図表などにまとめることである。ここでは，統計などの資料やコンピュータなどを適切に使って情報を集める技能，地図帳や地球儀を用いて，位置や経路，広がりや分布などを読み取る技能，仕事の工程や協力関係を図表などにまとめる技能などを身に付けるようにすることが大切である。

イは，「思考力，判断力，表現力等」に関わる事項である。

イの(ア)の**生産物の種類や分布，生産量の変化，輸入など外国との関わりなどに着目して，食料生産の概要を捉え，食料生産が国民生活に果たす役割を考え，表現すること**とは，社会的事象の見方・考え方を働かせ，食料生産の概要について，例えば，どこでどのようなものが生産されているか，生産量はどのように変化しているか，外国とどのような関わりがあるかなどの問いを設けて調べたり，食料生産と国民生活を関連付けて考えたりして，調べたことや考えたことを表現することである。

生産物の種類や分布に着目するとは，我が国における主な農産物や畜産物，水産物の種類や生産量，主な生産地の分布について調べることである。**生産量の変化**に着目するとは，主な農産物の生産量や主な水産物の漁獲量の過去から現在に至る変化について調べることである。**輸入など外国との関わり**に着目するとは，我が国の食料の輸出入品目や相手国，食料自給率などについて調べることである。このようにして調べたことを手掛かりに**食料生産の概要**を捉えることができるようにする。

食料生産が国民生活に果たす役割を考え，表現するとは，例えば，我が国の農産物や水産物の種類や生産量，農業や水産業が盛んな地域の分布などの情報を総合し

たり，農業や水産業における食料生産と国民生活を関連付けたりして，我が国の食料生産が国民生活に果たす役割を考え，文章で記述したり，根拠や理由を明確にして議論したりすることである。

イの(イ)の**生産の工程，人々の協力関係，技術の向上，輸送，価格や費用などに着目して，食料生産に関わる人々の工夫や努力を捉え，その働きを考え，表現すること**とは，社会的事象の見方・考え方を働かせ，食料生産に関わる人々の工夫や努力について，例えば，食料はどのように生産されているか，人々はどのように協力して生産しているか，食料生産の技術はどのように向上してきたか，食料はどのように運ばれるか，食料の価格はどのように決まるかなどの問いを設けて調べたり，食料生産に関わる人々の工夫や努力とその土地の自然条件や需要を関連付けて考えたりして，調べたことや考えたことを表現することである。

生産の工程に着目するとは，生産から出荷までの仕事の工程について調べることである。**人々の協力関係**に着目するとは，共同経営や協働作業，農業試験場や農業協同組合，水産試験場や漁業協同組合などの働きについて調べることである。**技術の向上**に着目するとは，機械化による効率化や省力化，収穫量の増加，品種改良や情報の活用などについて調べることである。**輸送**に着目するとは，トラックや鉄道などによる陸上輸送や，貨物船やカーフェリーなどによる海上輸送，飛行機による航空輸送を使って鮮度を保ちながら生産物を国内外の消費地へ届ける工夫について調べることである。その際，主な高速道路網や鉄道網，主な海路や航路などを調べることが大切である。**価格や費用**に着目するとは，生産や輸送，販売の過程で掛かる費用や販売される際の価格について調べることである。ここでは，野菜や魚など生鮮食料品の価格は，主として市場で決められ，時期や場所によって変わること，市場の情報を基に出荷する場所，量，種類，時期を判断していること，産地のブランド化やいわゆる「６次産業化」など新しい取組をしていることなどを調べることも考えられる。このようにして調べたことを手掛かりにして，**食料生産に関わる人々の工夫や努力**を捉えることができるようにする。

その（食料生産に関わる人々の）**働きを考え，表現する**とは，例えば，食料生産の仕事の工夫や努力とその土地の自然条件や需要を関連付けて，食料生産に関わる人々の働きを考え，文章で記述したり，白地図や図表などにまとめたことを基に説明したりすることである。

実際の指導に当たっては，地域の実態に応じて見学を取り入れて情報を収集したり，食料生産の盛んな地域で生産に従事している人々に電話や手紙などで調査したり，さらに，インターネットなどで生産地が発信している情報を活用したりする活動などが考えられる。

（内容の取扱い）

> (2) 内容の(2)については，次のとおり取り扱うものとする。
> ア アの(イ)及びイの(イ)については，食料生産の盛んな地域の具体的事例を通して調べることとし，稲作のほか，野菜，果物，畜産物，水産物などの中から一つを取り上げること。
> イ イの(ア)及び(イ)については，消費者や生産者の立場などから多角的に考えて，これからの農業などの発展について，自分の考えをまとめることができるよう配慮すること。

内容の取扱いの(2)のアは，内容の(2)のアの(イ)及びイの(イ)の指導において，取り上げる対象の範囲を示したものである。

ここでは，食料生産に関わる人々について，農業や水産業における食料生産の盛んな地域の具体的事例を通して調べるようにする。その際，国民の主食を確保する上で重要な役割を果たしている「稲作」については必ず取り上げる。また，国民の食生活と関わりの深い「野菜，果物，畜産物，水産物など」については，それらの中から一つを選択して取り上げるようにする。事例の選択に当たっては，児童の興味・関心や学習経験の広がりなどを考慮し，第3学年の「地域に見られる生産の仕事」において取り上げた事例に配慮する必要がある。地域の農産物を生産する仕事として，例えば，野菜の生産を取り上げて学習してきた場合には，果物，畜産物，水産物などの生産の中から事例を選択することが考えられる。

なお，第3学年では，地域の農産物を生産する仕事を通して地域社会に対する理解を深めることに，第5学年では我が国の農業や水産業について理解を深めることに，それぞれのねらいがあることに留意することが大切である。

内容の取扱いの(2)のイは，内容の(2)のイの(ア)及び(イ)の指導における配慮事項を示したものである。

ここでは，学習したことを基に，生産性や品質を高める工夫を消費者や生産者の立場に立って多角的に考え，これからの農業や水産業における食料生産の発展に向けて自分の考えをまとめることができるよう指導することが大切である。その際，生産者の立場からは，農産物の生産では，農業法人などを設立して取り組んでいること，温室等の設備により出荷時期を工夫していることや，低価格という観点だけでなく手間をかけて高品質なものや付加価値のあるものを生産し海外に輸出していること，畜産物の生産では，与える飼料により品質を高めていること，水産物の生産では，魚群探知や養殖などに最新の技術を使っていることや持続可能な漁業を目指し水産資源を保護していること，さらに，生産・加工・販売を関連付けた，いわ

ゆる「6次産業化」の動きなど新しい取組を取り上げることが考えられる。
　また,消費者の立場からは,安全性の確保や環境への負荷の軽減などの意識が高まっていること,低価格のものだけでなく,高品質のものや希少性のあるものを求める傾向も見られることなどを取り上げることが考えられる。
　このようにして,今後の農業や水産業の発展について考えようとする態度を養うようにする。

---

(3)　我が国の工業生産について,学習の問題を追究・解決する活動を通して,次の事項を身に付けることができるよう指導する。
　ア　次のような知識及び技能を身に付けること。
　　(ｱ)　我が国では様々な工業生産が行われていることや,国土には工業の盛んな地域が広がっていること及び工業製品は国民生活の向上に重要な役割を果たしていることを理解すること。
　　(ｲ)　工業生産に関わる人々は,消費者の需要や社会の変化に対応し,優れた製品を生産するよう様々な工夫や努力をして,工業生産を支えていることを理解すること。
　　(ｳ)　貿易や運輸は,原材料の確保や製品の販売などにおいて,工業生産を支える重要な役割を果たしていることを理解すること。
　　(ｴ)　地図帳や地球儀,各種の資料で調べ,まとめること。
　イ　次のような思考力,判断力,表現力等を身に付けること。
　　(ｱ)　工業の種類,工業の盛んな地域の分布,工業製品の改良などに着目して,工業生産の概要を捉え,工業生産が国民生活に果たす役割を考え,表現すること。
　　(ｲ)　製造の工程,工場相互の協力関係,優れた技術などに着目して,工業生産に関わる人々の工夫や努力を捉え,その働きを考え,表現すること。
　　(ｳ)　交通網の広がり,外国との関わりなどに着目して,貿易や運輸の様子を捉え,それらの役割を考え,表現すること。

　この内容は,主として「現代社会の仕組みや働きと人々の生活」に区分されるものであり,我が国の工業生産についての学習で身に付ける事項を示している。我が国の工業生産とは,我が国における工場での生産活動であり,原材料を加工しその形や性質を変えたり,部品を組み立てたりして生活や産業に役立つ製品を作り出している工業を指している。
　ここでは,我が国の工業生産の概要に関する内容と工業生産に関わる人々の工夫や努力に関する内容,貿易や運輸に関する内容から構成されている。我が国の工業

生産の概要に関する内容については，アの(ア)及び(エ)とイの(ア)を関連付けて指導する。例えば，**工業の種類，工業の盛んな地域の分布，工業製品の改良などに着目して，地図帳や地球儀，各種の資料で調べ，まとめ，工業生産の概要を捉え，工業生産が国民生活に果たす役割を考え，表現すること**を通して，**我が国では様々な工業生産が行われていることや，国土には工業の盛んな地域が広がっていること及び工業製品は国民生活の向上に重要な役割を果たしていることを理解**できるようにすることである。

また，工業生産に関わる人々の工夫や努力に関する内容については，アの(イ)及び(エ)とイの(イ)を関連付けて指導する。例えば，**製造の工程，工場相互の協力関係，優れた技術などに着目して，地図帳や地球儀，各種の資料で調べ，まとめ，工業生産に関わる人々の工夫や努力を捉え，その働きを考え，表現すること**を通して，**工業生産に関わる人々は，消費者の需要や社会の変化に対応し，優れた製品を生産するよう様々な工夫や努力をして，工業生産を支えていることを理解**できるようにすることである。

さらに，貿易や運輸に関する内容については，アの(ウ)及び(エ)とイの(ウ)を関連付けて指導する。例えば，**交通網の広がり，外国との関わりなどに着目して，地図帳や地球儀，各種の資料で調べ，まとめ，貿易や運輸の様子を捉え，それらの役割を考え，表現すること**を通して，**貿易や運輸は，原材料の確保や製品の販売などにおいて，工業生産を支える重要な役割を果たしていることを理解**できるようにすることである。

アは，「知識及び技能」に関わる事項である。

アの(ア)及び(イ)並びに(ウ)は，知識に関わる事項である。

アの(ア)の**我が国では様々な工業生産が行われていることを理解すること**とは，自分たちの身の回りには様々な工業製品があること，我が国では様々な種類の工業生産が行われていることなどを基に，我が国の工業生産の概要について理解することである。また，**国土には工業の盛んな地域が広がっていることを理解すること**とは，我が国には海岸沿いに大きな工業地帯が広がっていること，工業が盛んな地域は全国各地に分布していることなどを基に，我が国の工業生産の概要について理解することである。**工業製品は国民生活の向上に重要な役割を果たしていることを理解すること**とは，工業製品の改良と国民生活の向上とは深い関わりがあること，工業製品は国民生活はもとより，農業や水産業，工業などの中で使われていることなどを基に，我が国の工業生産の役割について理解することである。

アの(イ)の**工業生産に関わる人々は，消費者の需要や社会の変化に対応し，優れた製品を生産するよう様々な工夫や努力をして，工業生産を支えていることを理解すること**とは，工場で働く人々は優れた製品を生産するために様々な工夫や協力をし

ていること,工業生産には様々な工場が関連していること,我が国の工業生産は優れた技術を生かして消費者の需要や社会の発展に応える研究開発などの努力を行っていることなどを基に,工業生産に関わる人々の工夫や努力について理解することである。

　アの(ウ)の**貿易や運輸は,原材料の確保や製品の販売などにおいて,工業生産を支える重要な役割を果たしていることを理解すること**とは,原材料や工業製品の輸出入の特色,原材料や工業製品の輸出入や工業製品の出荷には,海上輸送,航空輸送,陸上輸送など日本国内や世界の交通網が使われていることなどを基に,貿易や運輸の役割について理解することである。

　アの(エ)は,技能に関わる事項である。

　地図帳や地球儀,各種の資料で調べ,まとめることとは,我が国の工業生産について,地図帳や地球儀を用いて,工業の盛んな地域の広がりや貿易相手国の位置を調べ,白地図などにまとめることや,統計,写真などの資料やコンピュータなどを使って,工業生産に関わる人々の工夫や努力を調べて,図表などにまとめることである。ここでは,統計などの資料やコンピュータなどを適切に使って情報を集める技能,地図帳や地球儀を用いて,位置や経路,分布や地域間のつながりなどを読み取る技能,仕事の工程や協力関係を図表などにまとめる技能などを身に付けるようにすることが大切である。

　イは,「思考力,判断力,表現力等」に関わる事項である。

　イの(ア)の**工業の種類,工業の盛んな地域の分布,工業製品の改良などに着目して,各種の工業生産の概要を捉え,工業生産が国民生活に果たす役割を考え,表現すること**とは,社会的事象の見方・考え方を働かせ,工業生産の概要について,例えば,日本はどのような工業が盛んか,工業の盛んな地域はどのように広がっているか,工業製品はどのように改良されてきたかなどの問いを設けて調べたり,工業製品と国民生活を関連付けて考えたりして,調べたことや考えたことを表現することである。

　工業の種類に着目するとは,我が国の工業の種類や種類別生産額,工場の規模別の数や割合などについて調べることである。**工業の盛んな地域の分布**に着目するとは,我が国における工業地帯や主な工業地域の分布などについて調べることである。**工業製品の改良**に着目するとは,身の回りの工業製品の改良の経過について調べることである。その際,機械工業では,自動車,テレビ,炊飯器,掃除機,電話機など身近な生活で使う工業製品を取り上げることが考えられる。このようにして調べたことを手掛かりに,我が国の**工業生産の概要**を捉えることができるようにする。

　工業生産が国民生活に果たす役割を考え,表現することとは,例えば,我が国の工業の種類や生産額,工業生産が盛んな地域の分布などの情報を総合したり,工業

製品の改良と国民生活の向上を関連付けたりして,我が国の工業生産が国民生活に果たす役割を考え,文章で記述したり,根拠や理由を明確にして議論したりすることである。

イの(イ)の**製造の工程,工場相互の協力関係,優れた技術などに着目して,工業生産に関わる人々の工夫や努力を捉え,それらの人々の働きを考え,表現すること**とは,社会的事象の見方・考え方を働かせ,工業生産に関わる人々の工夫や努力について,例えば,工業製品はどのようにしてつくられているか,工場はどのように関連し合っているか,どのような技術を生かして生産しているかなどの問いを設けて調べたり,工業生産と国民生活を関連付けて考えたりして,調べたことや考えたことを表現することである。

製造の工程に着目するとは,工業生産における原材料の確保,生産から出荷までの仕事の工程について調べることである。**工場相互の協力関係**に着目するとは,関連工場の計画的,効率的な部品生産の工夫や努力,大規模な工場と関連工場との結び付きについて調べることである。**優れた技術**に着目するとは,産業用ロボットなどを活用したオートメーションなど大規模工場の生産システム,消費者の需要や社会の要請に応える生産の仕方,中小工場での技術を生かした生産の様子,新しい分野に挑戦する研究開発などについて調べることである。このようにして調べたことを手掛かりに**工業生産に関わる人々の工夫や努力**を捉えることができるようにする。

その(工業生産に関わる人々の)**働きを考え,表現する**とは,例えば,工業生産の仕事の工夫や努力と消費者の需要や社会の変化を関連付けて,工業生産に関わる人々の働きを考え,文章で記述したり,図表などにまとめたことを基に説明したりすることである。

イの(ウ)の**交通網の広がり,外国との関わりなどに着目して,貿易や運輸の様子を捉え,それらの役割を考え,表現すること**とは,社会的事象の見方・考え方を働かせ,貿易や運輸の様子について,例えば,原材料や工業製品はどのような輸送手段で運ばれるか,我が国の工業は外国とどのような関わりがあるかなどの問いを設けて調べたり,貿易や運輸と工業生産を関連付けて考えたりして,調べたことや考えたことを表現することである。

交通網の広がりに着目するとは,原材料の確保や製品の出荷のための高速道路や鉄道,航路などの交通網,陸運や海運などの輸送手段と,輸送の際の工夫や努力について調べることである。その際,運輸業や倉庫など物流に関わる人々の働きや港湾や空港といった施設などに触れるようにすることも考えられる。

外国との関わりに着目するとは,輸出入を通した我が国と諸外国との関わりについて調べることである。このようにして調べたことを手掛かりに**貿易や運輸の様子**

を捉えることができるようにする。

それら（貿易や運輸）の役割を考え，表現するとは，例えば，工業生産と貿易や運輸の働きを関連付けて，貿易や運輸が工業生産に果たす役割を考え，文章で記述したり，白地図などにまとめたことを基に説明したりすることである。

実際の指導に当たっては，地域の実態に応じて，自動車や造船，製鉄や石油，食料品などの工場で見学できる工場がある場合には，見学を取り入れて情報を収集したり，工業生産の盛んな地域で生産に従事している人々に手紙などで調査したり，さらに，インターネットなどで工業生産を行っている企業などが発信している情報を活用したりする活動などが考えられる。

（内容の取扱い）

> (3) 内容の(3)については，次のとおり取り扱うものとする。
>   ア　アの(イ)及びイの(イ)については，工業の盛んな地域の具体的事例を通して調べることとし，金属工業，機械工業，化学工業，食料品工業などの中から一つを取り上げること。
>   イ　イの(ア)及び(イ)については，消費者や生産者の立場などから多角的に考えて，これからの工業の発展について，自分の考えをまとめることができるよう配慮すること。

内容の取扱いの(3)のアは，内容の(3)のアの(イ)及びイの(イ)の工業生産に関わる人々の工夫や努力について指導する際の配慮事項と取り上げる具体的事例の範囲や選択の仕方を示したものである。

具体的事例については，「金属工業，機械工業，化学工業，食料品工業など」の中から一つを選択して取り上げるようにする。その際，児童の興味・関心や学習経験の広がりを考慮し，第3学年において取り上げた事例に配慮する必要がある。例えば，第3学年の内容(2)の「地域に見られる生産の仕事」において食料品の工場を取り上げて学習してきた場合には，金属工業，機械工業，化学工業など他の工業の中から事例を選択することが考えられる。

なお，第3学年では，地域の工場の仕事を通して地域社会に対する理解を深めることに，第5学年では，我が国の工業生産について理解を深めることに，それぞれねらいがあることに留意することが大切である。

内容の取扱いの(3)のイは，内容の(3)のイの(ア)及び(イ)の指導において，指導する際の配慮事項を示したものである。

ここでは，学習したことを基に，消費者や生産者の立場，人々の安全，環境，価格，

利便性，バリアフリーなどに対する願いが工業生産により実現されることや，優れた技術やその向上が我が国の工業をより発展させること，工業生産を通した我が国と外国との関わり方など，我が国の工業の発展について自分の考えをまとめることが大切である。その際，新しい技術やそれを生かした工業製品を研究開発し，それらを輸出したりしていることや，高齢化社会への対応や環境への負荷を少なくするために工業製品の開発に努力していることなどを取り上げ，今後の工業の発展について考えようとする態度を養うことなども考えられる。

---

(4) 我が国の産業と情報との関わりについて，学習の問題を追究・解決する活動を通して，次の事項を身に付けることができるよう指導する。

ア 次のような知識及び技能を身に付けること。
　(ア) 放送，新聞などの産業は，国民生活に大きな影響を及ぼしていることを理解すること。
　(イ) 大量の情報や情報通信技術の活用は，様々な産業を発展させ，国民生活を向上させていることを理解すること。
　(ウ) 聞き取り調査をしたり映像や新聞などの各種資料で調べたりして，まとめること。

イ 次のような思考力，判断力，表現力等を身に付けること。
　(ア) 情報を集め発信するまでの工夫や努力などに着目して，放送，新聞などの産業の様子を捉え，それらの産業が国民生活に果たす役割を考え，表現すること。
　(イ) 情報の種類，情報の活用の仕方などに着目して，産業における情報活用の現状を捉え，情報を生かして発展する産業が国民生活に果たす役割を考え，表現すること。

この内容は，主として「現代社会の仕組みや働きと人々の生活」に区分されるものであり，我が国の産業と情報との関わりについての学習で身に付ける事項を示している。我が国の産業と情報との関わりとは，放送，新聞などの産業が多種多様な情報を収集・選択・加工して提供していることや，販売，運輸，観光，医療，福祉などに関わる産業が，販売情報や交通情報等の大量の情報やインターネットなどで情報を瞬時に伝える情報通信技術などを活用していることを指している。

ここでは，放送，新聞などの産業に関する内容と情報や情報通信技術を活用する産業に関する内容から構成されている。放送や新聞などの産業に関する内容については，アの(ア)及び(ウ)とイの(ア)を関連付けて指導する。例えば，**情報を集め発信するまでの工夫や努力などに着目して，聞き取り調査をしたり映像や新聞などの各種資**

料で調べたりして，まとめ，放送，新聞などの産業の様子を捉え，それらの産業が国民生活に果たす役割を考え，表現することを通して，放送，新聞などの産業は，国民生活に大きな影響を及ぼしていることを理解できるようにすることである。

　また，情報や情報通信技術を活用する産業に関する内容については，アの(イ)及び(ウ)とイの(イ)を関連付けて指導する。例えば，**情報の種類，情報の活用の仕方などに着目して，聞き取り調査をしたり映像や新聞などの各種資料で調べたりして，まとめ，産業における情報活用の現状を捉え，情報を生かして発展する産業が国民生活に果たす役割を考え，表現すること**を通して，**大量の情報や情報通信技術の活用は，様々な産業を発展させ，国民生活を向上させていることを理解**できるようにすることである。

　アは，「知識及び技能」に関わる事項である。
　アの(ア)及び(イ)は，知識に関わる事項である。

　アの(ア)の放送，新聞などの産業は，国民生活に大きな影響を及ぼしていることを理解することとは，放送，新聞などの産業は，国民に正確な情報を分かりやすく速く伝えるために多種多様な情報を収集し，選択・加工していること，社会の出来事をより多くの国民に伝えるためにインターネットなど様々な情報媒体を活用していること，国民は放送や新聞，インターネットなどの様々な情報媒体から必要な情報を収集していることなどを基に，放送，新聞などの産業の役割について理解することである。

　アの(イ)の大量の情報や情報通信技術の活用は，様々な産業を発展させ，国民生活を向上させていることを理解することとは，多様で大量の情報を情報通信技術で瞬時に収集・発信し，それらを活用することで産業が変化し発展していること，国民がコンピュータや携帯電話などの情報通信機器を利用することにより，いつでも，どこでも様々なサービスを享受でき，生活が向上していることなどを基に，情報や情報通信技術を活用する産業の役割について理解することである。その際，高度に情報化した社会においては，自他の個人情報の保護や適切な扱いが必要であることなどに触れることが大切である。

　アの(ウ)は，技能に関わる事項である。

　聞き取り調査をしたり映像や新聞などの各種資料で調べたりして，まとめることとは，我が国の産業と情報との関わりについて，放送局や新聞社，情報を生かして発展している産業に従事している人への聞き取り調査をしたり，ニュース番組の映像や新聞記事などの各種の資料，コンピュータなどを使って調べたりして，図表などにまとめることである。ここでは，聞き取り調査をしたりコンピュータなどを使ったりして適切に情報を集める技能，映像や新聞などの資料から適切に情報を読み取る技能，情報活用の様子などを図表などにまとめる技能などを身に付けるようにす

ること，またその際，情報の出典を確認したり，複数の情報を比較したりして，情報の確かさや送り手の意図を確認できるようにすることが大切である。

　イは，「思考力，判断力，表現力等」に関わる事項である。

　イの(ア)の**情報を集め発信するまでの工夫や努力などに着目して，放送，新聞などの産業の様子を捉え，それらの産業が国民生活に果たす役割を考え，表現すること**とは，社会的事象の見方・考え方を働かせ，放送，新聞などの産業の様子について，例えば，情報をどのように集めているか，どのように選択・加工・整理して国民に伝えているかなどの問いを設けて調べたり，発信された情報と国民生活を関連付けて考えたりして，調べたことや考えたことを表現することである。

　情報を集め発信するまでの工夫や努力に着目するとは，ニュースや天気情報，交通情報など多くの情報を収集し，意図をもって，分かりやすく伝えるよう編集・加工し，テレビやラジオ，新聞，インターネットなどの情報媒体を通して広く国民に伝えている放送局や新聞社などに従事する人々の工夫や努力について調べることである。このようにして調べたことを手掛かりに，**放送，新聞などの産業の様子**を捉えることができるようにする。

　それら（放送，新聞など）の産業が国民生活に果たす役割を考え，表現するとは，例えば，放送局や新聞社などから発信される情報と自分たちの生活を関連付けて，放送や新聞などの産業が国民生活に果たす役割を考え，文章で記述したり，根拠や理由を明確にして議論したりすることである。

　イの(イ)の**情報の種類，情報の活用の仕方などに着目して，産業における情報活用の現状を捉え，情報を生かして発展する産業が国民生活に果たす役割を考え，表現すること**とは，社会的事象の見方・考え方を働かせ，産業における情報活用の現状について，例えば，その産業ではどのような情報を集めているか，情報をどのように活用しているかなどの問いを設けて調べたり，情報を活用した産業の変化や発展と国民生活を関連付けて考えたりして，調べたことや考えたことを表現することである。

　情報の種類に着目するとは，販売情報，気象情報，交通情報など産業が活用している情報の種類について調べることである。**情報の活用の仕方**に着目するとは，産業が情報を集める際の対象，情報活用の目的や方法，情報を活用する場面について調べることである。このようにして調べたことを手掛かりに，**産業における情報活用の現状**を捉えることである。

　情報を生かして発展する産業が国民生活に果たす役割を考え，表現するとは，例えば，情報を活用した産業の変化や発展と人々の生活の利便性の向上を関連付けて，情報を生かして発展する産業が国民生活に果たす役割を考え，文章で記述したり，根拠や理由を明確にして議論したりすることである。

実際の指導に当たっては，放送，新聞などの産業については，自分たちが日頃から様々な情報手段を活用している事実を調べる活動などが考えられる。また，情報を活用して発展している産業については，情報活用が十分に行われていなかった頃の状況と現在の状況を比較して，情報の生かし方の工夫や国民の利便性の向上などを図表にまとめる活動などが考えられる。

(内容の取扱い)

> (4) 内容の(4)については，次のとおり取り扱うものとする。
>   ア　アの(ア)の「放送，新聞などの産業」については，それらの中から選択して取り上げること。その際，情報を有効に活用することについて，情報の送り手と受け手の立場から多角的に考え，受け手として正しく判断することや送り手として責任をもつことが大切であることに気付くようにすること。
>   イ　アの(イ)及びイの(イ)については，情報や情報技術を活用して発展している販売，運輸，観光，医療，福祉などに関わる産業の中から選択して取り上げること。その際，産業と国民の立場から多角的に考えて，情報化の進展に伴う産業の発展や国民生活の向上について，自分の考えをまとめることができるよう配慮すること。

　内容の取扱いの(4)のアは，内容の(4)アの(ア)及びイの(ア)の指導において，取り上げる対象の範囲について示したものである。
　ここでは，「放送，新聞などの産業」の中から一つを選択して取り上げ，その産業のもつ働き，国民生活との関わりについて具体的に調べられるようにする。事例の選択に当たっては，地域の実態や児童の興味・関心，教材の収集状況などから判断するようにする。放送については，テレビやラジオなどの放送局で働く人々は国民に多様な情報を伝えるため様々な番組を制作していること，情報を分かりやすく伝えるため映像や音声を編集していることを取り上げることが考えられる。新聞については，新聞社で働く人々は国民に正確な情報を伝えるために取材をしていること，情報を分かりやすく伝えるために記事を選択・加工したり編集したりしていることを取り上げることが考えられる。
　また，情報は放送，新聞などの産業が目的をもって発信していること，情報媒体にはそれぞれ伝え方・伝わり方に特徴があること，情報の中には不確かなものや誤ったものもあることなどを踏まえ，情報の受け手として，確かな情報を収集・選択し，様々な観点から比較して適切に判断することの大切さに気付くようにする。

なお，不確かな情報や誤った情報が広がることによって，風評被害などが生じ，関係者の人権等が著しく侵害されることがあることにも触れるようにする。

内容の取扱いの(4)のイは，内容の(4)アの(イ)及びイの(イ)の指導において，取り上げる対象の範囲について示したものである。

ここでは，「様々な産業」について，「販売，運輸，観光，医療，福祉など」情報を活用して発展している産業の中から選択して取り上げることが考えられる。取り上げる事例としては，例えば，販売情報を収集・分析して商品の入荷量や販売量を予測したり，インターネット上で商品の管理を行ったりしている販売業，交通や位置，気象などの情報を活用したり，倉庫を運営する産業と連携して迅速かつ効率的な輸送に努めたりしている運輸業，魅力ある地域の観光資源について情報を発信して地域の活性化に努めている観光業，様々な機関と連携したり離れた地域間で情報を共有したりすることによりサービスの向上に努めている医療や福祉などの産業が考えられる。

事例の選択に当たっては，情報を活用して産業におけるサービスを向上させたり，販売業と運輸業などが結び付いて物流を構成するなど複数の産業が相互に結び付くことで新たなサービスを提供したりして，国民生活の利便性を大きく向上させている例など，国民の身近な生活を支えている事例を取り上げることが考えられる。その際，情報通信機器の操作方法や情報通信の仕組みに深入りすることがないように，児童の発達の段階を考慮して指導することが大切である。

また，学習したことを基に，大量の情報を活用して産業をより一層発展させることや，それにより国民生活の利便性が向上すること，国民は適切な情報を見極める必要があることなど情報活用の在り方を多角的に考えて，情報化社会のよさや課題について自分の考えをまとめることができるよう指導することが大切である。

(5) 我が国の国土の自然環境と国民生活との関連について，学習の問題を追究・解決する活動を通して，次の事項を身に付けることができるよう指導する。
　ア　次のような知識及び技能を身に付けること。
　　(ア)　自然災害は国土の自然条件などと関連して発生していることや，自然災害から国土を保全し国民生活を守るために国や県などが様々な対策や事業を進めていることを理解すること。
　　(イ)　森林は，その育成や保護に従事している人々の様々な工夫と努力により国土の保全など重要な役割を果たしていることを理解すること。
　　(ウ)　関係機関や地域の人々の様々な努力により公害の防止や生活環境の改善が図られてきたことを理解するとともに，公害から国土の環境や国

　　　　　民の健康な生活を守ることの大切さを理解すること。
　　　(エ)　地図帳や各種の資料で調べ，まとめること。
　イ　次のような思考力，判断力，表現力等を身に付けること。
　　　(ア)　災害の種類や発生の位置や時期，防災対策などに着目して，国土の自然災害の状況を捉え，自然条件との関連を考え，表現すること。
　　　(イ)　森林資源の分布や働きなどに着目して，国土の環境を捉え，森林資源が果たす役割を考え，表現すること。
　　　(ウ)　公害の発生時期や経過，人々の協力や努力などに着目して，公害防止の取組を捉え，その働きを考え，表現すること。

　この内容は，「地理的環境と人々の生活」及び「現代社会の仕組みや働きと人々の生活」に区分される内容として，我が国の国土の自然環境と国民生活との関連に関する内容を学習することで身に付ける事項を示している。我が国の国土の自然環境と国民生活との関連とは，自然災害への対応，森林資源の保護，公害の防止に見られる，国土の環境と人々の生活や産業との密接な関連を指している。

　ここでは，国土の自然災害に関する内容，森林資源の働きに関する内容，公害の防止と生活環境に関する内容から構成されている。国土の自然災害に関する内容については，アの(ア)及び(エ)とイの(ア)を関連付けて指導する。例えば，**災害の種類や発生の位置や時期，防災対策などに着目して，地図帳や各種の資料で調べ，まとめ，国土の自然災害の状況を捉え，自然条件との関連を考え，表現すること**を通して，**自然災害は国土の自然条件などと関連して発生していることや，自然災害から国土を保全し国民生活を守るために国や県などが様々な対策や事業を進めていることを理解**できるようにすることである。

　また，森林資源の働きに関する内容については，アの(イ)及び(エ)とイの(イ)を関連付けて指導する。例えば，**森林資源の分布や働きなどに着目して，地図帳や各種の資料で調べ，まとめ，国土の環境を捉え，森林資源が果たす役割を考え，表現すること**を通して，**森林は，その育成や保護に従事している人々の様々な工夫と努力により国土の保全など重要な役割を果たしていることを理解**できるようにすることである。

　さらに，公害の防止と生活環境に関する内容については，アの(ウ)及び(エ)とイの(ウ)を関連付けて指導する。例えば，**公害の発生時期や経過，人々の協力や努力などに着目して，地図帳や各種の資料で調べ，まとめ，公害防止の取組を捉え，その働きを考え，表現すること**を通して，**関係機関や地域の人々の様々な努力により公害の防止や生活環境の改善が図られてきたことを理解するとともに，公害から国土の環境や国民の健康な生活を守ることの大切さを理解**できるようにすることである。

アは,「知識及び技能」に関わる事項である。

アの(ア)及び(イ)並びに(ウ)は,知識に関わる事項である。

アの(ア)の**自然災害は国土の自然条件などと関連して発生していることを理解すること**とは,我が国では,国土の地形や気候などとの関係から地震災害,津波災害,風水害,火山災害,雪害などの様々な自然災害が起こりやすいこと,自然災害はこれまで度々発生しこれからも発生する可能性があることなどを基に,国土の自然災害の状況について理解することである。また,**自然災害から国土を保全し国民の生活を守るために国や県などが様々な対策や事業を進めていることを理解すること**とは,国や県などは,砂防ダムや堤防,防潮堤の建設,津波避難場所の整備,ハザードマップの作成など,自然災害の種類や国土の地形や気候に応じた対策や事業を進めていることなどを基に,国土の自然災害への対策や事業について理解することである。

アの(イ)の**森林は,その育成や保護に従事している人々の様々な工夫と努力により国土の保全などに重要な役割を果たしていることを理解すること**とは,我が国は,国土に占める森林面積の割合が高いこと,森林は国民生活の舞台である国土の保全や水源の涵養などに大切な働きをしていること,森林はその育成や保護に従事している人々の取組により維持・管理されていることなどを基に,森林資源の役割について理解することである。

アの(ウ)の**関係機関や地域の人々の様々な努力により公害の防止や生活環境の改善が図られてきたことを理解する**こととは,我が国では,産業の発展,生活様式の変化や都市化の進展により公害が発生して国民の健康や生活環境が脅かされてきたこと,関係機関をはじめ多くの人々の努力や協力により公害の防止や生活環境の改善が図られてきたことなどを基に,公害防止の取組と国民生活の関連について理解することである。また,**公害から国土の環境や国民の健康な生活を守ることの大切さを理解すること**とは,国土の環境保全の取組は国民の健康な生活を守ることにつながること,そのためには継続的な取組と様々な立場の人の協力が大切であることなどを基にして,公害防止の取組の大切さについて理解することである。

アの(エ)は,技能に関わる事項である。

地図帳や各種の資料で調べ,まとめることとは,我が国の国土の自然環境と国民生活との関連について,地図帳や衛星写真などの資料で自然災害や公害の発生位置,森林の広がりなどを調べたり,統計,写真や映像,年表などの資料で自然災害への対策や事業,森林資源の働き,公害の防止や生活環境の改善に向けた関係機関や地域の取組などを調べたりして,白地図や図表などにまとめることである。ここでは,地図帳,統計や年表などの資料から適切に情報を読み取る技能,調べたことを白地図などにまとめる技能などを身に付けるようにすることが大切である。

イは,「思考力,判断力,表現力等」に関わる事項である。

イの(ア)の**災害の種類や発生の位置や時期,防災対策などに着目して,自然災害を捉え,自然条件との関連を考え,表現すること**とは,社会的事象の見方・考え方を働かせ,国土の自然災害の状況について,例えば,これまでに我が国においてどのような自然災害が,いつどこで発生したか,自然災害による被害をどのように減らす対策をとっているかなどの問いを設けて調べたり,自然災害と国土の自然条件を関連付けて考えたりして,調べたことや考えたことを表現することである。

災害の種類に着目するとは,我が国で発生した主な自然災害の種類や被害の状況について調べることである。**発生の位置や時期**に着目するとは,我が国で発生した主な自然災害の位置や発生した時期について調べることである。**防災対策**に着目するとは,国や県などが進めてきた砂防ダムや堤防などの整備,ハザードマップの作成などの防災・減災に向けた対策や事業について調べることである。このようにして調べたことを手掛かりに,**国土の自然災害の状況**を捉えることができるようにする。

自然条件との関連を考え,表現するとは,例えば,我が国で発生する様々な自然災害と国土の自然条件を関連付けて,自然災害が発生する理由や,国や県などの防災・減災に向けた対策や事業の役割を考え,文章で記述したり,白地図や年表,図表などにまとめたことを基に説明したりすることである。その際,自然災害が発生しやすい我が国においては,日頃から防災に関する情報に関心をもつなど,国民一人一人の防災意識を高めることが大切であることに気付くように配慮することが大切である。

イの(イ)の**森林資源の分布や働きなどに着目して,国土の環境を捉え,森林資源が果たす役割を考え,表現すること**とは,社会的事象の見方・考え方を働かせ,国土の環境について,例えば,国土における森林の面積の割合はどれくらいか,森林にはどのような働きがあるかなどの問いを設けて調べたり,森林と国土保全や国民生活を関連付けて考えたりして,調べたことや考えたことを表現することである。

森林資源の分布に着目するとは,森林の種類や広がり,国土に占める割合などについて調べることである。(森林資源の)**働き**に着目するとは,森林資源がもつ多様な機能や森林の育成や保護に関わる人々の工夫や努力について調べることである。なお,森林の働きによる自然災害の防止には限界があることについても触れるようにする。このようにして調べたことを手掛かりに,**国土の環境**を捉えることができるようにする。

森林資源が果たす役割を考え,表現するとは,例えば,我が国の国土における森林の分布と国民の生活舞台である国土の保全を関連付けて,森林資源の果たす役割や森林資源を保護していくことの大切さを考え,文章で記述したり,白地図などに

まとめたことを基に説明したり，根拠や理由を明確にして議論したりすることである。

イの(ウ)の**公害の発生時期や経過，人々の協力や努力などに着目して，公害防止の取組を捉え，それらの取組の働きを考え，表現すること**とは，社会的事象の見方・考え方を働かせ，公害防止の取組について，例えば，どのような公害がいつごろ発生したか，それはどのように広がり，その後どのように改善したか，人々はどのように協力してきたかなどの問いを設けて調べたり，公害防止の取組と国土の環境や国民の健康な生活を関連付けて考えたりして，調べたことや考えたことを表現することである。

公害の発生時期や経過に着目するとは，産業の発展や生活様式の変化，都市化の進展などにより主な公害が発生した時期や，公害により国民の健康や生活環境が脅かされてきたこと，関係の諸機関をはじめ多くの人々の努力により公害の防止や生活環境の改善が図られてきたことなどの経過について調べることである。**人々の協力や努力**に着目するとは，関係の諸機関や人々の協力や努力によって環境改善に成果を上げてきたことについて調べることである。このようにして調べたことを手掛かりに，**公害防止の取組**を捉えることができるようにする。

その（公害防止の）**取組の働きを考え，表現する**とは，例えば，公害防止の取組と環境改善や人々の健康な生活を関連付けて，公害防止の継続的，協力的な取組の大切さを考え，白地図や図表などにまとめたことを基に説明したり，根拠や理由を明確にして議論したりすることである。

実際の指導に当たっては，自然災害への対応や公害の防止について，国や県などが策定した計画などの情報を，インターネットなどを活用して集めたり，関係の諸機関に従事する人に聞き取り調査をしたりする活動などが考えられる。

(内容の取扱い)

> (5) 内容の(5)については，次のとおり取り扱うものとする。
> ア　アの(ア)については，地震災害，津波災害，風水害，火山災害，雪害などを取り上げること。
> イ　アの(ウ)及びイの(ウ)については，大気の汚染，水質の汚濁などの中から具体的事例を選択して取り上げること。
> ウ　イの(イ)及び(ウ)については，国土の環境保全について，自分たちにできることなどを考えたり選択・判断したりできるよう配慮すること。

内容の取扱い(5)のアは，内容の(5)のアの(ア)において，自然災害を取り上げる

際の配慮事項を示したものである。

自然災害については，我が国で過去に発生した地震災害，津波災害，風水害，火山災害，雪害などの自然災害を国土の自然条件と関連付けて取り上げることが考えられる。なお，風水害とは，豪雨，洪水，高潮，崖崩れや土石流などによる土砂災害，突風や竜巻などによる災害を指している。ここでは，第4学年の内容の(3)「自然災害から人々を守る活動」とのねらいの違いに留意する必要がある。第4学年では，県内などで発生した自然災害を取り上げ，地域の関係機関や人々による自然災害への対処や備えを通して地域社会について理解することに，第5学年では，国土において発生する様々な自然災害を取り上げて，自然災害と国土の自然条件との関連を通して国土の地理的環境を理解することに，それぞれねらいがあることに留意することが大切である。また，気象条件など，理科における学習内容との関連を図った指導を工夫することも大切である。

内容の取扱い(5)のイは，内容の(5)のアの(ｳ)及びイの(ｳ)の公害についての指導において，取り上げる公害の範囲を示したものである。

環境基本法では，公害として，大気の汚染，水質の汚濁，騒音，振動，地盤の沈下及び悪臭が挙げられている。ここでは，「大気の汚染，水質の汚濁など」の中から具体的事例を一つ選択して取り上げることが考えられる。

事例の選択に当たっては，例えば，生活様式の変化や都市化の進展などがもたらした都市・生活型の公害，産業がもたらした公害などが考えられる。その際，取り上げた事例について，過去に我が国の国土で発生し改善されてきた公害を年表などで調べたり，公害の防止や環境改善に向けて成果を上げてきた関係機関や人々の努力や協力の様子などを資料で具体的に調べたりすることが考えられる。

内容の取扱い(5)のウは，内容の(5)イの(ｲ)の森林資源の働きやイの(ｳ)の公害の防止の指導における配慮事項を示したものである。

ここでは，国民の一人として，国土の自然環境，国民の健康や生活環境の維持・改善に配慮した行動が求められるなど国民一人一人の協力の必要性に気付くようにすることが大切である。その際，一度破壊された環境を取り戻すためには長い時間と多くの人の努力や協力が必要であることに気付くようにするとともに，例えば，自分たちには何ができるかなどと，自分たちに協力できることを考えたり選択・判断したりして，国土の環境保全への関心を高めるように配慮することが大切である。

第5学年においては，内容の(1)から(5)までの学習を通して，社会的事象について，学習問題を主体的に解決しようとする態度や，よりよい社会を考え学習したことを社会生活に生かそうとする態度を養うとともに，多角的な思考や理解を通して，我が国の国土に対する愛情，我が国の産業の発展を願い我が国の将来を担う国民としての自覚を養うようにすることが大切である。

第4節 第6学年の目標及び内容

1 第6学年の目標

> 　社会的事象の見方・考え方を働かせ，学習の問題を追究・解決する活動を通して，次のとおり資質・能力を育成することを目指す。
> (1) 我が国の政治の考え方と仕組みや働き，国家及び社会の発展に大きな働きをした先人の業績や優れた文化遺産，我が国と関係の深い国の生活やグローバル化する国際社会における我が国の役割について理解するとともに，地図帳や地球儀，統計や年表などの各種の基礎的資料を通して，情報を適切に調べまとめる技能を身に付けるようにする。
> (2) 社会的事象の特色や相互の関連，意味を多角的に考える力，社会に見られる課題を把握して，その解決に向けて社会への関わり方を選択・判断する力，考えたことや選択・判断したことを説明したり，それらを基に議論したりする力を養う。
> (3) 社会的事象について，主体的に学習の問題を解決しようとする態度や，よりよい社会を考え学習したことを社会生活に生かそうとする態度を養うとともに，多角的な思考や理解を通して，我が国の歴史や伝統を大切にして国を愛する心情，我が国の将来を担う国民としての自覚や平和を願う日本人として世界の国々の人々と共に生きることの大切さについての自覚を養う。

　これは，教科の目標を受けて，第6学年の目標を示している。
　第6学年においては，社会的事象の見方・考え方を働かせ，学習問題を追究・解決する活動を通して，次の(1)から(3)までのとおり資質・能力を育成することを目指す。

> (1) 我が国の政治の考え方と仕組みや働き，国家及び社会の発展に大きな働きをした先人の業績や優れた文化遺産，我が国と関係の深い国の生活やグローバル化する国際社会における我が国の役割について理解するとともに，地図帳や地球儀，統計や年表などの各種の基礎的資料を通して，情報を適切に調べまとめる技能を身に付けるようにする。

　これは，第6学年における「知識及び技能」に関する目標を示している。

我が国の政治の考え方と仕組みや働き，国家及び社会の発展に大きな働きをした先人の業績や優れた文化遺産，我が国と関係の深い国の生活やグローバル化する国際社会における我が国の役割について理解するとは，知識に関する目標を示している。

　我が国の政治の考え方と仕組みや働きについて理解するとは，日本国憲法は国家の理想，天皇の地位，国民としての権利及び義務など国家や国民生活の基本を定めていることや，現在の我が国の民主政治は日本国憲法の基本的な考え方に基づいていること，立法，行政，司法の三権がそれぞれの役割を果たしていること，国や地方公共団体の政治は，国民主権の考え方の下，国民生活の安定と向上を図る大切な働きをしていることなどを理解できるようにすることである。

　国家及び社会の発展に大きな働きをした先人の業績や優れた文化遺産について理解するとは，我が国の歴史上の主な事象を手掛かりに，大まかな歴史を理解するとともに，関連する先人の業績，優れた文化遺産の働きなどを理解できるようにすることである。

　我が国と関係の深い国の生活やグローバル化する国際社会における我が国の役割について理解するとは，我が国と経済や文化などの面でつながりが深い国の人々の生活は多様であること，スポーツや文化などを通して他国と交流し異なる文化や習慣を尊重し合うことが大切であること，我が国は平和な世界の実現のために国際連合の一員として重要な役割を果たしたり諸外国の発展のために援助や協力を行ったりしていることなどを理解できるようにすることである。

　地図帳や地球儀，統計や年表などの各種の基礎的資料を通して，情報を適切に調べまとめる技能を身に付けるようにするとは，技能に関する目標を示している。

　地図帳や地球儀，統計や年表などの各種の基礎的資料を通してとは，我が国の政治の考え方と仕組みや働き，国家及び社会の発展に大きな働きをした先人の業績や優れた文化遺産，我が国と関係の深い国の生活やグローバル化する国際社会における我が国の役割について，地図帳や地球儀，統計や年表などの基礎的な資料で調べることである。これらの活動を通して，適切に情報を集め，読み取り，白地図や年表，図表などにまとめる技能を身に付けるようにすることを示している。なお，ここでいう「適切に」とは，情報の出典や作成時期，作成者を確かめたり，聞き取り調査やコンピュータなど集める手段の特性に留意したりして情報を集めること，資料の特性に留意して情報を読み取ること，必要な情報を整理して白地図や年表，図表などに効果的にまとめることなどを指している。

---

(2)　社会的事象の特色や相互の関連，意味を多角的に考える力，社会に見られる課題を把握して，その解決に向けて社会への関わり方を選択・判断す

る力，考えたことや選択・判断したことを説明したり，それらを基に議論したりする力を養う。

　これは，第6学年における「思考力，判断力，表現力等」に関する目標を示している。
　社会的事象の特色や相互の関連，意味を多角的に考える力を養うとは，複数の立場や意見を踏まえて，日本国憲法が国民生活に果たす役割や国会，内閣，裁判所と国民との関わり，国民生活における政治の働き，我が国の歴史の展開，国際交流の果たす役割，国際社会において我が国が果たしている役割などを多角的に考える力を養うようにすることである。
　社会に見られる課題を把握して，その解決に向けて社会への関わり方を選択・判断する力を養うとは，世界の人々と共に生きていくことに関して，社会における課題を見いだし，それらの解決のために自分たちにできることを選択・判断したり，これからの我が国が果たすべき役割などを考えたりする力を養うようにすることである。
　考えたことや選択・判断したことを説明したり，それらを基に議論したりする力を養うとは，社会的事象の特色や相互の関連，意味について考えたことや，社会への関わり方について選択・判断したことを文章で記述したり，資料などを用いて説明したり，根拠や理由などを明確にして議論したりする力を養うようにすることである。

(3)　社会的事象について，主体的に学習の問題を解決しようとする態度や，よりよい社会を考え学習したことを社会生活に生かそうとする態度を養うとともに，多角的な思考や理解を通して，我が国の歴史や伝統を大切にして国を愛する心情，我が国の将来を担う国民としての自覚や平和を願う日本人として世界の国々の人々と共に生きることの大切さについての自覚を養う。

　これは，第6学年における「学びに向かう力，人間性等」に関する目標を示している。
　社会的事象について，主体的に学習の問題を解決しようとする態度を養うとは，学習問題を追究・解決するために，社会的事象について意欲的に調べたり，社会的事象の特色や相互の関連，意味を多角的に考えたりして，調べたことや考えたことを表現しようとする主体的な学習態度を養うようにすることである。
　よりよい社会を考え学習したことを社会生活に生かそうとする態度を養うとは，

これまでの学習を振り返り，学習したことを確認するとともに，学習成果を基に生活の在り方やこれからの国家及び社会の発展について考えようとする態度を養うようにすることである。

我が国の歴史や伝統を大切にして国を愛する心情を養うとは，我が国の歴史についての理解を踏まえて，国家及び社会の発展に貢献した先人によってつくり出された歴史や伝統を大切にして国を愛する心情を養うようにすることである。

我が国の将来を担う国民としての自覚を養うとは，我が国の政治についての理解を踏まえて，国家及び社会の一員としての自覚をもつとともに，主権者として将来にわたって我が国の政治に関わろうとする意識や，社会の担い手として平和で民主的な国家及び社会を築き上げようとする意識などを養うようにすることである。

平和を願う日本人として世界の国々の人々と共に生きることの大切さについての自覚を養うとは，国際社会における我が国の役割についての理解を踏まえて，我が国はこれからも国際社会の一員として，平和な国際社会の実現を目指して努力を続けていくことが必要であるという自覚や，そのためには平和を願う日本人として世界の国々の人々と共に生きていくことが大切であるという自覚を養うようにすることである。

多角的な思考や理解を通してとは，これらの愛情や自覚は，現在及び過去の社会の仕組みやよさ，課題への理解に基づくものであり，学習活動を通して複数の立場や意見を踏まえて考え理解したことを基に涵養されるものであることを示している。

2 第6学年の内容

(1) 我が国の政治の働きについて，学習の問題を追究・解決する活動を通して，次の事項を身に付けることができるよう指導する。
　ア　次のような知識及び技能を身に付けること。
　　(ア)　日本国憲法は国家の理想，天皇の地位，国民としての権利及び義務など国家や国民生活の基本を定めていることや，現在の我が国の民主政治は日本国憲法の基本的な考え方に基づいていることを理解するとともに，立法，行政，司法の三権がそれぞれの役割を果たしていることを理解すること。
　　(イ)　国や地方公共団体の政治は，国民主権の考え方の下，国民生活の安定と向上を図る大切な働きをしていることを理解すること。
　　(ウ)　見学・調査したり各種の資料で調べたりして，まとめること。

> イ 次のような思考力，判断力，表現力等を身に付けること。
> (ア) 日本国憲法の基本的な考え方に着目して，我が国の民主政治を捉え，日本国憲法が国民生活に果たす役割や，国会，内閣，裁判所と国民との関わりを考え，表現すること。
> (イ) 政策の内容や計画から実施までの過程，法令や予算との関わりなどに着目して，国や地方公共団体の政治の取組を捉え，国民生活における政治の働きを考え，表現すること。

　この内容は，「現代社会の仕組みや働きと人々の生活」に区分されるものであり，我が国の政治の働きについての学習で身に付ける事項を示している。我が国の政治の働きとは，国家や国民生活の基本を定めている日本国憲法の下で，立法，行政，司法の三権がそれぞれ果たしている役割や，国や地方公共団体の政治が民主政治の考え方に基づいて，国民生活の安定と向上を図るために果たしている働きを指している。

　そのためこの内容は，日本国憲法や政治の仕組みに関する内容と国や地方公共団体の政治の取組に関する内容から構成されている。日本国憲法や政治の仕組みに関する内容については，アの(ア)及び(ウ)とイの(ア)を関連付けて指導する。例えば，**日本国憲法の基本的な考え方に着目して，見学・調査したり各種の資料で調べたりして，まとめ，我が国の民主政治を捉え，日本国憲法が国民生活に果たす役割や，国会，内閣，裁判所と国民との関わりを考え，表現すること**を通して，**日本国憲法は国家の理想，天皇の地位，国民としての権利及び義務など国家や国民生活の基本を定めていることや，現在の我が国の民主政治は日本国憲法の基本的な考え方に基づいていることを理解するとともに，立法，行政，司法の三権がそれぞれの役割を果たしていることを理解**できるようにすることである。

　また，国や地方公共団体の政治の取組に関する内容については，アの(イ)及び(ウ)とイの(イ)を関連付けて指導する。例えば，**政策の内容や計画から実施までの過程，法令や予算との関わりなどに着目して，見学・調査したり各種の資料で調べたりして，まとめ，国や地方公共団体の政治の取組を捉え，国民生活における政治の働きを考え，表現すること**を通して，**国や地方公共団体の政治は，国民主権の考え方の下，国民生活の安定と向上を図る大切な働きをしていることを理解**できるようにすることである。

　アは，「知識及び技能」に関わる事項である。
　アの(ア)及び(イ)は，知識に関わる事項である。
　アの(ア)の**日本国憲法は国家の理想，天皇の地位，国民としての権利及び義務など国家や国民生活の基本を定めていること**を理解することとは，日本国憲法には，国

民の基本的人権は侵すことのできない永久の権利として保障されていること，主権は国民にあることや我が国が国際紛争を解決する手段としての戦争を永久に放棄することなどが定められていること，天皇は日本国の象徴であり日本国民統合の象徴として位置付けられていること，生命，自由及び幸福の追求に対する国民の権利は侵すことのできない永久の権利として国民に保障されたものであり，それを保持するためには国民の不断の努力を必要とするものであること，参政権は国民主権の表れであり，民主政治にとって極めて重要であること，また，国民は権利を行使する一方で，勤労や納税の義務などを果たす必要があることなどの権利や義務が定められていることなどを基に，日本国憲法の特色について理解することである。また，**現在の我が国の民主政治は日本国憲法の基本的な考え方に基づいていることを理解する**こととは，現在の我が国の民主政治は日本国憲法の基本理念である国民主権の考え方と深く関わっていること，そのことは私たちの日常生活とも関連があることなどを基に，日本国憲法と国民生活との関連について理解することである。**立法，行政，司法の三権がそれぞれの役割を果たしていることを理解すること**とは，我が国の政治には国会に立法，内閣に行政，裁判所に司法という三権があること，それらは相互に関連し合ってそれぞれの役割を果たしていることなどを基に，我が国の政治の仕組みについて理解することである。

　アの(イ)の**国や地方公共団体の政治は，国民主権の考え方の下，国民生活の安定と向上を図る大切な働きをしていることを理解すること**とは，国や地方公共団体の政治は国民生活と密接な関係をもっていること，それらの政治は国民主権の考え方を基本として，国民の願いを実現し国民生活の安定と向上を図るために大切な働きをしていることなどを基に，国や地方公共団体の政治の働きについて理解することである。

　アの(ウ)は，技能に関わる事項である。

　見学・調査したり各種の資料で調べたりして，まとめることとは，我が国の政治の働きについて，公共施設などの見学や，そこで働く人への聞き取り調査をしたり，国や県，市などが作成した広報誌などの各種資料で調べたりして，図表などにまとめることである。ここでは，見学・調査して適切に情報を集める技能，複数の情報を比べたり結び付けたりして読み取る技能，調べたことを図表などに適切に整理する技能などを身に付けるようにすることが大切である。

　イは，「思考力，判断力，表現力等」に関わる事項である。

　イの(ア)の**日本国憲法の基本的な考え方に着目して，我が国の民主政治を捉え，日本国憲法が国民生活に果たす役割や，国会，内閣，裁判所と国民との関わりを考え，表現すること**とは，社会的事象の見方・考え方を働かせ，我が国の民主政治について，例えば，日本国憲法の基本的な考え方はどのようなものか，国会，内閣，裁判

所はそれぞれどのような役割を果たしているか，国会，内閣，裁判所はどのように関連しているかなどの問いを設けて調べたり，日本国憲法と国民生活，国会，内閣，裁判所と国民をそれぞれ関連付けて考えたりして，調べたことや考えたことを表現することである。

日本国憲法の基本的な考え方に着目するとは，日本国憲法に定められた基本的人権の尊重，国民主権，平和主義の原則，天皇の地位，国民の権利と義務などの基本的な考え方について，関連する条文などを根拠に調べることである。このようにして調べたことを手掛かりに，**我が国の民主政治**を捉えることができるようにする。なお，平和主義については，自衛隊が我が国の平和と安全を守っていることに触れるようにする。

日本国憲法が国民生活に果たす役割を考え，表現することとは，例えば，日本国憲法の基本的な考え方と国民生活を関連付けて，日本国憲法の特色や役割を考え，文章で記述したり図表などにまとめたことを基に説明したりすることである。また，**国会，内閣，裁判所と国民との関わりを考え，表現すること**とは，例えば，国会，内閣，裁判所の働きと国民を関連付けて，国民としての政治への関わり方を考え，図表などにまとめたことを基に説明したり，根拠や理由を明確にして議論したりすることである。

イの(イ)の**政策の内容や計画から実施までの過程，法令や予算との関わりなどに着目して，国や地方公共団体の政治の取組を捉え，国民生活における政治の働きを考え，表現すること**とは，社会的事象の見方・考え方を働かせ，国や地方公共団体の政治の取組について，例えば，どのような内容の政策か，どのような過程を経て実施されたか，どのような法令に基づいているか，予算はどのように決められるかなどの問いを設けて調べたり，それらの取組と国民生活を関連付けて考えたりして，調べたことや考えたことを表現することである。

政策の内容や計画から実施までの過程に着目するとは，国民の願い，国や地方公共団体の政策の内容，その計画から実施までの期間や過程などについて調べることである。**法令や予算との関わり**に着目するとは，国や地方公共団体の政治の取組を実施するための基になる法令や予算について調べることである。このようにして調べたことを手掛かりに，**国や地方公共団体の政治の取組**を捉えることができるようにする。

国民生活における政治の働きを考え，表現するとは，例えば，国や地方公共団体の政治の取組と国民生活を関連付けて，政治の働きを考え，レポートなどにまとめたり，図表などにまとめたことを基に説明したりすることである。

実際の指導に当たっては，我が国の政治の学習が，抽象的になったり，細かい用語や仕組み，数値などを覚えるだけの指導になったりすることのないよう，国や地

方公共団体の取組についての具体的な事例を取り上げて調べるようにすることが大切である。また,地方公共団体の政治の働きを取り上げる際には,国の政治との関連を十分に踏まえて指導することが大切である。

(内容の取扱い)

> (1) 内容の(1)については,次のとおり取り扱うものとする。
> 　ア　アの(ア)については,国会などの議会政治や選挙の意味,国会と内閣と裁判所の三権相互の関連,裁判員制度や租税の役割などについて扱うこと。その際,イの(ア)に関わって,国民としての政治への関わり方について多角的に考えて,自分の考えをまとめることができるよう配慮すること。
> 　イ　アの(ア)の「天皇の地位」については,日本国憲法に定める天皇の国事に関する行為など児童に理解しやすい事項を取り上げ,歴史に関する学習との関連も図りながら,天皇についての理解と敬愛の念を深めるようにすること。また,「国民としての権利及び義務」については,参政権,納税の義務などを取り上げること。
> 　ウ　アの(イ)の「国や地方公共団体の政治」については,社会保障,自然災害からの復旧や復興,地域の開発や活性化などの取組の中から選択して取り上げること。
> 　エ　イの(ア)の「国会」について,国民との関わりを指導する際には,各々の国民の祝日に関心をもち,我が国の社会や文化における意義を考えることができるよう配慮すること。

　内容の取扱いの(1)のアは,内容の(1)のアの(ア)及びイの(ア)について指導する際に取り上げる事柄と配慮事項を示したものである。

　ここでは,アの(ア)の指導について,国会などの議会政治や選挙の意味,国会と内閣と裁判所の三権相互の関連,裁判員制度や租税の役割などについても扱うようにすることを示している。

　「国会など議会政治や選挙の意味」については,選挙は国民の代表者を選出する大切な仕組みであること,国民の代表者として選出された国会議員は国民生活の安定と向上に努めなければならないこと,国民は代表者を選出するため,選挙権を行使する必要があることを考えるようにする。

　「国会と内閣と裁判所の三権相互の関連」については,国会が国権の最高機関であり,国の唯一の立法機関として法律の制定や予算の議決,条約の承認などを行っていること,内閣が国の行政権をもち,法律や予算に基づいて実際の政治を行って

いること，裁判所が司法権をもち，法律に基づいて裁判を行っていることを取り上げ，三権がそれぞれ大切な役割を果たしていることや，三権が相互に関連し合っていることを理解できるようにする。

「裁判員制度」については，国民が裁判に参加する裁判員制度を取り上げ，法律に基づいて行われる裁判と国民との関わりについて関心をもつようにする。

「租税の役割」については，租税が国や県，市によって行われている対策や事業などの費用として使われていること，それらは主に国民によって納められた税金であることなどを理解できるようにする。その際，限られた財源をどのように配分するのかを決める責任は，国会や地方議会などの制度を通して，国民や住民にあることに触れるようにする。

また，イの(ア)の指導に関連して，調べて得た情報などに基づいて，政治への関わり方について多角的に考え，自分の考えをまとめることができるよう配慮することを求めている。例えば，選挙は国民の代表者を選出する大切な仕組みであること，行政に必要な予算を国民が納める税金が支えていること，国民が裁判に参加する仕組みとして裁判員制度があることなどを踏まえて，様々な立場から多角的に考え，義務や責任などと関連付けて自分の考えをまとめるように指導することが大切である。

内容の取扱いの(1)のイは，内容の(1)のアの(ア)に示されている「天皇の地位」と「国民としての権利及び義務」について学習する際に取り上げる事例と配慮事項を示したものである。

「天皇の地位」については，例えば，国会の召集，栄典の授与，外国の大使等の接受などの国事行為や，国会開会式への出席，全国植樹祭・国民体育大会への出席や被災地への訪問・励ましといった各地への訪問などを通して，象徴としての天皇と国民との関係を取り上げ，天皇が日本国の象徴であり日本国民統合の象徴であることを理解できるようにする。また，内容の(2)の歴史学習との関連に配慮し，天皇が国民に敬愛されてきたことを理解できるようにすることも大切である。

これらの指導を通して，天皇についての理解と敬愛の念を深めるようにする必要がある。

「国民としての権利及び義務」についての指導に当たっては，日本国憲法に定められた国民としての権利及び義務について，国民生活の安定と向上を図るために政治が大切な働きをしているという観点から，具体的な事例を取り上げるようにすることが大切である。国民の権利については，例えば，参政権を取り上げ，選挙権など，政治に参加する権利が国民に保障されていることを理解できるようにする必要がある。国民の義務については，例えば，納税の義務を取り上げ，税金が国民生活の向上と安定に使われていることを理解できるようにする必要がある。

内容の取扱いの(1)のウは，内容の(1)のアの(イ)について指導する際に取り上げる事例の範囲と配慮事項を示したものである。

ここでは，「国や地方公共団体の政治」の取組について，具体的に調べられるように児童の関心や地域の実態に応じて，「社会保障，自然災害からの復旧や復興，地域の開発や活性化などの取組」の中から選択して取り上げる。

社会保障の取組を取り上げる場合には，例えば，高齢者や障害者の生活支援や介護，医療の充実，子育て支援などに関わる具体的な事業を選択して取り上げ，市役所，県庁が地域の実態や住民の意見を取り入れながら政策を決定し，国と協力して計画的に実行していることなどを具体的に調べるようにすることが考えられる。自然災害からの復旧や復興の取組を取り上げる場合には，災害が発生したときに市役所，県庁が，自衛隊の派遣を要請するなど国と協力しながら救援活動を行ったり災害復旧のために物流拠点を配置したり，さらに，長期的な視野に立って地域の再興に向けて様々な施策を実行したりしていることなどを具体的に調べるようにすることが考えられる。また，地域の開発や活性化の取組を取り上げる場合には，地域経済の活性化や地域における雇用機会の創出を，市役所，県庁が主体的に進めていることや，国はそのような地域の自立的な取組を制度や財政などの面から支援していることなどを具体的に調べるようにすることが考えられる。これらの取組を調べることを通して，国民生活における政治の働きを考えるようにすることが大切である。

その際，税金が国や地方公共団体による対策や事業に使われ，国民生活の向上と安定のために重要な役割を果たしていることを理解できるようにする必要がある。

内容の取扱いの(1)のエは，内容の(1)のイの(ア)について指導する際の配慮事項を示したものである。

ここでは，「「国会」について，国民との関わりを指導する」に当たり，国民生活と関わりが深い具体的な事例として各々の国民の祝日を扱い，それらに関心をもつようにする。その際，国民の祝日に関する法律に定められている内容や歴史的な由来などを取り上げながら，各々の祝日がよりよき社会，より豊かな生活を築きあげるために，全ての国民が祝い，感謝し，または記念する日として定められていることなど，我が国の社会や文化における意義を考えることができるよう配慮して指導することが大切である。

(2) 我が国の歴史上の主な事象について，学習の問題を追究・解決する活動を通して，次の事項を身に付けることができるよう指導する。
　ア　次のような知識及び技能を身に付けること。その際，我が国の歴史上の主な事象を手掛かりに，大まかな歴史を理解するとともに，関連する先人の業績，優れた文化遺産を理解すること。

(ア) 狩猟・採集や農耕の生活，古墳，大和朝廷（大和政権）による統一の様子を手掛かりに，むらからくにへと変化したことを理解すること。その際，神話・伝承を手掛かりに，国の形成に関する考え方などに関心をもつこと。

(イ) 大陸文化の摂取，大化の改新，大仏造営の様子を手掛かりに，天皇を中心とした政治が確立されたことを理解すること。

(ウ) 貴族の生活や文化を手掛かりに，日本風の文化が生まれたことを理解すること。

(エ) 源平の戦い，鎌倉幕府の始まり，元との戦いを手掛かりに，武士による政治が始まったことを理解すること。

(オ) 京都の室町に幕府が置かれた頃の代表的な建造物や絵画を手掛かりに，今日の生活文化につながる室町文化が生まれたことを理解すること。

(カ) キリスト教の伝来，織田・豊臣の天下統一を手掛かりに，戦国の世が統一されたことを理解すること。

(キ) 江戸幕府の始まり，参勤交代や鎖国などの幕府の政策，身分制を手掛かりに，武士による政治が安定したことを理解すること。

(ク) 歌舞伎や浮世絵，国学や蘭学を手掛かりに，町人の文化が栄え新しい学問がおこったことを理解すること。

(ケ) 黒船の来航，廃藩置県や四民平等などの改革，文明開化などを手掛かりに，我が国が明治維新を機に欧米の文化を取り入れつつ近代化を進めたことを理解すること。

(コ) 大日本帝国憲法の発布，日清・日露の戦争，条約改正，科学の発展などを手掛かりに，我が国の国力が充実し国際的地位が向上したことを理解すること。

(サ) 日中戦争や我が国に関わる第二次世界大戦，日本国憲法の制定，オリンピック・パラリンピックの開催などを手掛かりに，戦後我が国は民主的な国家として出発し，国民生活が向上し，国際社会の中で重要な役割を果たしてきたことを理解すること。

(シ) 遺跡や文化財，地図や年表などの資料で調べ，まとめること。

イ 次のような思考力，判断力，表現力等を身に付けること。

(ア) 世の中の様子，人物の働きや代表的な文化遺産などに着目して，我が国の歴史上の主な事象を捉え，我が国の歴史の展開を考えるとともに，歴史を学ぶ意味を考え，表現すること。

この内容は，「歴史と人々の生活」に区分される内容であり，我が国の歴史上の

主な事象についての学習で身に付ける事項を示している。我が国の歴史上の主な事象とは，我が国の歴史の進展に大きな影響を与えた各時期の代表的な歴史上の事象のことである。具体的には内容(2)のアの(ア)から(サ)までに示された歴史上の事象を指しており，我が国の歴史を学習する際に調べる対象のことである。

　我が国の歴史上の主な事象に関する内容については，アの(ア)から(サ)までの各項目とアの(シ)及びイの(ア)を，それぞれ関連付けて指導する。例えば，**世の中の様子，人物の働きや代表的な文化遺産などに着目して，遺跡や文化財，地図や年表などの資料で調べ，まとめ，我が国の歴史上の主な事象を捉え，我が国の歴史の展開を考え，表現することを通して，大まかな歴史を理解するとともに，関連する先人の業績，優れた文化遺産を理解**できるようにすることである。また，**歴史を学ぶ意味を考え，表現**できるようにすることである。

　アは，「知識及び技能」に関わる事項である。

　アの前文及び(ア)から(サ)までは，知識に関わる事項である。

　前文では，歴史学習全体を通して，我が国の歴史の進展に大きな影響を与えた(ア)から(サ)までの代表的な歴史上の事象を手掛かりに，我が国が歩んできた大まかな歴史を理解するとともに，それらの事象に関連する先人の業績，優れた文化遺産を理解することである。

　我が国の歴史上の主な事象を手掛かりにするとは，(ア)から(サ)までに示されている各時代の典型的な歴史上の事象や関連する人物，代表的な文化遺産についての知識を習得し，その知識を基に考えるようにすることである。

　大まかな歴史を理解することとは，政治の中心地や世の中の様子によって分けたいくつかの時期における世の中の動きを人物の業績や優れた文化遺産を通して捉え，我が国が歩んできた歴史を大まかに理解することである。従って，小学校では歴史を通史として事象を網羅的に取り扱うものではないことに留意する必要がある。

　関連する先人の業績，優れた文化遺産を理解することとは，我が国が歩んできた歴史の中で，その時期の世の中の様子を形づくったり，国家や社会の変化に大きな影響を及ぼしたりした先人の働きとともに，各時代の人々によって生み出され，今日まで保存・保護されてきた文化遺産の大切さを理解することである。

　アの(シ)は，技能に関わる事項である。

　遺跡や文化財，地図や年表などの資料で調べ，まとめることとは，歴史学習を通して身に付ける調べ方や，調べたことを表現する学習の仕方を示している。遺跡や文化財については，地域の博物館や資料館等を活用したり，学芸員から話を聞いたりして調べること，地図や年表などの資料については，歴史上の事象について，分布や経路などを表した地図や，出来事の経緯を示した年表，事象や出来事の様子を

書き記した資料などで調べることを示している。また，歴史上の事象について調べたことや考えたこと，理解したことを整理してまとめることを示している。このような調べ方やまとめ方を繰り返しつつ，歴史上の事象を適切に調べまとめる技能を身に付けるようにすることが大切である。このほか，資料については，人物の肖像画や伝記，エピソード（逸話）などによって人物への関心や調べる意欲を高めることも考えられる。

イの(ｱ)は，「思考力，判断力，表現力等」に関わる事項である。

世の中の様子，人物の働きや代表的な文化遺産などに着目して，我が国の歴史上の主な事象を捉え，我が国の歴史の展開を考えるとともに，歴史を学ぶ意味を考え，表現することとは，社会的事象の見方・考え方を働かせ，我が国の歴史上の主な事象について，例えば，世の中の様子，人物の働きや代表的な文化遺産などに関する問いを設けて調べたり，歴史の展開や歴史を学ぶ意味を考えたりして，調べたことや考えたことを表現することである。

世の中の様子に着目するとは，例えば，いつから始まったか，どのような世の中だったか，どのように発展したかなどの問いを設けて，アの(ｱ)から(ｻ)までに示されたそれぞれの時期における国家・社会の様子について調べることである。

人物の働きに着目するとは，例えば，その人物はどのようなことをしたか，なぜそうしたか，社会や人々にどのような影響を与えたかなどの問いを設けて，国家・社会の発展や優れた文化遺産を生み出すことに貢献した先人の働きについて調べることである。なお(ｱ)から(ｺ)までに示された歴史上の事象を調べる際には，内容の取扱いの(2)のウに示された，事象と関わりの深い人物の働きを中心にして具体的に調べるようにする。

代表的な文化遺産に着目するとは，例えば，誰がいつ頃作ったか，何のために作ったか，歴史上どのような意味や価値があるかなどの問いを設けて，我が国の代表的な文化遺産について調べることである。その際，内容の取扱いの(2)のイに示された，国宝，重要文化財に指定されているものや日本遺産に認定されているもの，世界文化遺産に登録されているものなど，国家・社会の発展を象徴する優れた文化遺産について調べることが考えられる。これらの文化遺産については，歴史上の主な事象や人物の働きとの関連に配慮して児童が理解しやすいものを選択して取り上げ，具体的に調べることができるようにする。また，人々の工夫や努力によって生み出され，今日に至るまで保存，継承されてきたことの意味を考えるようにすることが大切である。

このようにして，**我が国の歴史上の主な事象**を捉えることができるようにする。

我が国の歴史の展開を考えるとともに，歴史を学ぶ意味を考え，表現するとは，例えば，調べた歴史上の主な事象を関連付けたり総合したりして，世の中の様子や

国家・社会の変化，歴史を学ぶ意味などを考えたりして，文章で記述したり，年表や図表などにまとめたことを基に説明したりすることである。**歴史を学ぶ意味を考える**とは，歴史学習の全体を通して，歴史から何が学べるか，歴史をなぜ学ぶのかなど歴史を学ぶ目的や大切さなどについて考えることである。例えば，我が国の伝統や文化は長い歴史の中で育まれてきたことを踏まえ，過去の出来事は現代とどのような関わりをもっているかなど過去の出来事と今日の自分たちの生活や社会との関連や，歴史から学んだことをどのように生かしていくかなど国家及び社会の発展を考えることである。

その際，今日の自分たちの生活は，長い間の我が国の歴史や先人たちの働きの上に成り立っていることや，遠い祖先の生活が自分たちの生活と深く関わっていることなどを理解できるようにし，自分たちもこれからの歴史の担い手となることや，平和で民主的な国家及び社会を築き上げることについて，考えを深めるようにすることが大切である。

実際の指導に当たっては，我が国の歴史は各時期において様々な課題の解決や人々の願いの実現に向けて努力した先人の働きによって発展してきたことを理解できるようにし，我が国が発展してきた基盤について考え，我が国の歴史への関心を高めるようにすることが大切である。このことは，我が国の歴史や伝統を大切にして国を愛する心情を育てることにつながるものである。

また，人物の働きや代表的な文化遺産を中心とした学習の効果を高めるためには，内容のアの(ア)から(ケ)までに示した事象を取り扱う授業時数に軽重を付けるなど，単元の構成を工夫する必要がある。

ア　次のような知識及び技能を身に付けること。
　(ア)　狩猟・採集や農耕の生活，古墳，大和朝廷（大和政権）による統一の様子を手掛かりに，むらからくにへと変化したことを理解すること。その際，神話・伝承を手掛かりに，国の形成に関する考え方などに関心をもつこと。
　(シ)　遺跡や文化財，地図や年表などの資料で調べ，まとめること。
イ　次のような思考力，判断力，表現力等を身に付けること。
　(ア)　世の中の様子，人物の働きや代表的な文化遺産などに着目して，我が国の歴史上の主な事象を捉え，我が国の歴史の展開を考えるとともに，歴史を学ぶ意味を考え，表現すること。

この内容は，「くに」としての我が国の歴史が形づくられるまでの学習で身に付ける事項を示している。ここでは，狩猟・採集や農耕の生活，古墳，大和朝廷（大和政権）による統一の三つの事象を取り上げる。

アは,「知識及び技能」に関わる事項である。

アの(ア)は,知識に関わる事項である。

狩猟・採集や農耕の生活については,貝塚や集落跡などの遺跡,土器などの遺物や,水田跡の遺跡や農具などの当時の遺物が残されていること,日本列島では長い期間,豊かな自然の中で狩猟や採集の生活が営まれていたこと,大陸から稲作が伝えられ農耕が始まると,人々は耕地の近くに定住してむらを作るようになったことなどが分かることである。

古墳については,古墳の規模やその出土品,古墳の広がりなどが分かることである。

大和朝廷(大和政権)による統一の様子については,各地に支配者が現れ,有力豪族を中心とした大和朝廷によって大和地方を中心とした地域の統一が進められたことなどが分かることである。なお,大和朝廷については,その成立や展開の時期を広く捉える観点から大和政権とも呼ばれていることに触れるようにする。

これらのことを手掛かりに,世の中の様子が**むらからくにへと変化したことを理解**できるようにする。

その際,神話・伝承を手掛かりに,国の形成に関する考え方などに関心をもつこととは,国の形成や地域の統一の様子を物語る神話・伝承を取り上げ,当時の人々のものの見方や考え方に関心をもつようにすることを意味している。神話・伝承には,児童が興味をもちやすい物語が多く見られ,それらを活用し,我が国の歴史に対し一層親しみをもてるようにすることが大切である。

アの(シ)は,技能に関わる事項である。

例えば,貝塚や集落跡などの遺跡,土器などの遺物について,地域にある博物館や資料館などを利用して調べたり,身近な地域に残されている古墳を観察・見学したり,当時の様子や人物の働きなどを資料で調べたりして,年表などにまとめることなどが考えられる。ここでは,博物館や資料館などを見学して適切に情報を集める技能,年表などの資料から出来事やその時期の情報を読み取る技能,調べたことを年表などに適切に整理する技能などを身に付けるようにすることが大切である。

イの(ア)は,「思考力,判断力,表現力等」に関わる事項である。

ここでは,社会的事象の見方・考え方を働かせ,例えば,人々はどのような生活をしていたか,世の中の様子はどのように変わったか,どのように力を伸ばし国を治めたかなどの問いを設けて,狩猟・採集の生活や農耕が始まった頃の生活の様子,古墳の出現と広がり,大和朝廷(大和政権)の支配の広がりについて調べ,これらの事象を比較したり関連付けたりして,世の中の様子の変化を考え,文章で記述したり説明したりすることが考えられる。

実際の指導に当たっては,例えば,遺跡や遺物などを調べて,狩猟・採集や農耕

の生活をしていたころの人々の生活や社会の様子を考える学習，卑弥呼が治めたと言われる邪馬台国の様子を想像して当時の社会を考える学習，身近な地域や国土に残る古墳について調べ，豪族や大和朝廷（大和政権）の力を想像する学習，神話・伝承を調べて国の形成について当時の人々のものの見方や考え方に関心をもつようにする学習などが考えられる。

> ア　次のような知識及び技能を身に付けること。
> 　(イ)　大陸文化の摂取，大化の改新，大仏造営の様子を手掛かりに，天皇を中心とした政治が確立されたことを理解すること。
> 　(シ)　遺跡や文化財，地図や年表などの資料で調べ，まとめること。
> イ　次のような思考力，判断力，表現力等を身に付けること。
> 　(ア)　世の中の様子，人物の働きや代表的な文化遺産などに着目して，我が国の歴史上の主な事象を捉え，我が国の歴史の展開を考えるとともに，歴史を学ぶ意味を考え，表現すること。

　この内容は，聖徳太子が政治を行った頃から聖武天皇が国を治めた頃までの学習で身に付ける事項を示している。ここでは，大陸文化の摂取，大化の改新，大仏造営の様子の三つの事象を取り上げる。
　アは，「知識及び技能」に関わる事項である。
　アの(イ)は，知識に関わる事項である。
　大陸文化の摂取については，聖徳太子が法隆寺を建立し，小野妹子らを遣隋使として隋（中国）に派遣することにより，政治の仕組みなど大陸文化を積極的に摂取しようとしたことなどが分かることである。
　大化の改新については，中大兄皇子や中臣鎌足によって政治の改革が行われたことや，天皇中心の新しい国づくりを目指したことなどが分かることである。
　大仏造営については，聖武天皇の発案の下，行基らの協力により国家的な大事業として東大寺の大仏が造られ，天皇を中心とする政治が都だけでなく広く全国に及んだことや，聖武天皇の願いにより鑑真が来日し，仏教の発展に大きな働きをしたことなどが分かることである。
　これらのことを手掛かりに，**天皇を中心とした政治が確立されたことを理解**できるようにする。
　アの(シ)は，技能に関わる事項である。
　例えば，遣隋使の航路や正倉院の宝物が渡来した経路を世界地図などの資料で調べてまとめたり，大化の改新や大仏造営の様子などを資料で調べて年表などにまとめたりすることが考えられる。ここでは，地図などの資料で歴史上の出来事の位置

や広がりなどを読み取る技能，調べたことを白地図や年表などに適切に整理する技能などを身に付けるようにすることが大切である。

イの(ア)は，「思考力，判断力，表現力等」に関わる事項である。

ここでは，社会的事象の見方・考え方を働かせ，例えば，聖徳太子はどのような国づくりを進めたか，国づくりには聖武天皇のどのような願いが込められていたかなどの問いを設けて，大陸文化を取り入れた政治の様子，大化の改新を経て進められた天皇中心の政治の様子，大仏造営に込められた聖武天皇の願いや造営の様子について調べ，これらの事象を関連付けたり総合したりして，この頃の世の中の様子を考え，文章で記述したり説明したりすることが考えられる。

実際の指導に当たっては，例えば，聖徳太子の肖像画やエピソードなどからその人となりを想像する学習，大仏の大きさから天皇の力を考えたり，大仏造営を命じた詔から聖武天皇の願いを考えたりする学習などが考えられる。

ア　次のような知識及び技能を身に付けること。
　(ウ)　貴族の生活や文化を手掛かりに，日本風の文化が生まれたことを理解すること。
　(シ)　遺跡や文化財，地図や年表などの資料で調べ，まとめること。
イ　次のような思考力，判断力，表現力等を身に付けること。
　(ア)　世の中の様子，人物の働きや代表的な文化遺産などに着目して，我が国の歴史上の主な事象を捉え，我が国の歴史の展開を考えるとともに，歴史を学ぶ意味を考え，表現すること。

この内容は，京都に都が置かれた頃の貴族の生活や文化についての学習で身に付ける事項を示している。

アは，「知識及び技能」に関わる事項である。

アの(ウ)は，知識に関わる事項である。

貴族の生活や文化については，貴族の屋敷の様子や藤原道長に代表される貴族の生活の様子，紫式部や清少納言が我が国独自のかな文字を使って優れた文学作品をつくり出したこと，貴族の生活の様子を描いた大和絵などがつくられたことなどが分かることである。

これらのことを手掛かりに，京都に都が置かれた頃，**日本風の文化が生まれたことを理解**できるようにする。

アの(シ)は，技能に関わる事項である。

例えば，貴族の暮らしの様子や，紫式部や清少納言の活躍などを資料で調べ，まとめることが考えられる。ここでは，絵画などの資料から生活や文化に関する情

報を適切に読み取る技能，調べたことをまとめる技能などを身に付けるようにすることが大切である。

イの(ア)は，「思考力，判断力，表現力等」に関わる事項である。

ここでは，社会的事象の見方・考え方を働かせ，例えば，貴族はどのような生活をしていたか，どのような作品を残したかなどの問いを設けて，この頃の貴族の服装や建物，日常の生活や行事などの様子や紫式部（むらさきしきぶ）や清少納言（せいしょうなごん）の作品について調べ，これらの事象を関連付けたり総合したりして，この頃の文化の特色を考え，文章で記述したり説明したりすることが考えられる。

実際の指導に当たっては，例えば，十二単（ひとえ）や貴族の服装などから貴族の生活の様子を想像する学習，寝殿造の屋敷における貴族の生活の様子を調べる学習，当時の貴族が行っていた，現在にまで受け継がれている年中行事を調べる学習などが考えられる。

ア　次のような知識及び技能を身に付けること。
　(エ)　源平の戦い，鎌倉幕府の始まり，元との戦いを手掛かりに，武士による政治が始まったことを理解すること。
　(シ)　遺跡や文化財，地図や年表などの資料で調べ，まとめること。
イ　次のような思考力，判断力，表現力等を身に付けること。
　(ア)　世の中の様子，人物の働きや代表的な文化遺産などに着目して，我が国の歴史上の主な事象を捉え，我が国の歴史の展開を考えるとともに，歴史を学ぶ意味を考え，表現すること。

この内容は，源頼朝（みなもとのよりとも）が平氏打倒の兵を挙げた頃から鎌倉に幕府が置かれた頃までの学習で身に付ける事項を示している。ここでは，源平の戦い，鎌倉幕府の始まり，元との戦いの三つの事象を取り上げる。

アは，「知識及び技能」に関わる事項である。

アの(エ)は，知識に関わる事項である。

源平の戦いについては，力を付けてきた源氏と平氏が戦い，源義経（みなもとのよしつね）の働きもあって源氏が勝利し，大きな力をもつようになったことなどが分かることである。

鎌倉幕府の始まりについては，朝廷から認められ全国に守護や地頭を置いた源頼朝（みなもとのより　とも）が鎌倉に幕府を開き，武士による政治の仕組みをつくり上げたことなどが分かることである。**元との戦い**については，北条時宗（ほうじょうときむね）が九州の御家人を中心に全国の武士を動員し，元の攻撃を退けたこと，幕府が全国的に力をもってきたことなどが分かることである。

これらのことを手掛かりに，鎌倉に幕府が置かれた頃，**武士による政治が始まっ**

たことを理解できるようにする。

アの(シ)は，技能に関わる事項である。

例えば，源平の戦いが行われた場所や鎌倉幕府が開かれた場所，守護や地頭の配置，元との戦いの様子を日本地図や世界地図などの資料で調べ，年表や白地図などにまとめることが考えられる。ここでは，地図などの資料で歴史上の出来事の位置や広がりなどを読み取る技能，調べたことを白地図や年表などに適切に整理する技能などを身に付けるようにすることが大切である。

イの(ｱ)は，「思考力，判断力，表現力等」に関わる事項である。

ここでは，社会的事象の見方・考え方を働かせ，例えば，源氏と平氏はどのような戦いをしたか，源頼朝(みなもとのよりとも)はどのような政治の仕組みを作ったかなどの問いを設けて，武士が台頭してきたことや源平の戦いの様子，鎌倉幕府の政治の仕組み，元との戦いについて調べ，これらの事象を関連付けたり総合したりして，この頃の世の中の様子を考え，文章で記述したり説明したりすることが考えられる。

実際の指導に当たっては，例えば，源平の戦いにおける源義経(みなもとのよしつね)の活躍の様子やエピソードを調べる学習，人物年表，エピソードから源頼朝(みなもとのよりとも)の業績について考える学習，元との戦いの様子から武士の戦いの様子を調べる学習などが考えられる。

ア　次のような知識及び技能を身に付けること。
　(ｵ)　京都の室町に幕府が置かれた頃の代表的な建造物や絵画を手掛かりに，今日の生活文化につながる室町文化が生まれたことを理解すること。
　(ｼ)　遺跡や文化財，地図や年表などの資料で調べ，まとめること。
イ　次のような思考力，判断力，表現力等を身に付けること。
　(ｱ)　世の中の様子，人物の働きや代表的な文化遺産などに着目して，我が国の歴史上の主な事象を捉え，我が国の歴史の展開を考えるとともに，歴史を学ぶ意味を考え，表現すること。

この内容は，京都の室町に幕府が置かれた頃の学習で身に付ける事項を示している。ここでは，代表的な建造物や絵画を取り上げる。

アは，「知識及び技能」に関わる事項である。

アの(ｵ)は，知識に関わる事項である。

京都の室町に幕府が置かれた頃の代表的な建造物については，足利義満(あしかがよしみつ)は金閣を，足利義政(あしかがよしまさ)は銀閣を，それぞれ建てたこと，それらは現在も保存されていること，銀閣の東求堂の書院造といわれる部屋のつくりには，ふすまや畳，違い棚などが作られていたこと，それらは現在の和風建築に生かされていることなどが分かることである。

京都の室町に幕府が置かれた頃の代表的な**絵画**については,雪舟により我が国の水墨画を代表する作品が生み出されたこと,それらの中には国宝に指定され現在も保存されているものがあること,水墨画は現在も人々に親しまれていることなどが分かることである。

　これらのことを手掛かりに,京都の室町に幕府が置かれた頃,**今日の生活文化につながる室町文化が生まれたことを理解**できるようにする。

　アの(シ)は,技能に関わる事項である。

　例えば,金閣や銀閣などの建造物を比較したり,雪舟によって描かれた水墨画の複数が国宝に指定されていることやそれらを鑑賞してその独自性やよさを調べたりして,まとめることが考えられる。ここでは,写真や絵画などの資料を比べたり結び付けたりして,文化に関する情報を適切に読み取る技能,調べたことをまとめる技能などを養うようにすることが大切である。

　イの(ア)は,「思考力,判断力,表現力等」に関わる事項である。

　ここでは,社会的事象の見方・考え方を働かせ,例えば,誰がつくった建造物か,誰が描いた絵画か,この頃の文化にはどのような特色があるか,今に受け継がれているものにどのようなものがあるかなどの問いを設けて,金閣や銀閣などの建造物や水墨画などの絵画や今に受け継がれる文化について調べ,これらの事象を関連付けたり総合したりして,この頃の文化の特色を考え,文章で記述したり説明したりすることが考えられる。

　実際の指導に当たっては,例えば,書院造の影響を受けている伝統的な家屋を観察して,この頃の文化に関心をもつようにすることなどが考えられる。また,この頃に生まれた能,茶の湯,生け花,盆踊りなども,今なお多くの人々に親しまれていることを関連的に取り上げることも考えられる。

ア　次のような知識及び技能を身に付けること。
　(カ)　キリスト教の伝来,織田・豊臣の天下統一を手掛かりに,戦国の世が統一されたことを理解すること。
　(シ)　遺跡や文化財,地図や年表などの資料で調べ,まとめること。
イ　次のような思考力,判断力,表現力等を身に付けること。
　(ア)　世の中の様子,人物の働きや代表的な文化遺産などに着目して,我が国の歴史上の主な事象を捉え,我が国の歴史の展開を考えるとともに,歴史を学ぶ意味を考え,表現すること。

　この内容は,戦国大名の群雄割拠の状態から,豊臣秀吉が全国統一をした頃までの学習で身に付ける事項を示している。ここでは,キリスト教の伝来,織田・豊臣

の天下統一の二つの事象を取り上げる。

アは,「知識及び技能」に関わる事項である。

アの(カ)は,知識に関わる事項である。

キリスト教の伝来については,ザビエルによってキリスト教が伝えられ我が国に広がったことなどが分かることである。

織田・豊臣の天下統一については,ポルトガル人によって日本に伝えられた鉄砲を多用するなどして織田信長が短い期間に領地を拡大したこと,豊臣秀吉が検地や刀狩などの政策を行ったことなどが分かることである。

これらのことを手掛かりに,群雄割拠の状態から**戦国の世が統一されたことを理解**できるようにする。

アの(シ)は,技能に関わる事項である。

例えば,キリスト教の伝来の様子を世界地図などの資料で調べたり,織田信長と豊臣秀吉の働きを比べたり結び付けたりして調べ,年表にまとめることが考えられる。ここでは,複数の人物の業績に関する情報を比べたり結び付けたりしながら読み取る技能,調べたことを年表などに適切に整理する技能を身に付けるようにすることが大切である。

イの(ア)は,「思考力,判断力,表現力等」に関わる事項である。

ここでは,社会的事象の見方・考え方を働かせ,例えば,当時の世の中はどのような様子だったか,織田信長や豊臣秀吉らはどのようにして力を伸ばしたか,どのような政策を進めたかなどの問いを設けて,ザビエルが日本にキリスト教を伝えたことや,織田信長が勢力を伸ばした様子,豊臣秀吉が検地や刀狩りなどの政策を進め天下を統一した様子について調べ,これらの事象を関連付けたり総合したりして,戦国の世の統一に果たした織田信長,豊臣秀吉の役割を考え,文章で記述したり説明したりすることが考えられる。

実際の指導に当たっては,例えば,戦い方を工夫しながら勢力を伸ばした織田信長による天下統一への様子を調べる学習,検地や刀狩の資料から豊臣秀吉の政策の意図を考える学習,取り上げた人物のエピソードから業績を考える学習などが考えられる。また,キリスト教の伝来などを扱う際に,地図などを用いて,我が国の歴史上の事象をより広い視野から捉えることができるよう配慮することが大切である。

ア　次のような知識及び技能を身に付けること。

(キ)　江戸幕府の始まり,参勤交代や鎖国などの幕府の政策,身分制を手掛かりに,武士による政治が安定したことを理解すること。

(シ)　遺跡や文化財,地図や年表などの資料で調べ,まとめること。

> イ　次のような思考力，判断力，表現力等を身に付けること。
> 　(ｱ)　世の中の様子，人物の働きや代表的な文化遺産などに着目して，我が国の歴史上の主な事象を捉え，我が国の歴史の展開を考えるとともに，歴史を学ぶ意味を考え，表現すること。

　この内容は，江戸幕府が政治を行った頃の学習で身に付ける事項を示している。ここでは，江戸幕府の始まり，参勤交代，鎖国などの幕府の政策，身分制の四つの事象を取り上げる。

　アは，「知識及び技能」に関わる事項である。

　アの(ｷ)は，知識に関わる事項である。

　江戸幕府の始まりについては徳川家康が関ヶ原の戦いに勝利を収め，その後，江戸幕府を開いたことが分かることである。

　参勤交代や鎖国などの幕府の政策については，大名を親藩，譜代，外様の三つに分けて全国に配置したこと，徳川家光の頃に参勤交代が制度として確立したこと，キリスト教の信仰を禁止し，貿易を統制し渡航を禁止するなど海外との交流を制限する政策を進めたことなどが分かることである。

　身分制については，武士を中心とする身分制が定着したことなどが分かることである。

　これらのことを手掛かりに，江戸幕府が政治を行った頃，**武士による政治が安定したことを理解**できるようにする。

　アの(ｼ)は，技能に関わる事項である。

　例えば，大名の配置や参勤交代の経路，出島などを通して交易があった国の名称と位置を日本地図や世界地図などの資料で調べ，まとめることが考えられる。ここでは，地図などの資料で歴史上の事象の位置や地域間のつながりなどを適切に読み取る技能，調べたことをまとめる技能などを身に付けるようにすることが大切である。

　イの(ｱ)は，「思考力，判断力，表現力等」に関わる事項である。

　ここでは，社会的事象の見方・考え方を働かせ，例えば，江戸幕府はどのように始まったか，幕府はどのように世の中を治めたかなどの問いを設けて，関ヶ原の戦い，江戸幕府の大名配置，参勤交代や鎖国などの幕府の政策，武士を中心とした身分制について調べ，これらの事象を関連付けたり総合したりして，江戸幕府の政策の意図や社会の様子を考え，文章で記述したり説明したりすることが考えられる。

　実際の指導に当たっては，例えば，徳川家康や徳川家光の人物年表，エピソードなどから，それらの人物の業績を考える学習，大名行列や出島，踏み絵などの資料を活用して江戸幕府の政策を調べる学習などが考えられる。

> ア　次のような知識及び技能を身に付けること。
> 　(ク)　歌舞伎や浮世絵，国学や蘭学を手掛かりに，町人の文化が栄え新しい学問がおこったことを理解すること。
> 　(シ)　遺跡や文化財，地図や年表などの資料で調べ，まとめること。
> イ　次のような思考力，判断力，表現力等を身に付けること。
> 　(ア)　世の中の様子，人物の働きや代表的な文化遺産などに着目して，我が国の歴史上の主な事象を捉え，我が国の歴史の展開を考えるとともに，歴史を学ぶ意味を考え，表現すること。

　この内容は，江戸幕府が政治を行った頃の学習で身に付ける事項を示している。ここでは，歌舞伎や浮世絵，国学や蘭学の二つの事象を取り上げる。

　アは，「知識及び技能」に関わる事項である。

　アの(ク)は，知識に関わる事項である。

　歌舞伎や浮世絵については，近松門左衛門などによって生み出された歌舞伎の作品が数多く演じられ，それを人々が楽しんで鑑賞していたことや，歌川広重などによって描かれた作品が人々に親しまれたことなどが分かることである。

　国学や蘭学については，本居宣長が我が国の古典を研究し，国学の発展に重要な役割を果たしたこと，杉田玄白らがオランダ語の医学書を翻訳して『解体新書』を著したこと，伊能忠敬が全国を測量して精密な日本地図を作ったことなどが分かることである。

　これらのことを手掛かりに，江戸幕府が政治を行った頃，**町人の文化が栄え新しい学問がおこったことを理解**できるようにする。

　アの(シ)は，技能に関わる事項である。

　例えば，歌舞伎や浮世絵の作品，『解体新書』や日本地図などの学問の成果などを資料で調べ，それらをまとめることが考えられる。ここでは，当時の作品などの資料から文化や学問に関する情報を適切に読み取る技能，調べたことをまとめる技能などを身に付けるようにすることが大切である。

　イの(ア)は，「思考力，判断力，表現力等」に関わる事項である。

　ここでは，社会的事象の見方・考え方を働かせ，例えば，歌舞伎や浮世絵はどのような人々に親しまれていたか，国学や蘭学はどのような学問だったのか，どのようにして作り上げたのかなどの問いを設けて，歌舞伎や浮世絵が町人の間に広がったことや国学や蘭学がおこったことを調べ，これらの事象を関連付けたり総合したりして，この頃に栄えた町人の文化や新しい学問を生み出した人物の業績を考え，文章で記述したり説明したりすることが考えられる。

　実際の指導に当たっては，例えば，歌舞伎や浮世絵を楽しむ人々の様子から，そ

れらが町人の間に広がったことを調べたり，室町文化と比較してそれらの特色を考えたりする学習，本居宣長（もとおりのりなが），杉田玄白（すぎたげんぱく），伊能忠敬（いのうただたか）の業績が果たした役割などを考える学習などが考えられる。

> ア　次のような知識及び技能を身に付けること。
> 　(ケ)　黒船の来航，廃藩置県や四民平等などの改革，文明開化などを手掛かりに，我が国が明治維新を機に欧米の文化を取り入れつつ近代化を進めたことを理解すること。
> 　(シ)　遺跡や文化財，地図や年表などの資料で調べ，まとめること。
> イ　次のような思考力，判断力，表現力等を身に付けること。
> 　(ア)　世の中の様子，人物の働きや代表的な文化遺産などに着目して，我が国の歴史上の主な事象を捉え，我が国の歴史の展開を考えるとともに，歴史を学ぶ意味を考え，表現すること。

　この内容は，幕末から明治の初めの頃の学習で身に付ける事項を示している。ここでは，黒船の来航，廃藩置県や四民平等などの改革，文明開化などの事象を取り上げる。

　アは，「知識及び技能」に関わる事項である。

　アの(ケ)は，知識に関わる事項である。

　黒船の来航については，ペリーが率いる米国艦隊の来航をきっかけに我が国が開国したことや江戸幕府の政権返上に伴い勝海舟（かつかいしゅう）と西郷隆盛（さいごうたかもり）の話し合いにより江戸城の明け渡しが行われたことなどが分かることである。

　廃藩置県や四民平等などの改革については，西郷隆盛（さいごうたかもり），大久保利通（おおくぼとしみち），木戸孝允（きどたかよし）らの働きによって明治天皇を中心とした新政府がつくられたこと，明治天皇の名による五箇条の御誓文が発布され新政府の方針が示されたこと，明治政府が行った廃藩置県や四民平等などの諸改革によって近代国家としての政治や社会の新たな仕組みが整ったことなどが分かることである。

　文明開化については，福沢諭吉（ふくざわゆきち）が欧米の思想を紹介するなど欧米の文化が広く取り入れられたことにより人々の生活が大きく変化したことが分かることである。

　これらのことを手掛かりに，幕末から明治の初めの頃，**我が国が明治維新を機に欧米の文化を取り入れつつ近代化を進めたことを理解**できるようにする。

　アの(シ)は，技能に関わる事項である。

　例えば，黒船の来航の様子や明治政府の諸改革などを写真，絵画，世界地図などの資料で調べたり，明治政府に関わる人物などの業績と主な出来事などの関係を年表や図表などにまとめたりすることなどが考えられる。ここでは，写真や絵画など

の資料から世の中の様子や人物の業績に関する情報を適切に読み取る技能,調べたことを年表や図表などに適切に整理する技能などを身に付けるようにすることが大切である。

イの(ア)は,「思考力,判断力,表現力等」に関わる事項である。

ここでは,社会的事象の見方・考え方を働かせ,例えば,どのような背景から黒船が来航したか,黒船の来航を当時の人々はどのように受け止めたか,開国によって人々の生活はどのように変わったか,新政府をつくるために誰がどのように活躍したかなどの問いを設けて,当時の欧米諸国はアジア進出を進めたこと,黒船の来航後に近代化が進み欧米の文化が取り入れられたこと,明治政府は廃藩置県や四民平等など諸改革を行ったことについて調べ,これらの事象を関連付けたり総合したりして,この頃の政治の仕組みや世の中の様子の変化を考え,文章で記述したり説明したりすることが考えられる。

実際の指導に当たっては,例えば,ペリーの肖像画や黒船来航の絵画などから江戸幕府や当時の人々への影響を考える学習,西郷隆盛,大久保利通,木戸孝允などの人物のエピソードや資料などを基に明治政府の諸改革について調べる学習,『学問のすゝめ』を手掛かりとして福沢諭吉が欧米から新しい文化や考え方を取り入れたことを調べる学習などが考えられる。

ア　次のような知識及び技能を身に付けること。
　(コ)　大日本帝国憲法の発布,日清・日露の戦争,条約改正,科学の発展などを手掛かりに,我が国の国力が充実し国際的地位が向上したことを理解すること。
　(シ)　遺跡や文化財,地図や年表などの資料で調べ,まとめること。
イ　次のような思考力,判断力,表現力等を身に付けること。
　(ア)　世の中の様子,人物の働きや代表的な文化遺産などに着目して,我が国の歴史上の主な事象を捉え,我が国の歴史の展開を考えるとともに,歴史を学ぶ意味を考え,表現すること。

この内容は,明治中・後期から大正期までの学習で身に付ける事項を示している。ここでは,大日本帝国憲法の発布,日清・日露の戦争,条約改正,科学の発展などの事象を取り上げる。

アは,「知識及び技能」に関わる事項である。

アの(コ)は,知識に関わる事項である。

大日本帝国憲法の発布については,国会の開設に備えて板垣退助や大隈重信が政党をつくったこと,伊藤博文が憲法制定に重要な役割を果たしたこと,明治政府が

発足後20年ほどで憲法を制定したことなどが分かることである。

日清・日露の戦争については，日清戦争の講和条約の締結で陸奥宗光が大きな働きをしたこと，日露戦争において東郷平八郎が活躍したこと，講和条約の締結において小村寿太郎が大きな働きをしたこと，そして，我が国が厳しい国際社会の環境に置かれた状況において，これらの戦争に勝利を収め，講和条約を結ぶことによって，国の安全を確保することができたことなどが分かることである。その際，これらの戦争では，戦場となった朝鮮半島及び中国において大きな損害を与えたことに触れることが大切である。

条約改正については，幕末に欧米諸国との間で結ばれた不平等な条約を対等なものに改める交渉において，外務大臣であった陸奥宗光や小村寿太郎が大きな働きをし，条約改正に成功したことなどが分かることである。

科学の発展については，野口英世が黄熱病について世界的に注目された研究を行ったことなどが分かることである。

これらのことを手掛かりに，**我が国の国力が充実し国際的地位が向上したことを理解**できるようにする。

アの(シ)は，技能に関わる事項である。

例えば，明治政府に関わる人物の業績や当時の人々の生活の様子，当時の国際関係などを写真や絵画，世界地図などの資料で調べて，年表などにまとめることが考えられる。ここでは，写真や絵画などの資料から世の中の様子や人物の業績などに関する情報を適切に読み取る技能，調べたことを年表や図表などに適切に整理する技能などを身に付けるようにすることが大切である。

イの(ア)は，「思考力，判断力，表現力等」に関わる事項である。

ここでは，社会的事象の見方・考え方を働かせ，例えば，どのようにして国力を充実させたか，どのような人物が活躍したかなどの問いを設けて，自由民権運動の進展，大日本帝国憲法の発布や帝国議会の開設，日清・日露の戦争や不平等な条約の改正の経過，科学の分野で優れた業績を上げた人物について調べ，これらの事象を関連付けたり総合したりして，明治政府の意図や世の中の様子の変化を考え，文章で記述したり説明したりすることが考えられる。

実際の指導に当たっては，例えば，伊藤博文が中心となって行った大日本帝国憲法の制定のための取組を調べる学習，日清・日露の戦争や条約改正に関わる主な出来事を年表に整理する学習，陸奥宗光や小村寿太郎の外交努力について調べる学習などが考えられる。

> ア　次のような知識及び技能を身に付けること。
> 　(サ)　日中戦争や我が国に関わる第二次世界大戦，日本国憲法の制定，オリン

　　　　ピック・パラリンピックの開催などを手掛かりに，戦後我が国は民主的な国家として出発し，国民生活が向上し，国際社会の中で重要な役割を果たしてきたことを理解すること。
　　(シ)　遺跡や文化財，地図や年表などの資料で調べ，まとめること。
　イ　次のような思考力，判断力，表現力等を身に付けること。
　　(ア)　世の中の様子，人物の働きや代表的な文化遺産などに着目して，我が国の歴史上の主な事象を捉え，我が国の歴史の展開を考えるとともに，歴史を学ぶ意味を考え，表現すること。

　この内容は，おおむね昭和の時期の学習で身に付ける事項を示している。ここでは，日中戦争や我が国に関わる第二次世界大戦，日本国憲法の制定，オリンピック・パラリンピックの開催などの事象を取り上げる。
　アは，「知識及び技能」に関わる事項である。
　アの(サ)は，知識に関わる事項である。
　日中戦争や我が国に関わる第二次世界大戦については，我が国と中国との戦いが全面化したことや，我が国が戦時体制に移行したこと，我が国がアジア・太平洋地域において連合国と戦って敗れたこと，国内各地への空襲，沖縄戦，広島・長崎への原子爆弾の投下など，国民が大きな被害を受けたことが分かることである。また，これらの戦争において，我が国が多くの国々，とりわけアジア諸国の人々に対して多大な損害を与えたことについても触れることが大切である。
　日本国憲法の制定については，戦後，平和で民主的な憲法が制定され，我が国が民主的な国家として出発したことなどが分かることである。なお，ここでは，内容の(1)のアの日本国憲法に関する学習と関連付けながら，日本国憲法制定の意義について理解を深めるよう指導するようにする。
　オリンピック・パラリンピックの開催については，我が国が国際社会に復帰し，工業が発展し電化製品が普及したことなどにより国民生活が向上したこと，スポーツの祭典としてアジアで初めて東京でオリンピック大会が開催され，その後も我が国でオリンピック・パラリンピックの大会が開催されたこと，そうした中で我が国は国際社会において重要な役割を果たしてきたことなどが分かることである。なお，1964年には東京オリンピックに続き，第2回パラリンピックが東京で開催されたことにも触れ，戦後，我が国はスポーツを通した世界平和の実現に貢献してきたことに気付くようにすることも大切である。
　これらのことを手掛かりに，**戦後我が国は民主的な国家として出発し，国民生活が向上し，国際社会の中で重要な役割を果たしてきたことを理解**できるようにする。その際，(ア)から(サ)までに示されている事項を通して歴史学習全体を振り返り，我が

国が歩んできた大まかな歴史や，関連する先人の業績や優れた文化遺産についての理解を深めるようにすることも考えられる。

アの(シ)は，技能に関わる事項である。

例えば，当時の国民生活の様子を知る人への聞き取り調査や，戦争の広がりを世界地図や写真などの資料で調べ，年表などにまとめることが考えられる。ここでは，聞き取り調査で必要な情報を集める技能，地図や年表などの資料から事象の広がりや経過などを適切に読み取る技能，調べたことを年表や図表などに適切に整理する技能などを身に付けるようにすることが大切である。

イの(ア)は，「思考力，判断力，表現力等」に関わる事項である。

ここでは，社会的事象の見方・考え方を働かせ，例えば，戦争はどのように広がったか，人々の暮らしはどのように変わったか，世界との関わりはどのように変わったかなどの問いを設けて，日中戦争や我が国に関わる第二次世界大戦の広がりの様子，戦争の長期化や戦線の拡大に伴う国民生活への影響，各地への空襲，沖縄戦，広島・長崎への原子爆弾の投下などにより国民が受けた大きな被害，日本国憲法の制定，オリンピック・パラリンピックの開催などについて調べ，これらの事象を関連付けたり総合したりして，我が国の政治や国民生活が大きく変わったことや，我が国が国際社会において果たしてきた役割を考え，文章で記述したり説明したりすることが考えられる。

実際の指導に当たっては，例えば，学校図書館や公共図書館，博物館や資料館などを利用したり，地域の高齢者に当時の話を聞いたりする活動を取り入れ，児童が自ら資料を活用したり調査したりする学習が考えられる。

(内容の取扱い)

> (2) 内容の(2)については，次のとおり取り扱うものとする。
> ア アの(ア)から(ケ)までについては，児童の興味・関心を重視し，取り上げる人物や文化遺産の重点の置き方に工夫を加えるなど，精選して具体的に理解できるようにすること。その際，アの(サ)の指導に当たっては，児童の発達の段階を考慮すること。
> イ アの(ア)から(サ)までについては，例えば，国宝，重要文化財に指定されているものや，世界文化遺産に登録されているものなどを取り上げ，我が国の代表的な文化遺産を通して学習できるよう配慮すること。
> ウ アの(ア)から(コ)までについては，例えば，次に掲げる人物を取り上げ，人物の働きを通して学習できるよう指導すること。
> 卑弥呼，聖徳太子，小野妹子，中大兄皇子，中臣鎌足，聖武天皇，行基，

鑑真，藤原道長，紫式部，清少納言，平清盛，源頼朝，源義経，
北条時宗，足利義満，足利義政，雪舟，ザビエル，織田信長，豊臣秀吉，
徳川家康，徳川家光，近松門左衛門，歌川広重，本居宣長，
杉田玄白，伊能忠敬，ペリー，勝海舟，西郷隆盛，大久保利通，木戸孝允，
明治天皇，福沢諭吉，大隈重信，板垣退助，伊藤博文，陸奥宗光，
東郷平八郎，小村寿太郎，野口英世

エ　アの(ア)の「神話・伝承」については，古事記，日本書紀，風土記などの中から適切なものを取り上げること。

オ　アの(イ)から(サ)までについては，当時の世界との関わりにも目を向け，我が国の歴史を広い視野から捉えられるよう配慮すること。

カ　アの(シ)については，年表や絵画など資料の特性に留意した読み取り方についても指導すること。

キ　イの(ア)については，歴史学習全体を通して，我が国は長い歴史をもち伝統や文化を育んできたこと，我が国の歴史は政治の中心地や世の中の様子などによって幾つかの時期に分けられることに気付くようにするとともに，現在の自分たちの生活と過去の出来事との関わりを考えたり，過去の出来事を基に現在及び将来の発展を考えたりするなど，歴史を学ぶ意味を考えるようにすること。

　内容の取扱いの(2)のアは，小学校の歴史学習における配慮事項を示したものである。小学校の歴史学習は，人物の働きや代表的な文化遺産を中心として学習することとしている。児童にとっては我が国の歴史を初めて学習することから，児童の興味・関心を踏まえて，取り上げる人物や文化遺産を精選する必要がある。また，小学校の歴史学習においては，歴史上の主な出来事や年号などを覚えることだけでなく，我が国の歴史に対する興味・関心をもち，歴史を学ぶ楽しさを味わわせるとともに，歴史を学ぶことの大切さに気付くようにする必要がある。

　指導計画を作成する際には，例えば，(ア)から(サ)までに示された歴史上の事象の中で重点的に扱うものと関連的に扱うものを明確にして授業時間の掛け方に軽重を付けるなど，歴史上の主な事象の取り上げ方を工夫し，小学校の歴史学習に関する目標や内容が一層効果的に実現できるようにすることが大切である。

　実際の指導に当たっては，内容の(2)の(ア)から(サ)までに示された歴史上の主な事象に対応する人物の働きや代表的な文化遺産を取り上げるとともに，重点的に扱う歴史的事象やそれに対応する人物などについては，資料の数や扱う授業時間数に軽重を付けるなど，指導の重点の置き方に工夫を加え，人物の働きを具体的に理解できるようにする。その際，児童の発達の段階を踏まえた教材，資料の内容や提示の

仕方などを工夫し，学習活動を具体的に展開する必要がある。また，内容の(2)の(サ)については，その後の中学校以降の歴史学習との関連を図り，児童の発達の段階を踏まえて指導するように配慮する必要がある。

内容の取扱いの(2)のイは，代表的な文化遺産を通して歴史学習を進める上で，内容の(2)の(ア)から(サ)に示した歴史上の主な事象に関連して，取り上げる文化遺産の範囲を例示したものである。

「重要文化財」とは，国内の建造物，美術工芸品等の文化財の中から国によって指定されたものであり，「国宝」とは，重要文化財のうち，学術的に価値が極めて高く，かつ代表的なものとして指定されたものである。「世界文化遺産」とは，ユネスコによって世界遺産リストに登録された遺跡や景観，自然などの世界遺産のうち，我が国に所在する建築物や遺跡などの文化遺産を指している。また，地域の歴史的魅力や特色を通じて我が国の文化・伝統を語り継ぐことを目的として文化庁が認定している「日本遺産」を取り上げることも考えられる。

ここでは歴史上の主な事象と関連の深い国宝，重要文化財，世界文化遺産などの中から適切なものを取り上げ，我が国の代表的な文化遺産を通して学習が具体的に展開できるよう配慮する必要がある。なお，地域の実態を生かし，歴史上の主な事象に対する関心や理解を深める観点から，自分たちの住む県や市によって指定されている文化財などを取り上げることも一つの方法である。

実際の指導においては，取り上げた文化遺産を通して，それらが我が国の先人の工夫や努力によって生み出されたものであることや，自分たちの祖先によって現在まで大切に受け継がれてきたこと，それらは我が国の伝統や文化の特色や現在の自分たちの生活や文化の源流などを考える上で欠かすことのできない高い価値をもっていることを具体的に理解できるようにするとともに，我が国の伝統や文化を大切にしようとする態度を育てるようにすることが大切である。

内容の取扱いの(2)のウは，人物の働きを中心とした学習を進める上で，内容の(2)の(ア)から(コ)に示した歴史上の主な事象との関連を考慮して，取り上げる人物を例示したものである。

具体的には，歴史学習の(ア)から(コ)までの10項目に示した歴史的事象に関連して，国家及び社会の発展に大きな働きをした代表的な人物を，政治，文化などの分野から取り上げて，合計42名を例示している。

実際の指導においては，これらの人物を取り上げ，その働きを通して指導を行うことが適切であると考えられる。しかし，これらは例示として示しているものであり，指導のねらいを実現できるのであれば，例示した人物に代えて，他の人物を取り上げることも可能である。その際には，内容の取扱いの(2)のアに示された精選の趣旨を踏まえるよう配慮する必要がある。

内容の取扱いの(2)のエは，内容の(2)の(ア)において，「神話・伝承」について指導する際の出典の範囲及びそれの取り上げ方を示したものである。

ここで取り上げる「神話・伝承」については，「古事記，日本書紀，風土記など」の中から，国の形成に関する考えを学習する上で適切なものを取り上げることを示している。

古事記，日本書紀，風土記などには，国が形成されていく過程に関する考え方をくみ取ることのできる，高天原(たかまのはら)神話，天孫降臨，出雲国譲り，神武天皇の東征の物語，九州の豪族や関東などを平定した日本武尊(やまとたけるのみこと)の物語などが記述されている。

ここでの指導に当たっては，これらの神話・伝承の中から児童が興味や関心をもつことのできるものを取り上げ，国の形成に関する当時の人々の考え方などに関心をもつように指導することが大切である。

内容の取扱いの(2)のオは，世界の国々との関わりが深い歴史上の主な事象について調べる際の指導の配慮事項を示したものである。例えば，イの(イ)の「大陸文化の摂取」，イの(エ)の「元との戦い」，イの(カ)の「キリスト教の伝来」，イの(ケ)の「黒船の来航」，イの(コ)の「日清(にっしん)・日露の戦争」，イの(サ)の「日中戦争や我が国に関わる第二次世界大戦」を取り上げる際には，当時の世界の動きが大まかに分かる地図などの資料を用いるようにすることが考えられる。

内容の取扱いの(2)のカは，歴史上の事象について調べまとめる技能を身に付ける際の配慮事項を示したものである。年表については，出来事が生じた時期や歴史の展開を捉える上で手掛かりとなる資料であることを指導するとともに，その読み方を確実に身に付けるようにすることが大切である。また，絵画などの資料については，資料の特性に留意して調べることができるようにすることが大切である。例えば，遺跡や遺物については，当時の人々の生活の様子を探る上で参考になる資料であること，絵画については，当時または後の時代に作成者が意図をもって描いた資料であり，事象について考える手掛かりになる資料であることなど，各々の資料の特性に留意させることなどが大切である。

内容の取扱いの(2)のキは，小学校の歴史学習全体を通して配慮すべき事項を示したものである。指導に当たっては，アの(ア)から(サ)までに示されている事項の全てを通して，我が国が歩んできた大まかな歴史を理解できるようにする。その際，我が国は遠い祖先からの長い歴史をもち，その間，私たちの祖先は世界に誇ることのできる，日本固有の伝統や文化を育んできたこと，また，我が国の歴史について，狩猟・採集や農耕の生活，大和朝廷（大和政権）による統一以降，政治の中心地や世の中の様子などに着目すると幾つかの時期に区分することができることに気付くようにすることが大切である。

また，取り上げる歴史上の事象と人物の働きや代表的な文化遺産を関連させ，我

が国の伝統や文化が長い歴史を経て築かれてきたものであること，そうした遠い祖先の生活や，人々の工夫や努力が今日の自分たちの生活と深く関わっていることに気付くことができるようにすることが大切である。なお，その際，「アイヌ民族を先住民族とすることを求める決議」（平成20年6月6日衆・参議院本会議），「アイヌ文化の復興等を促進するための民族共生象徴空間の整備及び管理運営に関する基本方針について」（平成26年6月13日閣議決定（平成29年6月27日一部変更））を踏まえ，現在の北海道などの地域における先住民族であるアイヌの人々には独自の伝統や文化があることに触れるようにする。また，現在の沖縄県には琉球の伝統や文化があることにも触れるようにする。それらの伝統や文化は長い歴史の中で育まれてきたことに気付くようにする。

　さらに，自然災害からの復興，少子高齢化の問題，環境問題，日本人拉致問題，領土問題など，国内外に残されている課題等にも触れ，これからの国際社会における我が国の在り方について考えるようにすることも大切である。

　こうした学習を通して，我が国の歴史を学ぶ意味を考えるとともに，歴史に対する理解を深め，興味・関心を高めるようにする。

---

(3)　グローバル化する世界と日本の役割について，学習の問題を追究・解決する活動を通して，次の事項を身に付けることができるよう指導する。

ア　次のような知識及び技能を身に付けること。

(ｱ)　我が国と経済や文化などの面でつながりが深い国の人々の生活は，多様であることを理解するとともに，スポーツや文化などを通して他国と交流し，異なる文化や習慣を尊重し合うことが大切であることを理解すること。

(ｲ)　我が国は，平和な世界の実現のために国際連合の一員として重要な役割を果たしたり，諸外国の発展のために援助や協力を行ったりしていることを理解すること。

(ｳ)　地図帳や地球儀，各種の資料で調べ，まとめること。

イ　次のような思考力，判断力，表現力等を身に付けること。

(ｱ)　外国の人々の生活の様子などに着目して，日本の文化や習慣との違いを捉え，国際交流の果たす役割を考え，表現すること。

(ｲ)　地球規模で発生している課題の解決に向けた連携・協力などに着目して，国際連合の働きや我が国の国際協力の様子を捉え，国際社会において我が国が果たしている役割を考え，表現すること。

　この内容は，主として「現代社会の仕組みや働きと人々の生活」に区分されるも

のであり，グローバル化する世界と日本の役割についての学習で身に付ける事項を示している。グローバル化する世界と日本の役割とは，世界の国の人々と相互に理解を深め合い，平和な国際社会の実現を目指して，我が国がグローバル化する国際社会の中で果たしている重要な役割を指している。

そのためこの内容は，我が国とつながりの深い国の人々の生活に関する内容と国際連合の働きや我が国の国際協力に関する内容から構成されている。我が国とつながりの深い国の人々の生活に関する内容については，アの(ｱ)及び(ｳ)とイの(ｱ)を関連付けて指導する。例えば，**外国の人々の生活の様子などに着目して，地図帳や地球儀，各種の資料で調べ，まとめ，日本の文化や習慣との違いを捉え，国際交流の果たす役割を考え，表現すること**を通して，**我が国と経済や文化などの面でつながりが深い国の人々の生活は多様であることを理解するとともに，スポーツや文化などを通して他国と交流し，異なる文化や習慣を尊重し合うことが大切であることを理解**できるようにすることである。

また，国際連合の働きや我が国の国際協力に関する内容については，アの(ｲ)及び(ｳ)とイの(ｲ)を関連付けて指導する。例えば，**地球規模で発生している課題や世界の国々が抱えている課題，それらの解決に向けた連携・協力などに着目して，地図帳や地球儀，各種の資料で調べ，まとめ，国際連合の働きや我が国の国際協力の様子を捉え，国際社会において我が国が果たしている役割を考え，表現すること**を通して，**我が国は，平和な世界の実現のために国際連合の一員として重要な役割を果たしたり，諸外国の発展のために援助や協力を行ったりしていることを理解**できるようにすることである。

アは，「知識及び技能」に関わる事項である。

アの(ｱ)及び(ｲ)は，知識に関わる事項である。

アの(ｱ)の**我が国と経済や文化などの面でつながりが深い国の人々の生活は多様であることを理解する**こととは，外国の文化や習慣を背景とした人々の生活の様子には違いがあること，その違いがその国の文化や習慣を特徴付けていることなどを基に，世界の人々の生活は多様であることについて理解することである。

また，**スポーツや文化などを通して他国と交流し，異なる文化や習慣を尊重し合うことが大切であることを理解すること**とは，オリンピック・パラリンピックをはじめとした国際的なスポーツ交流，様々な文化を通した国際交流が行われていることなどを基に，異なる文化や習慣を尊重し合うことの大切さについて理解することである。

アの(ｲ)の**我が国は，平和な世界の実現のために国際連合の一員として重要な役割を果たしたり，諸外国の発展のために援助や協力を行ったりしていることを理解すること**とは，国際連合は，平和な国際社会の実現のための大きな役割を果たしてい

ること,我が国は,国際連合の一員としてユニセフやユネスコの活動に協力していることなど,平和な国際社会の実現のために大きな役割を果たしていることや,我が国が教育や医学,農業などの分野で諸外国の発展に貢献していること,今後も国際社会の平和と発展のために果たさなければならない責任と義務があることなどを基に,グローバル化する国際社会における我が国の役割について理解することである。

アの(ウ)は,技能に関わる事項である。

地図帳や地球儀,各種の資料で調べ,まとめることとは,グローバル化する世界と日本の役割について,地図帳や地球儀を用いて,取り上げる国や地域の名称と位置などを調べたり,学校図書館や公共図書館,コンピュータなどの活用,留学生や地域に住む外国人,国際交流活動や国際協力活動に参加した人などへの聞き取り調査などにより,外国の人々の生活の様子を調べたりして,まとめることである。ここでは,地図帳や地球儀を用いて,国や地域の位置,日本との位置関係などを適切に読み取る技能,調べたことを適切にまとめる技能を身に付けるようにすることが大切である。

イは,「思考力,判断力,表現力等」に関わる事項である。

イの(ア)の**外国の人々の生活の様子などに着目して,日本の文化や習慣との違いを捉え,国際交流の果たす役割を考え,表現すること**とは,社会的事象の見方・考え方を働かせ,日本の文化や習慣との違いについて,例えば,その国の人々の生活や文化にはどのような特色があるか,その国の人々の生活にはどのような習慣が見られるかなどの問いを設けて調べたり,互いの国の文化や習慣を理解し合うための国際交流の役割を考えたりして,調べたことや考えたことを表現することである。

外国の人々の生活の様子に着目するとは,貿易や経済協力などの面,歴史や文化,スポーツの交流などの面でつながりが深い国の人々の衣服や料理,食事の習慣,住居,挨拶の仕方やマナー,子供たちの遊びや学校生活,気候や地形の特色に合わせたくらしの様子,娯楽,国民に親しまれている行事などの生活の様子について調べることである。これらの学習を通して異なる文化や習慣を理解し関心を深めるようにすることは,外国の人々の物事の捉え方や考え方を理解し,尊重することにつながるものである。このようにして調べたことを手掛かりに,**日本の文化や習慣との違い**を捉えることができるようにする。

国際交流の果たす役割を考え,表現することとは,例えば,世界の国々の文化や習慣は多様であることとスポーツや文化などを通して他国と交流することを関連付けて,異なる文化を相互に理解するために果たしている国際交流の役割を考え,レポートなどにまとめたり,根拠や理由を明確にして議論したりすることである。

イの(イ)の**地球規模で発生している課題の解決に向けた連携・協力などに着目して,**

国際連合の働きや我が国の国際協力の様子を捉え，国際社会において我が国が果たしている役割を考え，表現することとは，社会的事象の見方・考え方を働かせ，国際連合の働きや我が国の国際協力の様子について，例えば，世界ではどのような課題が発生しているか，国際連合や我が国は課題を解決するためにどのような連携や協力を行っているかなどの問いを設けて調べたり，地球規模で発生している課題とその解決のための連携や協力の様子を関連付けて，我が国が果たしている役割を考えたりして，調べたことや考えたことを表現することである。

地球規模で発生している課題の解決に向けた連携・協力に着目するとは，紛争，環境破壊，飢餓，貧困，自然災害，人権など国境を越えた課題，その解決のための国際連合の働きや我が国の国際協力の様子について調べることである。その際，国際紛争を避ける努力や国と国との安全保障の大切さにも触れるようにする。このようにして調べたことを手掛かりに，**国際連合の働きや我が国の国際協力の様子**を捉えることができるようにする。

国際社会において我が国が果たしている役割を考え，表現することとは，例えば，地球規模で発生している課題の解決策と我が国の国際協力の様子を関連付けて，我が国が国際社会において果たしている役割を考え，文章で記述したり，根拠や理由を明確にして議論したりすることである。

実際の指導に当たっては，学習が具体的に展開できるよう，外国語科の学習などとの関連を図り，そこで出会った外国人を招いて話を聞く活動や，地域に住む留学生や外国で生まれ育った人などとの交流，青年海外協力隊の元隊員などから話を聞く活動などが考えられる。また，外国の人々の生活の様子については，児童が調べた国について，相互に交流し合う活動を取り入れたり，取り上げた国々と日本との国際交流の様子などを取り上げたりして，文化や習慣が多様であることや人間としての願いが共通であることなどを考える学習などが考えられる。

（内容の取扱い）

> (3) 内容の(3)については，次のとおり取り扱うものとする。
> ア アについては，我が国の国旗と国歌の意義を理解し，これを尊重する態度を養うとともに，諸外国の国旗と国歌も同様に尊重する態度を養うよう配慮すること。
> イ アの(ｱ)については，我が国とつながりが深い国から数か国を取り上げること。その際，児童が１か国を選択して調べるよう配慮すること。
> ウ アの(ｱ)については，我が国や諸外国の伝統や文化を尊重しようとする態度を養うよう配慮すること。

> エ イについては，世界の人々と共に生きていくために大切なことや，今後，我が国が国際社会において果たすべき役割などを多角的に考えたり選択・判断したりできるよう配慮すること。
> オ イの(イ)については，網羅的，抽象的な扱いを避けるため，「国際連合の働き」については，ユニセフやユネスコの身近な活動を取り上げること。また，「我が国の国際協力の様子」については，教育，医療，農業などの分野で世界に貢献している事例の中から選択して取り上げること。

内容の取扱いの(3)のアは，内容の(3)のアの(ア)及び(イ)における国旗と国歌の指導について，それを取り扱う際の配慮事項を示したものである。

内容の(3)のアの(ア)の世界の国の人々の生活，アの(イ)の国際連合や我が国の国際協力に関わる学習においては，国旗と国歌について関連して指導するようにする。

国旗と国歌の指導については，国際社会においては，国旗と国歌が重んじられていることに気付かせるとともに，我が国の国旗と国歌の意義を理解させ，これを尊重する態度を養うことが大切である。また，諸外国の国旗と国歌についても同様にこれを尊重する態度を養い，国際社会に生きる日本人としての自覚と資質を育成することが大切である。

国旗と国歌の意義については，第3学年及び第4学年，第5学年における国旗に関わる指導の上に立って，次のような事柄について理解できるようにする必要がある。

① 国旗と国歌はいずれの国ももっていること。
② 国旗と国歌はいずれの国でもその国の象徴として大切にされており，互いに尊重し合うことが必要であること。
③ 我が国の国旗と国歌は，それぞれの歴史を背景に，長年の慣行により，「日章旗」が国旗であり，「君が代」が国歌であることが広く国民の認識として定着していることを踏まえて，法律によって定められていること。
④ 我が国の国歌「君が代」は，日本国憲法の下においては，日本国民の総意に基づき天皇を日本国及び日本国民統合の象徴とする我が国の末永い繁栄と平和を祈念した歌であること。

また，国歌「君が代」については，音楽科における指導との関連を重視するとともに，入学式や卒業式などにおける国旗や国歌の指導などとも関連付けながら指導することが大切である。

内容の取扱いの(3)のイは，内容(3)のアの(ア)について指導する際の配慮事項について示したものである。

ここでは，我が国と経済や文化などの面でつながりの深い国から，教師が3か国

程度を取り上げ，その中から児童一人一人が自らの興味・関心や問題意識に基づいて１か国を選択して主体的に調べることができるようにすること，それぞれの児童が選択して調べた国の人々の生活の違いなどから，文化や習慣には多様性が見られることについて具体的に考え理解できるように配慮することが大切である。その際，取り上げる国が特定の地域に偏らないように配慮することが大切である。また，児童が選んだ国によって調べる資料の量などに大きな違いが生じることのないよう，個に応じた適切な指導を心掛けるようにする。

　内容の取扱いの(3)のウは，内容(3)のアの(ｱ)について指導する際の配慮事項について示したものである。

　ここでは，それぞれの児童が選択して調べた国の人々の生活などについて互いに発表し，考えたことを話し合う学習活動を位置付けることなどにより，外国の人々の生活や文化の違いに触れ，その違いを理解し尊重することが，外国の人々と共に生きる上で大切であることを考えることができるようにする。その際，これまでの学習で身に付けた自国に対する理解との関連を図りながら，多様な文化を適切に理解できるように配慮する必要がある。その上で，我が国や諸外国の伝統や文化を尊重しようとする態度を養うようにすることが大切である。

　内容の取扱いの(3)のエは，内容のイについて指導する際の配慮事項について示したものである。

　ここでは，世界の国の人々の生活，国際連合や我が国の国際協力について学習したことを基に，グローバル化する国際社会において，今後，我が国が果たすべき役割，義務や責任について，過去の戦争や原爆による人類最初の災禍を経験した我が国の立場，国際的な協力や援助を必要としている国や地域の人々などの立場，国際連合など国際的な機関の立場などから多角的に考えたり，世界の人々と共に生きていくために大切なことについて，自分たちにできることを考えたり選択・判断したりして，世界の平和に向けた自分の考えをまとめるようにすることが大切である。

　内容の取扱いの(3)のオは，内容の(3)のイの(ｲ)について指導する際の配慮事項について示したものである。

　「国際連合の働き」について指導する際には，児童にとって身近なユニセフやユネスコの活動を取り上げて具体的に調べることができるよう配慮する必要がある。

　「我が国の国際協力の様子」については，教育，医学，農業など様々な分野で技術者を海外に派遣したり，国内に海外からの研修生を受け入れたりしている事例を取り上げることが考えられる。それらを具体的に調べることを通して，国際社会における我が国の役割を具体的に考えるようにする。

　こうした学習を通して，過去の戦争や原爆による人類最初の災禍などの経験を生かし，国際社会の平和と発展のために，我が国や日本人が今後果たさなければなら

ない責任と義務があることに気付くようにするとともに、世界平和の大切さと我が国が世界において重要な役割を果たしていることを考えることができるようにすることが大切である。

　第6学年においては、内容の(1)から(3)までを通して、社会的事象について、学習問題を主体的に解決しようとする態度や、よりよい社会を考え学習したことを社会生活に生かそうとする態度を養うとともに、多角的な思考や理解を通して、我が国の歴史や伝統を大切にして国を愛する心情、我が国の将来を担う国民としての自覚や平和を願う日本人として世界の国々の人々と共に生きることの大切さについての自覚を養うようにすることが大切である。

第4章　指導計画の作成と内容の取扱い

● 1　指導計画作成上の配慮事項

> (1) 単元など内容や時間のまとまりを見通して，その中で育む資質・能力の育成に向けて，児童の主体的・対話的で深い学びの実現を図るようにすること。その際，問題解決への見通しをもつこと，社会的事象の見方・考え方を働かせ，事象の特色や意味などを考え概念などに関する知識を獲得すること，学習の過程や成果を振り返り学んだことを活用することなど，学習の問題を追究・解決する活動の充実を図ること。

　この事項は，社会科の指導計画の作成に当たり，児童の主体的・対話的で深い学びの実現を目指した授業改善を進めることとし，社会科の特質に応じて，効果的な学習が展開できるように配慮すべき内容を示したものである。

　社会科の指導に当たっては，(1)「知識及び技能」が習得されること，(2)「思考力，判断力，表現力等」を育成すること，(3)「学びに向かう力，人間性等」を涵養することが偏りなく実現されるよう，単元など内容や時間のまとまりを見通しながら，主体的・対話的で深い学びの実現に向けた授業改善を行うことが重要である。

　児童に社会科の指導を通して「知識及び技能」や「思考力，判断力，表現力等」の育成を目指す授業改善を行うことはこれまでも多くの実践が重ねられてきている。そのような着実に取り組まれてきた実践を否定し，全く異なる指導方法を導入しなければならないと捉えるのではなく，児童や学校の実態，指導の内容に応じ，「主体的な学び」，「対話的な学び」，「深い学び」の視点から授業改善を図ることが重要である。

　主体的・対話的で深い学びは，必ずしも1単位時間の授業の中で全てが実現されるものではない。単元など内容や時間のまとまりの中で，例えば，主体的に学習に取り組めるよう学習の見通しを立てたり学習したことを振り返ったりして自身の学びや変容を自覚できる場面をどこに設定するか，対話によって自分の考えなどを広げたり深めたりする場面をどこに設定するか，学びの深まりをつくりだすために，児童が考える場面と教師が教える場面をどのように組み立てるか，といった視点で授業改善を進めることが求められる。また，児童や学校の実態に応じ，多様な学習活動を組み合わせて授業を組み立てていくことが重要であり，単元のまとまりを見通した学習を行うに当たり基礎となる知識及び技能の習得に課題が見られる場合には，それを身に付けるために，児童の主体性を引き出すなどの工夫を重ね，確実な

習得を図ることが必要である。

　主体的・対話的で深い学びの実現に向けた授業改善を進めるに当たり，特に「深い学び」の視点に関して，各教科等の学びの深まりの鍵となるのが「見方・考え方」である。各教科等の特質に応じた物事を捉える視点や考え方である「見方・考え方」を，習得・活用・探究という学びの過程の中で働かせることを通じて，より質の高い深い学びにつなげることが重要である。

　これらのことを踏まえて，社会科の指導計画を作成するに当たり，次の事項に配慮するようにする。

　主体的な学びの実現については，児童が社会的事象から学習問題を見いだし，その解決への見通しをもって取り組むようにすることが求められる。そのためには，学習対象に対する関心を高め問題意識をもつようにするとともに，予想したり学習計画を立てたりして，追究・解決方法を検討すること，また，学習したことを振り返り，学習成果を吟味したり新たな問いを見いだしたりすること，さらに，学んだことを基に自らの生活を見つめたり社会生活に向けて生かしたりすることが必要である。

　対話的な学びの実現については，学習過程を通じた様々な場面で児童相互の話合いや討論などの活動を一層充実させることが求められる。また，実社会で働く人々から話を聞いたりする活動についても今後一層の充実が求められる。さらに，対話的な学びを実現することにより，個々の児童が多様な視点を身に付け，社会的事象の特色や意味などを多角的に考えることができるようにすることも大切である。

　これらの主体的・対話的な学びを深い学びにつなげるよう指導計画を工夫，改善することが求められる。そのためには，児童の実態や教材の特性を考慮して学習過程を工夫し，児童が社会的事象の見方・考え方を働かせ，主として用語・語句などを含めた具体的な事実に関する知識を習得することにとどまらず，それらを踏まえて社会的事象の特色や意味など社会の中で使うことのできる応用性や汎用性のある概念などに関する知識を獲得するよう，問題解決的な学習を展開することが大切である。また，学んだことを生活や社会に向けて活用する場面では，社会に見られる課題を把握して，その解決に向けて社会への関わり方を選択・判断することなどの活動を重視することも大切である。

　「社会的事象の見方・考え方」は，社会的事象の特色や相互の関連，意味を考えたり，社会に見られる課題を把握して，その解決に向けて社会への関わり方を選択・判断したりする際の「視点や方法（考え方）」である。小学校社会科では，総合性を重視する観点から，例えば，歴史に関わる事象であっても，時間的な経緯のほか，空間的な広がりに着目すること，地理的環境に関わる事象であっても時間の経過に着目すること，現代社会の仕組みに関わる事象であっても地理的位置や始まった時

期や変化などに着目することなどが考えられる。また，位置や空間的な広がり，時期や時間の経過，事象や人々の相互関係などに着目するほかにも，視点は多様にあることに留意することが必要である。また，追究の過程において，これらの視点を必要に応じて組み合わせて用いるようにすることも大切である。

児童が社会的事象の見方・考え方を働かせ，調べ考え表現する授業を実現するためには，教師の教材研究に基づく学習問題の設定や発問の構成，地図や年表，統計など各種の資料の選定や効果的な活用，学んだ事象相互の関係を整理する活動などを工夫することが大切である。

> (2) 各学年の目標や内容を踏まえて，事例の取り上げ方を工夫して，内容の配列や授業時数の配分などに留意して効果的な年間指導計画を作成すること。

これは，指導計画の作成に当たり，授業時数の適切な配分により効果的な年間指導計画を作成するよう配慮することを示したものである。

各学年の内容については，児童が具体的に学ぶことができるよう取り上げる事例を選択することが大切である。その際，次のような点に留意して効果的な年間指導計画を作成するよう配慮する。

まず，第3学年から第6学年の内容に関わって取り上げる事例の配列についてである。例えば，第3学年の内容の(2)において「生産の仕事」の事例として野菜の生産を取り上げて学習した場合には，第5学年の内容の(2)における「食料生産」の事例として果物，畜産物，水産物などの生産の中から選択することが考えられる。また，第4学年の内容の(4)において「年中行事」の事例として地域の祭りを取り上げて学習した場合には，内容の(5)における「県内の特色ある地域」の事例として自然環境を保護・活用している地域を取り上げることが考えられる。このように，取り上げる事例に重複や偏りが生じないよう配慮することが大切である。

次に，事例を取り上げる授業時間数の配分についてである。例えば，第3学年の内容の(1)において，「身近な地域」と「市の様子」を取り上げる際，内容の取扱いに「学年の導入で扱うこと」及び「自分たちの市に重点を置くよう配慮すること」と示されていることを踏まえることが大切である。例えば，身近な地域を見学・調査する際に，目的や着目する視点を明確にして効果的に行い，市全体の地理的環境の概要を理解する際の基礎として位置付けるなど工夫することが大切である。また，第3学年の内容の(3)においても，内容の取扱いに「火災と事故はいずれも取り上げること。その際，どちらかに重点を置くなど効果的な指導を工夫すること」と示されている。ここでも，例えば，「緊急時に対処する体制をとっていること」につ

いては消防署を中心とした学習に,「防止に努めていること」については警察署を中心とした学習に,それぞれ重点を置くなどして工夫することが大切になる。このように,事例を取り上げる際に,内容に軽重を付けることにより,効果的な指導計画を作成することが大切である。

> (3) 我が国の47都道府県の名称と位置,世界の大陸と主な海洋の名称と位置については,学習内容と関連付けながら,その都度,地図帳や地球儀などを使って確認するなどして,小学校卒業までに身に付け活用できるように工夫して指導すること。

これは,各学年の指導において,地図や地球儀,統計などの各種の資料を適切に活用し,我が国の都道府県の名称と位置,世界の主な大陸と海洋の名称と位置を身に付けることができるように工夫して指導することを求めているものである。

我が国の47都道府県の名称と位置については,第4学年の内容の(1)のイの(ア)において,我が国が47の都道府県によって構成されていることが分かり,都道府県の名称と位置を地図帳で確かめ,日本地図(白地図)上で指摘できるようにすることを求めている。このほかにも,第3学年では,地域の人々の生産や販売についての学習の中で,また,第4学年では,自分たちの県の様子,飲料水,電気,ガスの供給や廃棄物の処理についての学習の中で,第5学年では,我が国の位置と領土の範囲,地形や気候の概要,農業や水産業,工業の盛んな地域,貿易や運輸,などについての学習の中で,さらに,第6学年の歴史学習においても,様々な都道府県の名称,世界の国の名称が度々扱われる。

世界の大陸と主な海洋の名称と位置については,第5学年の内容の(1)のイの(ア)において,世界の大陸や主な海洋の位置や広がり,それらと我が国の国土との位置関係などを理解できるようにすることを求めている。このほかにも,第5学年では,農業や水産業,工業の盛んな地域,貿易や運輸,我が国の位置と領土の範囲,地形や気候の概要などについての学習の中で,さらに,第6学年の歴史学習においても,世界の大陸や海洋の名称と位置が度々扱われる。

そうした学習場面においては,その都度,都道府県や世界の国の位置,大陸や主な海洋との関係を地図帳や地球儀で確認したり,学習した事柄を日本地図(白地図)や世界地図(白地図)に整理したりすることが大切である。また,教室に日本の都道府県を表す地図を常掲したり,地球儀を常備したりして,活用を促すなど,教室環境を工夫することも効果的である。

こうした学習を通して,小学校卒業までに,我が国の47都道府県や世界の主な大陸と海洋の名称と位置を確実に身に付け,活用できるようにすることが大切であ

> (4) 障害のある児童などについては，学習活動を行う場合に生じる困難さに応じた指導内容や指導方法の工夫を計画的，組織的に行うこと。

　障害者の権利に関する条約に掲げられたインクルーシブ教育システムの構築を目指し，児童の自立と社会参加を一層推進していくためには，通常の学級，通級による指導，特別支援学級，特別支援学校において，児童の十分な学びを確保し，一人一人の児童の障害の状態や発達の段階に応じた指導や支援を一層充実させていく必要がある。

　通常の学級においても，発達障害を含む障害のある児童が在籍している可能性があることを前提に，全ての教科等において，一人一人の教育的ニーズに応じたきめ細かな指導や支援ができるよう，障害種別の指導の工夫のみならず，各教科等の学びの過程において考えられる困難さに対する指導の工夫の意図，手立てを明確にすることが重要である。

　これを踏まえ，今回の改訂では，障害のある児童などの指導に当たっては，個々の児童によって，見えにくさ，聞こえにくさ，道具の操作の困難さ，移動上の制約，健康面や安全面での制約，発音のしにくさ，心理的な不安定，人間関係形成の困難さ，読み書きや計算等の困難さ，注意の集中を持続することが苦手であることなど，学習活動を行う場合に生じる困難さが異なることに留意し，個々の児童の困難さに応じた指導内容や指導方法を工夫することを，各教科等において示している。

　その際，社会科の目標や内容の趣旨，学習活動のねらいを踏まえ，学習内容の変更や学習活動の代替を安易に行うことがないよう留意するとともに，児童の学習負担や心理面にも配慮する必要がある。

　例えば，社会科における配慮として，次のようなものが考えられる。

　地図等の資料から必要な情報を見付け出したり，読み取ったりすることが困難な場合には，読み取りやすくするために，地図等の情報を拡大したり，見る範囲を限定したりして，掲載されている情報を精選し，視点を明確にするなどの配慮をする。

　社会的事象に興味・関心がもてない場合には，その社会的事象の意味を理解しやすくするため，社会の営みと身近な生活がつながっていることを実感できるよう，特別活動などとの関連付けなどを通して，具体的な体験や作業などを取り入れ，学習の順序を分かりやすく説明し，安心して学習できるよう配慮することなどが考えられる。

　学習問題に気付くことが難しい場合には，社会的事象を読み取りやすくするために，写真などの資料や発問を工夫すること，また，予想を立てることが困難な場合

には，見通しがもてるようヒントになる事実をカード等に整理して示し，学習順序を考えられるようにすること，そして，情報収集や考察，まとめの場面において，考える際の視点が定まらない場合には，見本を示したワークシートを作成するなどの指導の工夫が考えられる。

なお，学校においては，こうした点を踏まえ，個別の指導計画を作成し，必要な配慮を記載し，翌年度の担任等に引き継いだりすることが必要である。

> (5) 第1章総則の第1の2の(2)に示す道徳教育の目標に基づき，道徳科などとの関連を考慮しながら，第3章特別の教科道徳の第2に示す内容について，社会科の特質に応じて適切な指導をすること。

社会科の指導においては，その特質に応じて，道徳について適切に指導する必要があることを示すものである。

第1章総則第1の2(2)においては，「学校における道徳教育は，特別の教科である道徳（以下「道徳科」という。）を要として学校の教育活動全体を通じて行うものであり，道徳科はもとより，各教科，外国語活動，総合的な学習の時間及び特別活動のそれぞれの特質に応じて，児童の発達の段階を考慮して，適切な指導を行うこと」と規定されている。

社会科における道徳教育の指導においては，学習活動や学習態度への配慮，教師の態度や行動による感化とともに，以下に示すような社会科と道徳教育との関連を明確に意識しながら，適切な指導を行う必要がある。

社会科においては，目標を「社会的な見方・考え方を働かせ，課題を追究したり解決したりする活動を通して，グローバル化する国際社会に主体的に生きる平和で民主的な国家及び社会の形成者に必要な公民としての資質・能力の基礎」を育成することと示している。

地域や我が国の歴史や伝統と文化を通して社会生活について理解することや，多角的な思考や理解を通して，地域社会に対する誇りと愛情，我が国の国土と歴史に対する愛情を涵養することは，伝統と文化を尊重し，それらを育んできた我が国と郷土を愛することなどにつながるものである。また，国際社会に生きる平和で民主的な国家及び社会の形成者としての自覚をもち，自他の人格を尊重し，社会的義務や責任を重んじ，公正に判断しようとする態度や能力などの公民としての資質・能力の基礎を養うことは，主として集団や社会との関わりに関する内容などと密接に関係するものである。

次に，道徳教育の要としての特別の教科である道徳（以下「道徳科」という。）の指導との関連を考慮する必要がある。社会科で扱った内容や教材の中で適切なも

のを,道徳科に活用することが効果的な場合もある。また,道徳科で取り上げたことに関係のある内容や教材を社会科で扱う場合には,道徳科における指導の成果を生かすように工夫することも考えられる。そのためにも,社会科の年間指導計画の作成などに際して,道徳教育の全体計画との関連,指導の内容及び時期等に配慮し,両者が相互に効果を高め合うようにすることが大切である。

2 内容の取扱いについての配慮事項

> (1) 各学校においては,地域の実態を生かし,児童が興味・関心をもって学習に取り組めるようにするとともに,観察や見学,聞き取りなどの調査活動を含む具体的な体験を伴う学習やそれに基づく表現活動の一層の充実を図ること。また,社会的事象の特色や意味,社会に見られる課題などについて,多角的に考えたことや選択・判断したことを論理的に説明したり,立場や根拠を明確にして議論したりするなど言語活動に関わる学習を一層重視すること。

これは,各学年の内容を取り扱う際に,地域の実態を生かし,児童が興味・関心をもって学習に取り組めるようにすること,観察や見学などの調査活動を含む具体的な体験を伴う学習やそれに基づく表現活動の一層の充実を図ること,考えたことや選択・判断したことを説明したり議論したりするなど言語活動の一層の充実を図ること,という三つの配慮事項を示したものである。

地域の実態を生かし,児童が興味・関心をもって学習に取り組めるようにすることとは,地域にある素材を教材化すること,地域に学習活動の場を設けること,地域の人材を積極的に活用することなどに配慮した指導計画を作成し,児童が興味・関心をもって楽しく学習に取り組めるようにすることである。

各学校においては,まず,教師自身が各学校の置かれている地域の実態把握に努め,地域に対する理解を深めるようにする。そして,地域の素材をどのように受け止め,地域の人々や施設などからどのような協力が得られるかについて明確にする必要がある。それらを基に,地域の素材を教材化し,地域の施設を積極的に活用したり地域の人々と直接関わって学んだりする学習活動を位置付けた指導計画を作成することが大切である。

その際,第3学年及び第4学年については,各学校が創意工夫を生かし,地域に密着した特色ある指導計画を作成し,児童が地域社会への理解を一層深め,地域社会に対する誇りと愛情を育てるように配慮する必要がある。第5学年及び第6学年

においては，我が国の国土や産業，政治，歴史などについての理解を深めることが目標であり，地域教材を取り上げた学習にとどまることのないよう指導計画を工夫する必要がある。

　観察や見学，聞き取りなどの調査活動を含む具体的な体験を伴う学習やそれに基づく表現活動の一層の充実を図ることとは，観察や見学，聞き取りなどの調査活動を含む具体的な体験を伴う学習やそれに基づく表現活動を指導計画に適切に位置付けて効果的に指導することにより，具体的な体験を伴う学習や表現活動の一層の充実を図ることである。

　具体的な体験を伴う学習を指導計画に適切に位置付けて効果的に指導するためには，まず，社会科としてのねらいを明確にすることが必要である。その上で事前・事後や現地における指導の充実を図り，児童が実物や本物を直接見たり触れたりすることを通して社会的事象を適切に把握し，具体的，実感的に捉えることができるようにすることが大切である。また，具体的な体験に基づく表現活動については，観察や見学，聞き取りなどによって分かったことや考えたことなどを適切に表現する活動を指導計画に効果的に位置付け，調べたことを基にして思考・判断したことを表現する力を育てるようにする必要がある。

　各学校においては，児童の実態や発達の段階を考慮に入れ，観察や見学，聞き取りなどの調査活動を含む具体的な体験を伴う学習やそれに基づく表現活動の一層の充実を図る観点から指導計画を工夫することが大切である。

　また，**社会的事象の特色や意味，社会に見られる課題などについて，多角的に考えたことや選択・判断したことを論理的に説明したり，立場や根拠を明確にして議論したりするなど言語活動に関わる学習を一層重視すること**とは，考えたことや選択・判断したことを説明したり，それらを基に議論したりするなど言語活動を一層重視することである。

　社会科の学習では，社会的事象について調べたことをまとめるとともに，その特色や意味を考えることが大切である。その際，学年の段階に応じて，生産者と消費者，情報の送り手と受け手など複数の立場から多角的に考えるようにすることが大切である。

　また，社会科においては，主権者として求められる資質・能力を育成する観点から，社会に見られる課題を把握して，その解決に向けて，自分たちの行動や生活の仕方や，これからの社会の発展などよりよい社会の在り方などについて考えることも大切である。その際，考えたり選択・判断したりしたことを根拠や理由を明確にして論理的に説明したり，他者の主張を踏まえて議論したりするなど，言語活動の一層の充実を図るようにすることが大切である。

> (2) 学校図書館や公共図書館，コンピュータなどを活用して，情報の収集やまとめなどを行うようにすること。また，全ての学年において，地図帳を活用すること。

　これは，各学年の内容を取り扱う際に，学校図書館や公立図書館，コンピュータ，地図帳，地球儀などの学習環境や教材・教具を活用するように配慮することを示したものである。

　社会科の学習においては，これまでと同様に，社会の変化に自ら対応する資質・能力の育成を図る観点から，学び方や調べ方を大切にし，児童の主体的な学習を一層重視することが必要である。すなわち，児童一人一人が自らの問題意識をもち，問題解決の見通しを立て，必要な情報を収集したり，収集した情報を読み取ったり，読み取った情報を分類・整理してまとめたりする学習活動を構成することが大切である。

　このような学習を実現していくには，学校図書館などの施設やコンピュータなどの整備を進めていくことが大切である。特に学校図書館がもつ読書センターとしての機能に加え，児童の学習活動を支援する学習・情報センターとしての機能をもつようにしていく必要がある。また，主体的・対話的で深い学びの実現につながるよう，児童が情報通信機器を使える環境を整備していくことが大切である。

　指導計画の作成に当たっては，例えば，児童一人一人が図書館やコンピュータなどを利用する必要性を感じることができるような教材や学習過程を工夫・改善すること，児童一人一人が図書館やコンピュータなどを活用し，学習問題などについて調べて考え，表現し発信できるようにするため，いつどこの場面で，どのように図書館やコンピュータなどを活用するのか，児童の活動場面を想定しておくようにする。

　また，第3学年から給与される地図帳は，地図を効果的に活用することにより，位置や空間的な広がりに着目して社会的事象を捉える見方・考え方を養うことができる教材である。地図帳については，日常の指導の中で，折に触れて，地図の見方や地図帳の索引の引き方，統計資料の活用の仕方などを指導し，地図帳を自由自在に活用できる知識や技能を身に付けるようにすることが大切である。また，地図帳を日常的に活用し，地図帳への親しみをもち，問題解決のための教材として効果的に活用する技能や意欲を育てるようにする。

　地図帳は，第3学年から第6学年までの各学年で使用されるものであるが，特に第3学年の使い始めにおいては，地図帳の内容構成を理解できるようにする。

　また，地図帳は，社会科の学習だけでなく，他の教科等の学習や家庭などにおいても活用することが大切であることを指導するようにする。

> (3) 博物館や資料館などの施設の活用を図るとともに，身近な地域及び国土の遺跡や文化財などについての調査活動を取り入れるようにすること。また，内容に関わる専門家や関係者，関係の諸機関との連携を図るようにすること。

これは，各学年の内容を取り扱う際に，地域にある教育的な施設の活用を図るとともに，身近な地域及び国土の遺跡や文化財などの観察や調査などの活動を取り入れるように留意することを示したものである。

近年，国や地方公共団体，企業などによって，博物館やその他の施設の整備が進められている。これらの諸施設を積極的に活用して，社会科の見学や調査活動を行うことは，児童の意欲や学習効果を高める上で極めて重要なことである。社会科の学習に活用できる博物館には，歴史博物館や郷土資料館のほかに，例えば，魚や自動車などに関する博物館，水道，電気，ガス，原子力など資源・エネルギーに関する博物館，農業や漁業，林業，伝統的な工業などの地場産業に関する地域産業振興センターなど，多様なものがある。

地域にあるこれらの施設を積極的に活用することによって，児童の知的好奇心を高め，学習への動機付けや学習の深化を図ることができる。また，諸感覚を通して実物や本物に触れる感動を味わうことができる。学校での積極的な活用を通して，これらの施設を自ら進んで利用できるようになる。そのことは生涯に渡って活用する態度や能力の基礎となるものである。

また，身近な地域や国土には，様々な遺跡や文化財が保存，管理されており，それらを観察したり調査したりする活動の場を，学習のねらいを考慮して，指導計画に位置付けることも考えられる。例えば，第3学年での市や人々の生活の移り変わりに関する学習や第4学年での県内の特色ある地域の人々の生活に関する学習，第6学年での我が国の歴史学習などでは，身近な地域や国土に残されている様々な遺跡や文化財，歴史博物館などを直接訪ねて観察・見学したり調査したりする活動を組み入れることができる。このことにより，児童は一層具体的に学習できるようになり，学習のねらいを効果的に実現するとともに，歴史に対する興味・関心を高めることができる。

指導計画の作成に当たっては，事前に施設，遺跡や文化財などの実情を把握するとともに，関係の機関や施設などとの連携を綿密にとることが大切である。その際，施設の学芸員や指導員などから話を聞いたり協力して教材研究を行ったりして，指導計画を作成する手掛かりを得ることも一つの工夫である。また，特別活動の遠足・集団宿泊的行事や総合的な学習の時間における伝統や文化に関する学習活動などとの関連を指導計画に示すことも考えられる。

このような学習を通して，博物館や資料館，地域や国土に残されている遺跡や文

化財などの役割や活用の仕方について正しく理解させ，それらに関わっている人々の働きやそれらが大切に保存，管理されていることの意味についても気付くようにすることが大切である。

また，学習内容や教材について，地域の専門家や関係者，関係諸機関等と円滑な連携・協働を図ることも大切である。例えば，地域の生産や販売の仕事に関わる人，地域の歴史を研究している人，地域の安全や健康な生活，良好な生活環境を守るための諸活動に関わる人，伝統的な文化や自然環境など地域の資源を保護・活用している人，食料生産や工業生産などの産業に従事する人，政治の働きに関わる関係諸機関の人などの協力を得て，話を聞いたり，活動の様子を見学したり，社会に見られる課題の解決に向けて意見交換をしたりすることなどが考えられる。その際，学校支援地域本部などの活動と連携を図ることも有効であると考えられる。

> (4) 児童の発達の段階を考慮し，社会的事象については，児童の考えが深まるよう様々な見解を提示するよう配慮し，多様な見解のある事柄，未確定な事柄を取り上げる場合には，有益適切な教材に基づいて指導するとともに，特定の事柄を強調し過ぎたり，一面的な見解を十分な配慮なく取り上げたりするなどの偏った取扱いにより，児童が多角的に考えたり，事実を客観的に捉え，公正に判断したりすることを妨げることのないよう留意すること。

これは，各学年の指導において，社会的事象について多面的に考えたり，事実を客観的に捉え，公正に判断したりすることのできる児童の育成を目指す際の留意点を示したものである。

社会科が学習の対象にしている社会的事象の捉え方は，それを捉える観点や立場によって異なることから，これらについて，一面的な見解を十分な配慮なく取り上げた場合，ともすると恣意的な考えや判断に陥る恐れがある。

とりわけ，「多様な見解のある事柄，未確定な事柄」については，一つの意見が絶対的に正しく，他の意見は誤りであると断定することは困難であり，小学校社会科では学習問題の解決に向けて，一つの結論を出すこと以上に話合いの過程が大切であることを踏まえ，取り上げる教材が一方的であったり一面的であったりすることのないよう留意して指導することにより，児童が多角的に考えたり，事実を客観的に捉え，公正に判断したりできるようにすることが必要である。

また，「有益適切な教材」である資料などに基づいて多角的に考えることを重視して，そのよりどころとなる資料に関しては，その資料の出典や用途，作成の経緯等を含め，十分に吟味した上で使用することが必要である。

このことに関して，平成27年3月4日付け初等中等教育局長通知「学校におけ

る補助教材の適正な取り扱いについて」(26文科初第1257号)に記されているように,諸資料を補助教材として使用することを検討する際には,その内容及び取扱いに関して,

① 教育基本法,学校教育法,学習指導要領等の趣旨に従っていること,
② その使用される学年の児童生徒の心身の発達の段階に即していること,
③ 多様な見方や考え方のできる事柄,未確定な事柄を取り上げる場合には,特定の事柄を強調し過ぎたり,一面的な見解を十分な配慮なく取り上げたりするなど,特定の見方や考え方に偏った取扱いとならないこと,

に十分留意することが必要である。

　この通知の趣旨を踏まえ,各学年の指導においては,児童の発達の段階を考慮して,社会的事象を公正に判断できるよう配慮することが大切である。社会的事象を公正に判断するとは,決して独りよがりの判断ではなく,社会的事象の意味について,複数の立場や意見を踏まえて多角的に考え,総合的に理解した上で判断することである。

　これらのことに配慮して,「よりよい社会を考え主体的に問題解決しようとする態度を養うとともに,多角的な思考や理解を通して,地域社会に対する誇りと愛情,地域社会の一員としての自覚,我が国の国土や歴史に対する愛情,我が国の将来を担う国民としての自覚,世界の国々の人々と共に生きていくことの大切さについての自覚などを養う」ことをねらう小学校社会科の目標が実現できるようにすることが大切である。

2
内容の取扱い
についての
配慮事項

小・中学校社会科において育成を目指す資質・能力

		知識及び技能	思考力，判断力，表現力等
小学校社会		・地域や我が国の国土の地理的環境，現代社会の仕組みや働き，地域や我が国の歴史や伝統と文化を通して社会生活について理解する。 ・様々な資料や調査活動を通して情報を適切に調べまとめる技能を身に付けるようにする。	・社会的事象の特色や相互の関連，意味を多角的に考えたり，社会に見られる課題を把握して，その解決に向けて社会への関わり方を選択・判断したりする力，考えたことや選択・判断したことを適切に表現する力を養う。
	3年	身近な地域や市区町村の地理的環境，地域の安全を守るための諸活動や地域の産業と消費生活の様子，地域の様子の移り変わりについて，人々の生活との関連を踏まえて理解するとともに，調査活動，地図帳や各種の具体的資料を通して，必要な情報を調べまとめる技能を身に付けるようにする。	社会的事象の特色や相互の関連，意味を考える力，社会に見られる課題を把握して，その解決に向けて社会への関わり方を選択・判断する力，考えたことや選択・判断したことを表現する力を養う。
	4年	自分たちの都道府県の地理的環境の特色，地域の人々の健康と生活環境を支える働きや自然災害から地域の安全を守るための諸活動，地域の伝統と文化や地域の発展に尽くした先人の働きなどについて，人々の生活との関連を踏まえて理解するとともに，調査活動，地図帳や各種の具体的資料を通して，必要な情報を調べまとめる技能を身に付けるようにする。	社会的事象の特色や相互の関連，意味を考える力，社会に見られる課題を把握して，その解決に向けて社会への関わり方を選択・判断する力，考えたことや選択・判断したことを表現する力を養う。
	5年	我が国の国土の地理的環境の特色や産業の現状，社会の情報化と産業の関わりについて，国民生活との関連を踏まえて理解するとともに，地図帳や地球儀，統計などの各種の基礎的資料を通して，情報を適切に調べまとめる技能を身に付けるようにする。	社会的事象の特色や相互の関連，意味を多角的に考える力，社会に見られる課題を把握して，その解決に向けて社会への関わり方を選択・判断する力，考えたことや選択・判断したことを説明したり，それらを基に議論したりする力を養う。
	6年	我が国の政治の考え方と仕組みや働き，国家及び社会の発展に大きな働きをした先人の業績や優れた文化遺産，我が国と関係の深い国の生活やグローバル化する国際社会における我が国の役割について理解するとともに，地図帳や地球儀，統計や年表などの各種の基礎的資料を通して，情報を適切に調べまとめる技能を身に付けるようにする。	社会的事象の特色や相互の関連，意味を多角的に考える力，社会に見られる課題を把握して，その解決に向けて社会への関わり方を選択・判断する力，考えたことや選択・判断したことを説明したり，それらを基に議論したりする力を養う。
中学校社会		・我が国の国土と歴史，現代の政治，経済，国際関係等に関して理解するとともに，調査や諸資料から様々な情報を効果的に調べまとめる技能を身に付けるようにする。	・社会的事象の意味や意義，特色や相互の関連を多面的・多角的に考察したり，社会に見られる課題の解決に向けて選択・判断したりする力，思考・判断したことを説明したり，それらを基に議論したりする力を養う。
	地理的分野	・我が国の国土及び世界の諸地域に関して，地域の諸事象や地域的特色を理解するとともに，調査や諸資料から地理に関する様々な情報を効果的に調べまとめる技能を身に付けるようにする。	・地理に関わる事象の意味や意義，特色や相互の関連を，位置や分布，場所，人間と自然環境との相互依存関係，空間的相互依存作用，地域などに着目して，多面的・多角的に考察したり，地理的な課題の解決に向けて公正に選択・判断したりする力，思考・判断したことを説明したり，それらを基に議論したりする力を養う。
	歴史的分野	・我が国の歴史の大きな流れを，世界の歴史を背景に，各時代の特色を踏まえて理解するとともに，諸資料から歴史に関する様々な情報を効果的に調べまとめる技能を身に付けるようにする。	・歴史に関わる事象の意味や意義，伝統と文化の特色などを，時期や年代，推移，比較，相互の関連や現在とのつながりなどに着目して多面的・多角的に考察したり，歴史に見られる課題を把握し複数の立場や意見を踏まえて公正に選択・判断したりする力，思考・判断したことを説明したり，それらを基に議論したりする力を養う。
	公民的分野	・個人の尊厳と人権の尊重の意義，特に自由・権利と責任・義務との関係を広い視野から正しく認識し，民主主義，民主政治の意義，国民の生活の向上と経済活動との関わり，現代の社会生活及び国際関係などについて，個人と社会との関わりを中心に理解を深めるとともに，諸資料から現代の社会的事象に関する情報を効果的に調べまとめる技能を身に付けるようにする。	・社会的事象の意味や意義，特色や相互の関連を現代の社会生活と関連付けて多面的・多角的に考察したり，現代社会に見られる課題について公正に判断したりする力，思考・判断したことを説明したり，それらを基に議論したりする力を養う。

参考資料1

学びに向かう力，人間性等
・社会的事象について，よりよい社会を考え主体的に問題解決しようとする態度を養う。 ・多角的な思考や理解を通して涵養される地域社会に対する誇りと愛情，地域社会の一員としての自覚，我が国の国土と歴史に対する愛情，我が国の将来を担う国民としての自覚，世界の国々の人々と共に生きていくことの大切さについての自覚などを養う。
社会的事象について，主体的に学習の問題を解決しようとする態度や，よりよい社会を考え学習したことを社会生活に生かそうとする態度を養うとともに，思考や理解を通して，地域社会に対する誇りと愛情，地域社会の一員としての自覚を養う。
社会的事象について，主体的に学習の問題を解決しようとする態度や，よりよい社会を考え学習したことを社会生活に生かそうとする態度を養うとともに，思考や理解を通して，地域社会に対する誇りと愛情，地域社会の一員としての自覚を養う。
社会的事象について，主体的に学習の問題を解決しようとする態度や，よりよい社会を考え学習したことを社会生活に生かそうとする態度を養うとともに，多角的な思考や理解を通して，我が国の国土に対する愛情，我が国の産業の発展を願い我が国の将来を担う国民としての自覚を養う。
社会的事象について，主体的に学習の問題を解決しようとする態度や，よりよい社会を考え学習したことを社会生活に生かそうとする態度を養うとともに，多角的な思考や理解を通して，我が国の歴史や伝統を大切にして国を愛する心情，我が国の将来を担う国民としての自覚や平和を願う日本人として世界の国々の人々と共に生きることの大切さについての自覚を養う。
・社会的事象について，よりよい社会の実現を視野に課題を主体的に解決しようとする態度を養うとともに，多面的・多角的な考察や深い理解を通して涵養される我が国の国土や歴史に対する愛情，国民主権を担う公民として，自国を愛し，その平和と繁栄を図ることや，他国や他国の文化を尊重することの大切さについての自覚などを深める。
・日本や世界の地域に関わる諸事象について，よりよい社会の実現を視野にそこで見られる課題を主体的に追究，解決しようとする態度を養うとともに，多面的・多角的な考察や深い理解を通して涵養される我が国の国土に対する愛情，世界の諸地域の多様な生活文化を尊重しようとすることの大切さについての自覚などを深める。
・歴史に関わる諸事象について，よりよい社会の実現を視野にそこで見られる課題を主体的に追究，解決しようとする態度を養うとともに，多面的・多角的な考察や深い理解を通して涵養される我が国の歴史に対する愛情，国民としての自覚，国家及び社会並びに文化の発展や人々の生活の向上に尽くした歴史上の人物と現在に伝わる文化遺産を尊重しようとすることの大切さについての自覚などを深め，国際協調の精神を養う。
・現代の社会的事象について，現代社会に見られる課題の解決を視野に主体的に社会に関わろうとする態度を養うとともに，多面的・多角的な考察や深い理解を通して涵養される，国民主権を担う公民として，自国を愛し，その平和と繁栄を図ることや，各国が相互に主権を尊重し，各国民が協力し合うことの大切さについての自覚などを深める。

参考資料1

小・中学校社会科における内容の枠組みと対象

参考資料2

枠組み			地理的環境と人々の生活			現代社会
対象			地域	日本	世界	経済・産業
小学校		3年	(1) 身近な地域や市の様子 イ(ア)「仕事の種類や産地の分布」			(2) 地域に見られる生産や販売の仕事
		4年	(1) 県の様子 (5) 県内の特色ある地域の様子	ア(ア)「47都道府県の名称と位置」		(2) 人々の健康や生活環境を 内容の取扱い (3)イ「開発, 産業などの事例(選択)」
		5年		(1) 我が国の国土の様子と国民生活 イ(ア)「生産物の種類や分布」 イ(ア)「工業の盛んな地域の分布」 (5) 我が国の国土の自然環境と国民生活との関連	イ(ア)「世界の大陸と主な海洋, 世界の主な国々」	ア(イ)「自然環境に適応して生活していること」 (2) 我が国の農業や水産業における食料生産 (3) 我が国の工業生産 (4) 我が国の情報と産業との関わり (5) 我が国の国土の自然環境と
		6年			イ(ア)「外国の人々の生活の様子」	
中学校	地理的分野		C (1) 地域調査の手法 C (4) 地域の在り方	A (1) ② 日本の地域構成 C (2) 日本の地域的特色と地域区分 C (3) 日本の諸地域	A (1) ① 世界の地域構成 B (1) 世界各地の人々の生活と環境 B (2) 世界の諸地域	③ 資源・エネルギーと産業 ③ 産業を中核とした考察の仕方
	歴史的分野					
	公民的分野			(1)「少子高齢化」	(1)「情報化, グローバル化」	A (1) 私たちが生きる現代社会 A (2) 現代社会を捉える枠組み B 私たちと経済 (1) 市場の働きと経済 (2) 国民の生活と政府の役割

の仕組みや働きと人々の生活		歴史と人々の生活		
政　治	国際関係	地　域	日　本	世　界
イ(ア)「市役所などの公共施設の場所と働き」	内容の取扱い (4)ウ「国際化」	(4) 市の様子の移り変わり		
(3) 地域の安全を守る働き	イ(イ)「外国との関わり」			
支える事業		内容の取扱い(1) イ「公衆衛生の向上」		
(3) 自然災害から人々を守る活動		イ(ア)「過去に発生した地域の自然災害」		
		(4) 県内の伝統や文化，先人の働き		
内容の取扱い (4) ア「国際交流に取り組む地域」	内容の取扱い (4)ア「地場産業，伝統的な文化（選択）」			
	イ(ア)「輸入など外国との関わり」		イ(ア)「生産量の変化」	
			イ(イ)「技術の向上」	
	イ(ウ)「貿易や運輸」		イ(ア)「工業製品の改良」	
			イ(イ)「情報を生かして発展する産業」	
国民生活との関連				
(1) 我が国の政治の働き			(2) 我が国の歴史上の主な事象	ア(サ)「国際社会での重要な役割」
イ(イ)「我が国の国際協力」	(3) グローバル化する世界と日本の役割			内容の取扱い (2) オ「当時の世界との関わり」
	州という地域の広がりや地域内の結び付き			
	④ 交通・通信	地域の伝統や歴史的な背景を踏まえた視点		
		地域の変容		
(1)「ギリシャ・ローマの文明」		A　歴史との対話		(1)(ア) 世界の古代文明や宗教の起こり
		(2) 身近な地域の歴史	B　近世までの日本とアジア	(2)(ア) 武家政治の成立とユーラシアの交流
(1)「市民革命」，「立憲国家の成立と議会政治」，「国民の政治的自覚の高まり」			(1) 古代までの日本 (2) 中世の日本 (3) 近世の日本	(3)(ア) 世界の動きと統一事業
			C　近現代の日本と世界	(1)(ア) 欧米諸国における近代社会の成立とアジア諸国の動き
(2)「我が国の民主化と再建の過程」			(1) 近代の日本と世界 (2) 現代の日本と世界	(2)(ア) 日本の民主化と冷戦下の国際社会　　など
と文化の特色		(1)「文化の継承と創造の意義」		
C　私たちと政治	D　私たちと国際社会の諸課題			
(1) 人間の尊重と日本国憲法の基本的原則 (2) 民主政治と政治参加	(1) 世界平和と人類の福祉の増大			
D(2) よりよい社会を目指して				

参考資料2

社会的事象等について調べまとめる技能

		技能の例
情報を収集する技能	手段を考えて課題解決に必要な社会的事象等に関する情報を収集する技能	【1】調査活動を通して ○野外調査活動 ・調査の観点（数，量，配置等）に基づいて，現地の様子や実物を観察し情報を集める ・景観のスケッチや写真撮影等を通して観察し，情報を集める ・地図を現地に持って行き，現地との対応関係を観察し，情報を集める ○社会調査活動 ・行政機関や事業者，地域住民等を対象に聞き取り調査，アンケート調査などを行い，情報を集める 【2】諸資料を通して ○資料の種類 ・地図（様々な種類の地図）や地球儀から，位置関係や形状，分布，面積，記載内容などの情報を集める ・年表から，出来事やその時期，推移などの情報を集める ・統計（表やグラフ）から傾向や変化などの情報を集める ・新聞，図書や文書，音声，画像（動画，静止画），現物資料などから様々な情報を集める
情報を読み取る技能	収集した情報を社会的な見方・考え方に沿って読み取る技能	【1】情報全体の傾向性を踏まえて ・位置や分布，広がり，形状などの全体的な傾向を読み取る ・量やその変化，区分や移動などの全体的な傾向を読み取る ・博物館や郷土資料館等の展示品目の配列から，展示テーマの趣旨を読み取る 【2】必要な情報を選んで ○事実を正確に読み取る ・形状，色，数，種類，大きさ，名称などに関する情報を読み取る ・方位，記号，高さ，区分などを読み取る（地図） ・年号や時期，前後関係などを読み取る（年表） ○有用な情報を選んで読み取る ・学習上の課題の解決につながる情報を読み取る ・諸情報の中から，目的に応じた情報を選別して読み取る ○信頼できる情報について読み取る
情報をまとめる技能	読み取った情報を課題解決に向けてまとめる技能	【1】基礎資料として ・聞き取って自分のメモにまとめる ・地図上にドットでまとめる ・数値情報をグラフに転換する（雨温図など） 【2】分類・整理して ・項目やカテゴリーなどに整理してまとめる ・順序や因果関係などで整理して年表にまとめる ・位置や方位，範囲などで整理して白地図上にまとめる ・相互関係を整理して図（イメージマップやフローチャートなど）にまとめる ・情報機器を用いて，デジタル化した情報を統合したり，編集したりしてまとめる

【出典】教育課程部会　社会・地理歴史・公民ワーキンググループにおける審議の取りまとめ（平成28年8月26日）資料7

参考資料3

(小・中・高等学校)
○その他 ・模擬体験などの体験活動を通して人々の仕事などに関する情報を集める ・博物館や郷土資料館等の施設,学校図書館や公共図書館,コンピュータなどを活用して映像,読み物や紀行文,旅行経験者の体験記など様々な情報を集める ・コンピュータや情報通信ネットワークなどを活用して,目的に応じて様々な情報を集める 【3】情報手段の特性や情報の正しさに留意して ・資料の表題,出典,年代,作成者などを確認し,その信頼性を踏まえつつ情報を集める ・情報手段の特性に留意して情報を集める ・情報発信者の意図,発信過程などに留意して情報を集める
【3】複数の情報を見比べたり結び付けたりして ・異なる情報を見比べ(時期や範囲の異なる地域の様子など)たり,結び付け(地形条件と土地利用の様子など)たりして読み取る ・同一の事象に関する異種の資料(グラフと文章など)の情報を見比べたり結び付けたりして読み取る ・同種の資料における異なる表現(複数の地図,複数のグラフ,複数の新聞など)を見比べたり結び付けたりして読み取る 【4】資料の特性に留意して ・地図の主題や示された情報の種類を踏まえて読み取る ・歴史資料の作成目的,作成時期,作成者を踏まえて読み取る ・統計等の単位や比率を踏まえて読み取る
【3】情報を受け手に向けた分かりやすさに留意して ・効果的な形式でまとめる ・主題に沿ってまとめる ・レイアウトを工夫してまとめる ・表などの数値で示された情報を地図等に変換する

参考資料3

社会科に関係する教材や資料集等について

　文部科学省ホームページ（http://www.mext.go.jp/a_menu/shotou/new-cs/1394142.htm）にある「各教科等に関係する教材や資料集等のウェブサイトについて」に，社会科に関係する，例えば，以下の教育内容に関する教材や資料集等のアドレスを掲載しております。各教育内容を指導する際の参考としてご利用下さい。

※　項目名は五十音順

- 海洋に関する教育
- 金融に関する教育
- 社会保障に関する教育
- 主権者教育
- 消費者教育
- 臓器移植に関する教育
- 租税に関する教育
- 地理に関する教育
- 農業に関する教育
- ハンセン病に関する教育
- 法に関する教育
- 放射線に関する教育
- マイナンバーに関する教育
- 水循環に関する教育
- 薬害に関する教育
- 拉致問題に関する教育
- 領土に関する教育
- ワークルールに関する教育
- その他の基礎資料

参考資料4

付録

目次

- 付録1：学校教育法施行規則（抄）
- 付録2：小学校学習指導要領　第1章　総則
- 付録3：小学校学習指導要領　第2章　第2節　社会
- 付録4：中学校学習指導要領　第2章　第2節　社会
- 付録5：小学校学習指導要領　第3章　特別の教科　道徳
- 付録6：「道徳の内容」の学年段階・学校段階の一覧表
- 付録7：幼稚園教育要領

学校教育法施行規則（抄）

昭和二十二年五月二十三日文部省令第十一号
一部改正：平成二十九年三月三十一日文部科学省令第二十号
：平成三十年八月二十七日文部科学省令第二十七号

第四章　小学校

第二節　教育課程

第五十条　小学校の教育課程は，国語，社会，算数，理科，生活，音楽，図画工作，家庭，体育及び外国語の各教科（以下本節中「各教科」という。），特別の教科である道徳，外国語活動，総合的な学習の時間並びに特別活動によつて編成するものとする。

2　私立の小学校の教育課程を編成する場合は，前項の規定にかかわらず，宗教を加えることができる。この場合においては，宗教をもつて前項の特別の教科である道徳に代えることができる。

第五十一条　小学校（第五十二条の二第二項に規定する中学校連携型小学校及び第七十九条の九第二項に規定する中学校併設型小学校を除く。）の各学年における各教科，特別の教科である道徳，外国語活動，総合的な学習の時間及び特別活動のそれぞれの授業時数並びに各学年におけるこれらの総授業時数は，別表第一に定める授業時数を標準とする。

第五十二条　小学校の教育課程については，この節に定めるもののほか，教育課程の基準として文部科学大臣が別に公示する小学校学習指導要領によるものとする。

第五十三条　小学校においては，必要がある場合には，一部の各教科について，これらを合わせて授業を行うことができる。

第五十四条　児童が心身の状況によつて履修することが困難な各教科は，その児童の心身の状況に適合するように課さなければならない。

第五十五条　小学校の教育課程に関し，その改善に資する研究を行うため特に必要があり，かつ，児童の教育上適切な配慮がなされていると文部科学大臣が認める場合においては，文部科学大臣が別に定めるところにより，第五十条第一項，第五十一条（中学校連携型小学校にあつては第五十二条の三，第七十九条の九第二項に規定する中学校併設型小学校にあつては第七十九条の十二において準用する第七十九条の五第一項）又は第五十二条の規定によらないことができる。

第五十五条の二　文部科学大臣が，小学校において，当該小学校又は当該小学校が設置されている地域の実態に照らし，より効果的な教育を実施するため，当該小学校又は当該地域の特色を生かした特別の教育課程を編成して教育を実施する必要があり，かつ，当該特別の教育課程について，教育基本法（平成十八年法律第百二十号）及び学校教育法第三十条第一項の規定等に照らして適切であり，児童の教育上適切な配慮がなされているものとして文部科学大臣が定める基準を満たしていると認める場合においては，文部科学大臣が別に定めるところにより，第五十条第一項，第五十一条（中学校連携型小学校にあつては第五十二条の三，第七十九条の九第二項に規定する中学校併設型小学校にあつては第七十九

条の十二において準用する第七十九条の五第一項）又は第五十二条の規定の全部又は一部によらないことができる。

第五十六条　小学校において、学校生活への適応が困難であるため相当の期間小学校を欠席し引き続き欠席すると認められる児童を対象として、その実態に配慮した特別の教育課程を編成して教育を実施する必要があると文部科学大臣が認める場合においては、文部科学大臣が別に定めるところにより、第五十条第一項、第五十一条（中学校連携型小学校にあつては第五十二条の三、第七十九条の九第二項に規定する中学校併設型小学校にあつては第七十九条の十二において準用する第七十九条の五第一項）又は第五十二条の規定によらないことができる。

第五十六条の二　小学校において、日本語に通じない児童のうち、当該児童の日本語を理解し、使用する能力に応じた特別の指導を行う必要があるものを教育する場合には、文部科学大臣が別に定めるところにより、第五十条第一項、第五十一条（中学校連携型小学校にあつては第五十二条の三、第七十九条の九第二項に規定する中学校併設型小学校にあつては第七十九条の十二において準用する第七十九条の五第一項）及び第五十二条の規定にかかわらず、特別の教育課程によることができる。

第五十六条の三　前条の規定により特別の教育課程による場合においては、校長は、児童が設置者の定めるところにより他の小学校、義務教育学校の前期課程又は特別支援学校の小学部において受けた授業を、当該児童の在学する小学校において受けた当該特別の教育課程に係る授業とみなすことができる。

第五十六条の四　小学校において、学齢を経過した者のうち、その者の年齢、経験又は勤労の状況その他の実情に応じた特別の指導を行う必要があるものを夜間その他特別の時間において教育する場合には、文部科学大臣が別に定めるところにより、第五十条第一項、第五十一条（中学校連携型小学校にあつては第五十二条の三、第七十九条の九第二項に規定する中学校併設型小学校にあつては第七十九条の十二において準用する第七十九条の五第一項）及び第五十二条の規定にかかわらず、特別の教育課程によることができる。

第三節　学年及び授業日

第六十一条　公立小学校における休業日は、次のとおりとする。ただし、第三号に掲げる日を除き、当該学校を設置する地方公共団体の教育委員会（公立大学法人の設置する小学校にあつては、当該公立大学法人の理事長。第三号において同じ。）が必要と認める場合は、この限りでない。
一　国民の祝日に関する法律（昭和二十三年法律第百七十八号）に規定する日
二　日曜日及び土曜日
三　学校教育法施行令第二十九条第一項の規定により教育委員会が定める日

第六十二条　私立小学校における学期及び休業日は、当該学校の学則で定める。

第八章　特別支援教育

第百三十四条の二　校長は，特別支援学校に在学する児童等について個別の教育支援計画（学校と医療，保健，福祉，労働等に関する業務を行う関係機関及び民間団体（次項において「関係機関等」という。）との連携の下に行う当該児童等に対する長期的な支援に関する計画をいう。）を作成しなければならない。

2　校長は，前項の規定により個別の教育支援計画を作成するに当たつては，当該児童等又はその保護者の意向を踏まえつつ，あらかじめ，関係機関等と当該児童等の支援に関する必要な情報の共有を図らなければならない。

第百三十八条　小学校，中学校若しくは義務教育学校又は中等教育学校の前期課程における特別支援学級に係る教育課程については，特に必要がある場合は，第五十条第一項（第七十九条の六第一項において準用する場合を含む。），第五十一条，第五十二条（第七十九条の六第一項において準用する場合を含む。），第五十二条の三，第七十二条（第七十九条の六第二項及び第百八条第一項において準用する場合を含む。），第七十三条，第七十四条（第七十九条の六第二項及び第百八条第一項において準用する場合を含む。），第七十四条の三，第七十六条，第七十九条の五（第七十九条の十二において準用する場合を含む。）及び第百七条（第百十七条において準用する場合を含む。）の規定にかかわらず，特別の教育課程によることができる。

第百三十九条の二　第百三十四条の二の規定は，小学校，中学校若しくは義務教育学校又は中等教育学校の前期課程における特別支援学級の児童又は生徒について準用する。

第百四十条　小学校，中学校，義務教育学校，高等学校又は中等教育学校において，次の各号のいずれかに該当する児童又は生徒（特別支援学級の児童及び生徒を除く。）のうち当該障害に応じた特別の指導を行う必要があるものを教育する場合には，文部科学大臣が別に定めるところにより，第五十条第一項（第七十九条の六第一項において準用する場合を含む。），第五十一条，第五十二条（第七十九条の六第一項において準用する場合を含む。），第五十二条の三，第七十二条（第七十九条の六第二項及び第百八条第一項において準用する場合を含む。），第七十三条，第七十四条（第七十九条の六第二項及び第百八条第一項において準用する場合を含む。），第七十四条の三，第七十六条，第七十九条の五（第七十九条の十二において準用する場合を含む。），第八十三条及び第八十四条（第百八条第二項において準用する場合を含む。）並びに第百七条（第百十七条において準用する場合を含む。）の規定にかかわらず，特別の教育課程によることができる。

一　言語障害者
二　自閉症者
三　情緒障害者
四　弱視者
五　難聴者

六　学習障害者

七　注意欠陥多動性障害者

八　その他障害のある者で，この条の規定により特別の教育課程による教育を行うことが適当なもの

第百四十一条　前条の規定により特別の教育課程による場合においては，校長は，児童又は生徒が，当該小学校，中学校，義務教育学校，高等学校又は中等教育学校の設置者の定めるところにより他の小学校，中学校，義務教育学校，高等学校，中等教育学校又は特別支援学校の小学部，中学部若しくは高等部において受けた授業を，当該小学校，中学校，義務教育学校，高等学校又は中等教育学校において受けた当該特別の教育課程に係る授業とみなすことができる。

第百四十一条の二　第百三十四条の二の規定は，第百四十条の規定により特別の指導が行われている児童又は生徒について準用する。

附則（平成二十九年三月三十一日文部科学省令第二十号）

この省令は，平成三十二年四月一日から施行する。

別表第一（第五十一条関係）

区分		第1学年	第2学年	第3学年	第4学年	第5学年	第6学年
各教科の授業時数	国語	306	315	245	245	175	175
	社会			70	90	100	105
	算数	136	175	175	175	175	175
	理科			90	105	105	105
	生活	102	105				
	音楽	68	70	60	60	50	50
	図画工作	68	70	60	60	50	50
	家庭					60	55
	体育	102	105	105	105	90	90
	外国語					70	70
特別の教科である道徳の授業時数		34	35	35	35	35	35
外国語活動の授業時数				35	35		
総合的な学習の時間の授業時数				70	70	70	70
特別活動の授業時数		34	35	35	35	35	35
総授業時数		850	910	980	1015	1015	1015

備考

一　この表の授業時数の一単位時間は，四十五分とする。

二　特別活動の授業時数は，小学校学習指導要領で定める学級活動（学校給食に係るものを除く。）に充てるものとする。

三　第五十条第二項の場合において，特別の教科である道徳のほかに宗教を加えるときは，宗教の授業時数をもってこの表の特別の教科である道徳の授業時数の一部に代えることができる。（別表第二及び別表第四の場合においても同様とする。）

小学校学習指導要領　第1章　総則

● 第1　小学校教育の基本と教育課程の役割

1　各学校においては，教育基本法及び学校教育法その他の法令並びにこの章以下に示すところに従い，児童の人間として調和のとれた育成を目指し，児童の心身の発達の段階や特性及び学校や地域の実態を十分考慮して，適切な教育課程を編成するものとし，これらに掲げる目標を達成するよう教育を行うものとする。

2　学校の教育活動を進めるに当たっては，各学校において，第3の1に示す主体的・対話的で深い学びの実現に向けた授業改善を通して，創意工夫を生かした特色ある教育活動を展開する中で，次の(1)から(3)までに掲げる事項の実現を図り，児童に生きる力を育むことを目指すものとする。

(1)　基礎的・基本的な知識及び技能を確実に習得させ，これらを活用して課題を解決するために必要な思考力，判断力，表現力等を育むとともに，主体的に学習に取り組む態度を養い，個性を生かし多様な人々との協働を促す教育の充実に努めること。その際，児童の発達の段階を考慮して，児童の言語活動など，学習の基盤をつくる活動を充実するとともに，家庭との連携を図りながら，児童の学習習慣が確立するよう配慮すること。

(2)　道徳教育や体験活動，多様な表現や鑑賞の活動等を通して，豊かな心や創造性の涵養を目指した教育の充実に努めること。

　学校における道徳教育は，特別の教科である道徳（以下「道徳科」という。）を要として学校の教育活動全体を通じて行うものであり，道徳科はもとより，各教科，外国語活動，総合的な学習の時間及び特別活動のそれぞれの特質に応じて，児童の発達の段階を考慮して，適切な指導を行うこと。

　道徳教育は，教育基本法及び学校教育法に定められた教育の根本精神に基づき，自己の生き方を考え，主体的な判断の下に行動し，自立した人間として他者と共によりよく生きるための基盤となる道徳性を養うことを目標とすること。

　道徳教育を進めるに当たっては，人間尊重の精神と生命に対する畏敬の念を家庭，学校，その他社会における具体的な生活の中に生かし，豊かな心をもち，伝統と文化を尊重し，それらを育んできた我が国と郷土を愛し，個性豊かな文化の創造を図るとともに，平和で民主的な国家及び社会の形成者として，公共の精神を尊び，社会及び国家の発展に努め，他国を尊重し，国際社会の平和と発展や環境の保全に貢献し未来を拓く主体性のある日本人の育成に資することとなるよう特に留意すること。

(3)　学校における体育・健康に関する指導を，児童の発達の段階を考慮して，学校の教育活動全体を通じて適切に行うことにより，健康で安全な生活と豊かなスポーツライフの実現を目指した教育の充実に努めること。特に，学校における食育の推進並びに体力の向上に関する指導，安全に関する指導及び心身の健康の保持増進に関する指導については，体育科，家庭科及び特別活動の時間はもとより，各教科，道徳科，外国語活動及び総合的な学習の時間などにおいてもそれぞれの特質に応じて適切に行うよう努めること。また，それらの指導を通して，家庭や地域社会との連携を図りながら，日常生活において適切な体育・健康に関する活動の実践を促し，生涯を通じて健康・安全で活力ある生活を送るための基礎が培われるよう配慮すること。

3　2の(1)から(3)までに掲げる事項の実現を図り，豊かな創造性を備え持続可能な社会の創り手となることが期待される児童に，生きる力を育むことを目指すに当たっては，学校教育全体並びに各教科，道徳科，外国語活動，総合的な学習の時間及び特別活動（以下「各教科等」という。）。ただし，第2の3の(2)のア及びウにおいて，特別活動については学級活動（学校給食に係るも

のを除く。）に限る。）の指導を通してどのような資質・能力の育成を目指すのかを明確にしながら，教育活動の充実を図るものとする。その際，児童の発達の段階や特性等を踏まえつつ，次に掲げることが偏りなく実現できるようにするものとする。
(1) 知識及び技能が習得されるようにすること。
(2) 思考力，判断力，表現力等を育成すること。
(3) 学びに向かう力，人間性等を涵養すること。
4 各学校においては，児童や学校，地域の実態を適切に把握し，教育の目的や目標の実現に必要な教育の内容等を教科等横断的な視点で組み立てていくこと，教育課程の実施状況を評価してその改善を図っていくこと，教育課程の実施に必要な人的又は物的な体制を確保するとともにその改善を図っていくことなどを通して，教育課程に基づき組織的かつ計画的に各学校の教育活動の質の向上を図っていくこと（以下「カリキュラム・マネジメント」という。）に努めるものとする。

● 第2　教育課程の編成

1　各学校の教育目標と教育課程の編成
教育課程の編成に当たっては，学校教育全体や各教科等における指導を通して育成を目指す資質・能力を踏まえつつ，各学校の教育目標を明確にするとともに，教育課程の編成についての基本的な方針が家庭や地域とも共有されるよう努めるものとする。その際，第5章総合的な学習の時間の第2の1に基づき定められる目標との関連を図るものとする。
2　教科等横断的な視点に立った資質・能力の育成
(1) 各学校においては，児童の発達の段階を考慮し，言語能力，情報活用能力（情報モラルを含む。），問題発見・解決能力等の学習の基盤となる資質・能力を育成していくことができるよう，各教科等の特質を生かし，教科等横断的な視点から教育課程の編成を図るものとする。
(2) 各学校においては，児童や学校，地域の実態及び児童の発達の段階を考慮し，豊かな人生の実現や災害等を乗り越えて次代の社会を形成することに向けた現代的な諸課題に対応して求められる資質・能力を，教科等横断的な視点で育成していくことができるよう，各学校の特色を生かした教育課程の編成を図るものとする。
3　教育課程の編成における共通的事項
(1) 内容等の取扱い
　ア　第2章以下に示す各教科，道徳科，外国語活動及び特別活動の内容に関する事項は，特に示す場合を除き，いずれの学校においても取り扱わなければならない。
　イ　学校において特に必要がある場合には，第2章以下に示していない内容を加えて指導することができる。また，第2章以下に示す内容の取扱いのうち内容の範囲や程度等を示す事項は，全ての児童に対して指導するものとする内容の範囲や程度等を示したものであり，学校において特に必要がある場合には，この事項にかかわらず加えて指導することができる。ただし，これらの場合には，第2章以下に示す各教科，道徳科，外国語活動及び特別活動の目標や内容の趣旨を逸脱したり，児童の負担過重となったりすることのないようにしなければならない。
　ウ　第2章以下に示す各教科，道徳科，外国語活動及び特別活動の内容に掲げる事項の順序は，特に示す場合を除き，指導の順序を示すものではないので，学校においては，その取扱いについて適切な工夫を加えるものとする。
　エ　学年の内容を2学年まとめて示した教科及び外国語活動の内容は，2学年間かけて指導する事項を示したものである。各学校においては，これらの事項を児童や学校，地域の実態に応じ，2学年間を見通して計画的に指導することとし，特に示す場合を除き，いずれかの学

付録2

年に分けて,又はいずれの学年においても指導するものとする。
- オ 学校において2以上の学年の児童で編制する学級について特に必要がある場合には,各教科及び道徳科の目標の達成に支障のない範囲内で,各教科及び道徳科の目標及び内容について学年別の順序によらないことができる。
- カ 道徳科を要として学校の教育活動全体を通じて行う道徳教育の内容は,第3章特別の教科道徳の第2に示す内容とし,その実施に当たっては,第6に示す道徳教育に関する配慮事項を踏まえるものとする。

(2) 授業時数等の取扱い
- ア 各教科等の授業は,年間35週(第1学年については34週)以上にわたって行うよう計画し,週当たりの授業時数が児童の負担過重にならないようにするものとする。ただし,各教科等や学習活動の特質に応じ効果的な場合には,夏季,冬季,学年末等の休業日の期間に授業日を設定する場合を含め,これらの授業を特定の期間に行うことができる。
- イ 特別活動の授業のうち,児童会活動,クラブ活動及び学校行事については,それらの内容に応じ,年間,学期ごと,月ごとなどに適切な授業時数を充てるものとする。
- ウ 各学校の時間割については,次の事項を踏まえ適切に編成するものとする。
  - (ア) 各教科等のそれぞれの授業の1単位時間は,各学校において,各教科等の年間授業時数を確保しつつ,児童の発達の段階及び各教科等や学習活動の特質を考慮して適切に定めること。
  - (イ) 各教科等の特質に応じ,10分から15分程度の短い時間を活用して特定の教科等の指導を行う場合において,教師が,単元や題材など内容や時間のまとまりを見通した中で,その指導内容の決定や指導の成果の把握と活用等を責任をもって行う体制が整備されているときは,その時間を当該教科等の年間授業時数に含めることができること。
  - (ウ) 給食,休憩などの時間については,各学校において工夫を加え,適切に定めること。
  - (エ) 各学校において,児童や学校,地域の実態,各教科等や学習活動の特質等に応じて,創意工夫を生かした時間割を弾力的に編成できること。
- エ 総合的な学習の時間における学習活動により,特別活動の学校行事に掲げる各行事の実施と同様の成果が期待できる場合においては,総合的な学習の時間における学習活動をもって相当する特別活動の学校行事に掲げる各行事の実施に替えることができる。

(3) 指導計画の作成等に当たっての配慮事項

各学校においては,次の事項に配慮しながら,学校の創意工夫を生かし,全体として,調和のとれた具体的な指導計画を作成するものとする。
- ア 各教科等の指導内容については,(1)のアを踏まえつつ,単元や題材など内容や時間のまとまりを見通しながら,そのまとめ方や重点の置き方に適切な工夫を加え,第3の1に示す主体的・対話的で深い学びの実現に向けた授業改善を通して資質・能力を育む効果的な指導ができるようにすること。
- イ 各教科等及び各学年相互間の関連を図り,系統的,発展的な指導ができるようにすること。
- ウ 学年の内容を2学年まとめて示した教科及び外国語活動については,当該学年間を見通して,児童や学校,地域の実態に応じ,児童の発達の段階を考慮しつつ,効果的,段階的に指導するようにすること。
- エ 児童の実態等を考慮し,指導の効果を高めるため,児童の発達の段階や指導内容の関連性等を踏まえつつ,合科的・関連的な指導を進めること。

4 学校段階等間の接続

教育課程の編成に当たっては,次の事項に配慮しながら,学校段階等間の接続を図るものとする。

(1) 幼児期の終わりまでに育ってほしい姿を踏まえた指導を工夫することにより，幼稚園教育要領等に基づく幼児期の教育を通して育まれた資質・能力を踏まえて教育活動を実施し，児童が主体的に自己を発揮しながら学びに向かうことが可能となるようにすること。

また，低学年における教育全体において，例えば生活科において育成する自立し生活を豊かにしていくための資質・能力が，他教科等の学習においても生かされるようにするなど，教科等間の関連を積極的に図り，幼児期の教育及び中学年以降の教育との円滑な接続が図られるよう工夫すること。特に，小学校入学当初においては，幼児期において自発的な活動としての遊びを通して育まれてきたことが，各教科等における学習に円滑に接続されるよう，生活科を中心に，合科的・関連的な指導や弾力的な時間割の設定など，指導の工夫や指導計画の作成を行うこと。

(2) 中学校学習指導要領及び高等学校学習指導要領を踏まえ，中学校教育及びその後の教育との円滑な接続が図られるよう工夫すること。特に，義務教育学校，中学校連携型小学校及び中学校併設型小学校においては，義務教育9年間を見通した計画的かつ継続的な教育課程を編成すること。

● 第3　教育課程の実施と学習評価

1　主体的・対話的で深い学びの実現に向けた授業改善

各教科等の指導に当たっては，次の事項に配慮するものとする。

(1) 第1の3の(1)から(3)までに示すことが偏りなく実現されるよう，単元や題材など内容や時間のまとまりを見通しながら，児童の主体的・対話的で深い学びの実現に向けた授業改善を行うこと。

特に，各教科等において身に付けた知識及び技能を活用したり，思考力，判断力，表現力等や学びに向かう力，人間性等を発揮させたりして，学習の対象となる物事を捉え思考することにより，各教科等の特質に応じた物事を捉える視点や考え方（以下「見方・考え方」という。）が鍛えられていくことに留意し，児童が各教科等の特質に応じた見方・考え方を働かせながら，知識を相互に関連付けてより深く理解したり，情報を精査して考えを形成したり，問題を見いだして解決策を考えたり，思いや考えを基に創造したりすることに向かう過程を重視した学習の充実を図ること。

(2) 第2の2の(1)に示す言語能力の育成を図るため，各学校において必要な言語環境を整えるとともに，国語科を要としつつ各教科等の特質に応じて，児童の言語活動を充実すること。あわせて，(7)に示すとおり読書活動を充実すること。

(3) 第2の2の(1)に示す情報活用能力の育成を図るため，各学校において，コンピュータや情報通信ネットワークなどの情報手段を活用するために必要な環境を整え，これらを適切に活用した学習活動の充実を図ること。また，各種の統計資料や新聞，視聴覚教材や教育機器などの教材・教具の適切な活用を図ること。

あわせて，各教科等の特質に応じて，次の学習活動を計画的に実施すること。

ア　児童がコンピュータで文字を入力するなどの学習の基盤として必要となる情報手段の基本的な操作を習得するための学習活動

イ　児童がプログラミングを体験しながら，コンピュータに意図した処理を行わせるために必要な論理的思考力を身に付けるための学習活動

(4) 児童が学習の見通しを立てたり学習したことを振り返ったりする活動を，計画的に取り入れるように工夫すること。

(5) 児童が生命の有限性や自然の大切さ，主体的に挑戦してみることや多様な他者と協働するこ

付録2

との重要性などを実感しながら理解することができるよう，各教科等の特質に応じた体験活動を重視し，家庭や地域社会と連携しつつ体系的・継続的に実施できるよう工夫すること。

(6) 児童が自ら学習課題や学習活動を選択する機会を設けるなど，児童の興味・関心を生かした自主的，自発的な学習が促されるよう工夫すること。

(7) 学校図書館を計画的に利用しその機能の活用を図り，児童の主体的・対話的で深い学びの実現に向けた授業改善に生かすとともに，児童の自主的，自発的な学習活動や読書活動を充実すること。また，地域の図書館や博物館，美術館，劇場，音楽堂等の施設の活用を積極的に図り，資料を活用した情報の収集や鑑賞等の学習活動を充実すること。

2 学習評価の充実

学習評価の実施に当たっては，次の事項に配慮するものとする。

(1) 児童のよい点や進歩の状況などを積極的に評価し，学習したことの意義や価値を実感できるようにすること。また，各教科等の目標の実現に向けた学習状況を把握する観点から，単元や題材など内容や時間のまとまりを見通しながら評価の場面や方法を工夫して，学習の過程や成果を評価し，指導の改善や学習意欲の向上を図り，資質・能力の育成に生かすようにすること。

(2) 創意工夫の中で学習評価の妥当性や信頼性が高められるよう，組織的かつ計画的な取組を推進するとともに，学年や学校段階を越えて児童の学習の成果が円滑に接続されるように工夫すること。

● 第4　児童の発達の支援

1 児童の発達を支える指導の充実

教育課程の編成及び実施に当たっては，次の事項に配慮するものとする。

(1) 学習や生活の基盤として，教師と児童との信頼関係及び児童相互のよりよい人間関係を育てるため，日頃から学級経営の充実を図ること。また，主に集団の場面で必要な指導や援助を行うガイダンスと，個々の児童の多様な実態を踏まえ，一人一人が抱える課題に個別に対応した指導を行うカウンセリングの双方により，児童の発達を支援すること。

あわせて，小学校の低学年，中学年，高学年の学年の時期の特長を生かした指導の工夫を行うこと。

(2) 児童が，自己の存在感を実感しながら，よりよい人間関係を形成し，有意義で充実した学校生活を送る中で，現在及び将来における自己実現を図っていくことができるよう，児童理解を深め，学習指導と関連付けながら，生徒指導の充実を図ること。

(3) 児童が，学ぶことと自己の将来とのつながりを見通しながら，社会的・職業的自立に向けて必要な基盤となる資質・能力を身に付けていくことができるよう，特別活動を要としつつ各教科等の特質に応じて，キャリア教育の充実を図ること。

(4) 児童が，基礎的・基本的な知識及び技能の習得も含め，学習内容を確実に身に付けることができるよう，児童や学校の実態に応じ，個別学習やグループ別学習，繰り返し学習，学習内容の習熟の程度に応じた学習，児童の興味・関心等に応じた課題学習，補充的な学習や発展的な学習などの学習活動を取り入れることや，教師間の協力による指導体制を確保することなど，指導方法や指導体制の工夫改善により，個に応じた指導の充実を図ること。その際，第3の1の (3) に示す情報手段や教材・教具の活用を図ること。

2 特別な配慮を必要とする児童への指導

(1) 障害のある児童などへの指導

ア　障害のある児童などについては，特別支援学校等の助言又は援助を活用しつつ，個々の児童の障害の状態等に応じた指導内容や指導方法の工夫を組織的かつ計画的に行うものとす

る。
　イ　特別支援学級において実施する特別の教育課程については，次のとおり編成するものとする。
　　(ア)　障害による学習上又は生活上の困難を克服し自立を図るため，特別支援学校小学部・中学部学習指導要領第7章に示す自立活動を取り入れること。
　　(イ)　児童の障害の程度や学級の実態等を考慮の上，各教科の目標や内容を下学年の教科の目標や内容に替えたり，各教科を，知的障害者である児童に対する教育を行う特別支援学校の各教科に替えたりするなどして，実態に応じた教育課程を編成すること。
　ウ　障害のある児童に対して，通級による指導を行い，特別の教育課程を編成する場合には，特別支援学校小学部・中学部学習指導要領第7章に示す自立活動の内容を参考とし，具体的な目標や内容を定め，指導を行うものとする。その際，効果的な指導が行われるよう，各教科等と通級による指導との関連を図るなど，教師間の連携に努めるものとする。
　エ　障害のある児童などについては，家庭，地域及び医療や福祉，保健，労働等の業務を行う関係機関との連携を図り，長期的な視点で児童への教育的支援を行うために，個別の教育支援計画を作成し活用することに努めるとともに，各教科等の指導に当たって，個々の児童の実態を的確に把握し，個別の指導計画を作成し活用することに努めるものとする。特に，特別支援学級に在籍する児童や通級による指導を受ける児童については，個々の児童の実態を的確に把握し，個別の教育支援計画や個別の指導計画を作成し，効果的に活用するものとする。
(2)　海外から帰国した児童などの学校生活への適応や，日本語の習得に困難のある児童に対する日本語指導
　ア　海外から帰国した児童などについては，学校生活への適応を図るとともに，外国における生活経験を生かすなどの適切な指導を行うものとする。
　イ　日本語の習得に困難のある児童については，個々の児童の実態に応じた指導内容や指導方法の工夫を組織的かつ計画的に行うものとする。特に，通級による日本語指導については，教師間の連携に努め，指導についての計画を個別に作成することなどにより，効果的な指導に努めるものとする。
(3)　不登校児童への配慮
　ア　不登校児童については，保護者や関係機関と連携を図り，心理や福祉の専門家の助言又は援助を得ながら，社会的自立を目指す観点から，個々の児童の実態に応じた情報の提供その他の必要な支援を行うものとする。
　イ　相当の期間小学校を欠席し引き続き欠席すると認められる児童を対象として，文部科学大臣が認める特別の教育課程を編成する場合には，児童の実態に配慮した教育課程を編成するとともに，個別学習やグループ別学習など指導方法や指導体制の工夫改善に努めるものとする。

● 第5　学校運営上の留意事項

1　教育課程の改善と学校評価等
　ア　各学校においては，校長の方針の下に，校務分掌に基づき教職員が適切に役割を分担しつつ，相互に連携しながら，各学校の特色を生かしたカリキュラム・マネジメントを行うよう努めるものとする。また，各学校が行う学校評価については，教育課程の編成，実施，改善が教育活動や学校運営の中核となることを踏まえ，カリキュラム・マネジメントと関連付けながら実施するよう留意するものとする。

イ　教育課程の編成及び実施に当たっては，学校保健計画，学校安全計画，食に関する指導の全体計画，いじめの防止等のための対策に関する基本的な方針など，各分野における学校の全体計画等と関連付けながら，効果的な指導が行われるように留意するものとする。
2　家庭や地域社会との連携及び協働と学校間の連携
　　教育課程の編成及び実施に当たっては，次の事項に配慮するものとする。
　　ア　学校がその目的を達成するため，学校や地域の実態等に応じ，教育活動の実施に必要な人的又は物的な体制を家庭や地域の人々の協力を得ながら整えるなど，家庭や地域社会との連携及び協働を深めること。また，高齢者や異年齢の子供など，地域における世代を越えた交流の機会を設けること。
　　イ　他の小学校や，幼稚園，認定こども園，保育所，中学校，高等学校，特別支援学校などとの間の連携や交流を図るとともに，障害のある幼児児童生徒との交流及び共同学習の機会を設け，共に尊重し合いながら協働して生活していく態度を育むようにすること。

第6　道徳教育に関する配慮事項

　　道徳教育を進めるに当たっては，道徳教育の特質を踏まえ，前項までに示す事項に加え，次の事項に配慮するものとする。
1　各学校においては，第1の2の(2)に示す道徳教育の目標を踏まえ，道徳教育の全体計画を作成し，校長の方針の下に，道徳教育の推進を主に担当する教師（以下「道徳教育推進教師」という。）を中心に，全教師が協力して道徳教育を展開すること。なお，道徳教育の全体計画の作成に当たっては，児童や学校，地域の実態を考慮して，学校の道徳教育の重点目標を設定するとともに，道徳科の指導方針，第3章特別の教科道徳の第2に示す内容との関連を踏まえた各教科，外国語活動，総合的な学習の時間及び特別活動における指導の内容及び時期並びに家庭や地域社会との連携の方法を示すこと。
2　各学校においては，児童の発達の段階や特性等を踏まえ，指導内容の重点化を図ること。その際，各学年を通じて，自立心や自律性，生命を尊重する心や他者を思いやる心を育てることに留意すること。また，各学年段階においては，次の事項に留意すること。
　(1)　第1学年及び第2学年においては，挨拶などの基本的な生活習慣を身に付けること，善悪を判断し，してはならないことをしないこと，社会生活上のきまりを守ること。
　(2)　第3学年及び第4学年においては，善悪を判断し，正しいと判断したことを行うこと，身近な人々と協力し助け合うこと，集団や社会のきまりを守ること。
　(3)　第5学年及び第6学年においては，相手の考え方や立場を理解して支え合うこと，法やきまりの意義を理解して進んで守ること，集団生活の充実に努めること，伝統と文化を尊重し，それらを育んできた我が国と郷土を愛するとともに，他国を尊重すること。
3　学校や学級内の人間関係や環境を整えるとともに，集団宿泊活動やボランティア活動，自然体験活動，地域の行事への参加などの豊かな体験を充実すること。また，道徳教育の指導内容が，児童の日常生活に生かされるようにすること。その際，いじめの防止や安全の確保等にも資することとなるよう留意すること。
4　学校の道徳教育の全体計画や道徳教育に関する諸活動などの情報を積極的に公表したり，道徳教育の充実のために家庭や地域の人々の積極的な参加や協力を得たりするなど，家庭や地域社会との共通理解を深め，相互の連携を図ること。

付録2

小学校学習指導要領 第2章 第2節 社会

● 第1 目標

社会的な見方・考え方を働かせ，課題を追究したり解決したりする活動を通して，グローバル化する国際社会に主体的に生きる平和で民主的な国家及び社会の形成者に必要な公民としての資質・能力の基礎を次のとおり育成することを目指す。

(1) 地域や我が国の国土の地理的環境，現代社会の仕組みや働き，地域や我が国の歴史や伝統と文化を通して社会生活について理解するとともに，様々な資料や調査活動を通して情報を適切に調べまとめる技能を身に付けるようにする。

(2) 社会的事象の特色や相互の関連，意味を多角的に考えたり，社会に見られる課題を把握して，その解決に向けて社会への関わり方を選択・判断したりする力，考えたことや選択・判断したことを適切に表現する力を養う。

(3) 社会的事象について，よりよい社会を考え主体的に問題解決しようとする態度を養うとともに，多角的な思考や理解を通して，地域社会に対する誇りと愛情，地域社会の一員としての自覚，我が国の国土と歴史に対する愛情，我が国の将来を担う国民としての自覚，世界の国々の人々と共に生きていくことの大切さについての自覚などを養う。

● 第2 各学年の目標及び内容

〔第3学年〕

1 目標

社会的事象の見方・考え方を働かせ，学習の問題を追究・解決する活動を通して，次のとおり資質・能力を育成することを目指す。

(1) 身近な地域や市区町村の地理的環境，地域の安全を守るための諸活動や地域の産業と消費生活の様子，地域の様子の移り変わりについて，人々の生活との関連を踏まえて理解するとともに，調査活動，地図帳や各種の具体的資料を通して，必要な情報を調べまとめる技能を身に付けるようにする。

(2) 社会的事象の特色や相互の関連，意味を考える力，社会に見られる課題を把握して，その解決に向けて社会への関わり方を選択・判断する力，考えたことや選択・判断したことを表現する力を養う。

(3) 社会的事象について，主体的に学習の問題を解決しようとする態度や，よりよい社会を考え学習したことを社会生活に生かそうとする態度を養うとともに，思考や理解を通して，地域社会に対する誇りと愛情，地域社会の一員としての自覚を養う。

2 内容

(1) 身近な地域や市区町村（以下第2章第2節において「市」という。）の様子について，学習の問題を追究・解決する活動を通して，次の事項を身に付けることができるよう指導する。

　ア　次のような知識及び技能を身に付けること。
　　(ｱ)　身近な地域や自分たちの市の様子を大まかに理解すること。
　　(ｲ)　観察・調査したり地図などの資料で調べたりして，白地図などにまとめること。
　イ　次のような思考力，判断力，表現力等を身に付けること。
　　(ｱ)　都道府県内における市の位置，市の地形や土地利用，交通の広がり，市役所など主な公

　　　　共施設の場所と働き，古くから残る建造物の分布などに着目して，身近な地域や市の様子を捉え，場所による違いを考え，表現すること。
(2) 地域に見られる生産や販売の仕事について，学習の問題を追究・解決する活動を通して，次の事項を身に付けることができるよう指導する。
　ア　次のような知識及び技能を身に付けること。
　　(ｱ)　生産の仕事は，地域の人々の生活と密接な関わりをもって行われていることを理解すること。
　　(ｲ)　販売の仕事は，消費者の多様な願いを踏まえ売り上げを高めるよう，工夫して行われていることを理解すること。
　　(ｳ)　見学・調査したり地図などの資料で調べたりして，白地図などにまとめること。
　イ　次のような思考力，判断力，表現力等を身に付けること。
　　(ｱ)　仕事の種類や産地の分布，仕事の工程などに着目して，生産に携わっている人々の仕事の様子を捉え，地域の人々の生活との関連を考え，表現すること。
　　(ｲ)　消費者の願い，販売の仕方，他地域や外国との関わりなどに着目して，販売に携わっている人々の仕事の様子を捉え，それらの仕事に見られる工夫を考え，表現すること。
(3) 地域の安全を守る働きについて，学習の問題を追究・解決する活動を通して，次の事項を身に付けることができるよう指導する。
　ア　次のような知識及び技能を身に付けること。
　　(ｱ)　消防署や警察署などの関係機関は，地域の安全を守るために，相互に連携して緊急時に対処する体制をとっていることや，関係機関が地域の人々と協力して火災や事故などの防止に努めていることを理解すること。
　　(ｲ)　見学・調査したり地図などの資料で調べたりして，まとめること。
　イ　次のような思考力，判断力，表現力等を身に付けること。
　　(ｱ)　施設・設備などの配置，緊急時への備えや対応などに着目して，関係機関や地域の人々の諸活動を捉え，相互の関連や従事する人々の働きを考え，表現すること。
(4) 市の様子の移り変わりについて，学習の問題を追究・解決する活動を通して，次の事項を身に付けることができるよう指導する。
　ア　次のような知識及び技能を身に付けること。
　　(ｱ)　市や人々の生活の様子は，時間の経過に伴い，移り変わってきたことを理解すること。
　　(ｲ)　聞き取り調査をしたり地図などの資料で調べたりして，年表などにまとめること。
　イ　次のような思考力，判断力，表現力等を身に付けること。
　　(ｱ)　交通や公共施設，土地利用や人口，生活の道具などの時期による違いに着目して，市や人々の生活の様子を捉え，それらの変化を考え，表現すること。

3　内容の取扱い
(1) 内容の(1)については，次のとおり取り扱うものとする。
　ア　学年の導入で扱うこととし，アの(ｱ)については，「自分たちの市」に重点を置くよう配慮すること。
　イ　アの(ｲ)については，「白地図などにまとめる」際に，教科用図書「地図」(以下第2章第2節において「地図帳」という。)を参照し，方位や主な地図記号について扱うこと。
(2) 内容の(2)については，次のとおり取り扱うものとする。
　ア　アの(ｱ)及びイの(ｱ)については，事例として農家，工場などの中から選択して取り上げるようにすること。
　イ　アの(ｲ)及びイの(ｲ)については，商店を取り上げ，「他地域や外国との関わり」を扱う際には，

地図帳などを使用して都道府県や国の名称と位置などを調べるようにすること。
　　ウ　イの(イ)については，我が国や外国には国旗があることを理解し，それを尊重する態度を養うよう配慮すること。
(3) 内容の(3)については，次のとおり取り扱うものとする。
　　ア　アの(ア)の「緊急時に対処する体制をとっていること」と「防止に努めていること」については，火災と事故はいずれも取り上げること。その際，どちらかに重点を置くなど効果的な指導を工夫すること。
　　イ　イの(ア)については，社会生活を営む上で大切な法やきまりについて扱うとともに，地域や自分自身の安全を守るために自分たちにできることなどを考えたり選択・判断したりできるよう配慮すること。
(4) 内容の(4)については，次のとおり取り扱うものとする。
　　ア　アの(イ)の「年表などにまとめる」際には，時期の区分について，昭和，平成など元号を用いた言い表し方などがあることを取り上げること。
　　イ　イの(ア)の「公共施設」については，市が公共施設の整備を進めてきたことを取り上げること。その際，租税の役割に触れること。
　　ウ　イの(ア)の「人口」を取り上げる際には，少子高齢化，国際化などに触れ，これからの市の発展について考えることができるよう配慮すること。

〔第4学年〕

1　目　標

社会的事象の見方・考え方を働かせ，学習の問題を追究・解決する活動を通して，次のとおり資質・能力を育成することを目指す。
(1) 自分たちの都道府県の地理的環境の特色，地域の人々の健康と生活環境を支える働きや自然災害から地域の安全を守るための諸活動，地域の伝統と文化や地域の発展に尽くした先人の働きなどについて，人々の生活との関連を踏まえて理解するとともに，調査活動，地図帳や各種の具体的資料を通して，必要な情報を調べまとめる技能を身に付けるようにする。
(2) 社会的事象の特色や相互の関連，意味を考える力，社会に見られる課題を把握して，その解決に向けて社会への関わり方を選択・判断する力，考えたことや選択・判断したことを表現する力を養う。
(3) 社会的事象について，主体的に学習の問題を解決しようとする態度や，よりよい社会を考え学習したことを社会生活に生かそうとする態度を養うとともに，思考や理解を通して，地域社会に対する誇りと愛情，地域社会の一員としての自覚を養う。

2　内　容

(1) 都道府県（以下第2章第2節において「県」という。）の様子について，学習の問題を追究・解決する活動を通して，次の事項を身に付けることができるよう指導する。
　　ア　次のような知識及び技能を身に付けること。
　　　(ア)　自分たちの県の地理的環境の概要を理解すること。また，47都道府県の名称と位置を理解すること。
　　　(イ)　地図帳や各種の資料で調べ，白地図などにまとめること。
　　イ　次のような思考力，判断力，表現力等を身に付けること。
　　　(ア)　我が国における自分たちの県の位置，県全体の地形や主な産業の分布，交通網や主な都市の位置などに着目して，県の様子を捉え，地理的環境の特色を考え，表現すること。
(2) 人々の健康や生活環境を支える事業について，学習の問題を追究・解決する活動を通して，

付録3

次の事項を身に付けることができるよう指導する。
　ア　次のような知識及び技能を身に付けること。
　　(ｱ)　飲料水，電気，ガスを供給する事業は，安全で安定的に供給できるよう進められていることや，地域の人々の健康な生活の維持と向上に役立っていることを理解すること。
　　(ｲ)　廃棄物を処理する事業は，衛生的な処理や資源の有効利用ができるよう進められていることや，生活環境の維持と向上に役立っていることを理解すること。
　　(ｳ)　見学・調査したり地図などの資料で調べたりして，まとめること。
　イ　次のような思考力，判断力，表現力等を身に付けること。
　　(ｱ)　供給の仕組みや経路，県内外の人々の協力などに着目して，飲料水，電気，ガスの供給のための事業の様子を捉え，それらの事業が果たす役割を考え，表現すること。
　　(ｲ)　処理の仕組みや再利用，県内外の人々の協力などに着目して，廃棄物の処理のための事業の様子を捉え，その事業が果たす役割を考え，表現すること。

(3) 自然災害から人々を守る活動について，学習の問題を追究・解決する活動を通して，次の事項を身に付けることができるよう指導する。
　ア　次のような知識及び技能を身に付けること。
　　(ｱ)　地域の関係機関や人々は，自然災害に対し，様々な協力をして対処してきたことや，今後想定される災害に対し，様々な備えをしていることを理解すること。
　　(ｲ)　聞き取り調査をしたり地図や年表などの資料で調べたりして，まとめること。
　イ　次のような思考力，判断力，表現力等を身に付けること。
　　(ｱ)　過去に発生した地域の自然災害，関係機関の協力などに着目して，災害から人々を守る活動を捉え，その働きを考え，表現すること。

(4) 県内の伝統や文化，先人の働きについて，学習の問題を追究・解決する活動を通して，次の事項を身に付けることができるよう指導する。
　ア　次のような知識及び技能を身に付けること。
　　(ｱ)　県内の文化財や年中行事は，地域の人々が受け継いできたことや，それらには地域の発展など人々の様々な願いが込められていることを理解すること。
　　(ｲ)　地域の発展に尽くした先人は，様々な苦心や努力により当時の生活の向上に貢献したことを理解すること。
　　(ｳ)　見学・調査したり地図などの資料で調べたりして，年表などにまとめること。
　イ　次のような思考力，判断力，表現力等を身に付けること。
　　(ｱ)　歴史的背景や現在に至る経過，保存や継承のための取組などに着目して，県内の文化財や年中行事の様子を捉え，人々の願いや努力を考え，表現すること。
　　(ｲ)　当時の世の中の課題や人々の願いなどに着目して，地域の発展に尽くした先人の具体的事例を捉え，先人の働きを考え，表現すること。

(5) 県内の特色ある地域の様子について，学習の問題を追究・解決する活動を通して，次の事項を身に付けることができるよう指導する。
　ア　次のような知識及び技能を身に付けること。
　　(ｱ)　県内の特色ある地域では，人々が協力し，特色あるまちづくりや観光などの産業の発展に努めていることを理解すること。
　　(ｲ)　地図帳や各種の資料で調べ，白地図などにまとめること。
　イ　次のような思考力，判断力，表現力等を身に付けること。
　　(ｱ)　特色ある地域の位置や自然環境，人々の活動や産業の歴史的背景，人々の協力関係などに着目して，地域の様子を捉え，それらの特色を考え，表現すること。

3　内容の取扱い

(1) 内容の(2)については，次のとおり取り扱うものとする。

　ア　アの(ｱ)及び(ｲ)については，現在に至るまでに仕組みが計画的に改善され公衆衛生が向上してきたことに触れること。

　イ　アの(ｱ)及びイの(ｱ)については，飲料水，電気，ガスの中から選択して取り上げること。

　ウ　アの(ｲ)及びイの(ｲ)については，ごみ，下水のいずれかを選択して取り上げること。

　エ　イの(ｱ)については，節水や節電など自分たちにできることを考えたり選択・判断したりできるよう配慮すること。

　オ　イの(ｲ)については，社会生活を営む上で大切な法やきまりについて扱うとともに，ごみの減量や水を汚さない工夫など，自分たちにできることを考えたり選択・判断したりできるよう配慮すること。

(2) 内容の(3)については，次のとおり取り扱うものとする。

　ア　アの(ｱ)については，地震災害，津波災害，風水害，火山災害，雪害などの中から，過去に県内で発生したものを選択して取り上げること。

　イ　アの(ｱ)及びイの(ｱ)の「関係機関」については，県庁や市役所の働きなどを中心に取り上げ，防災情報の発信，避難体制の確保などの働き，自衛隊など国の機関との関わりを取り上げること。

　ウ　イの(ｱ)については，地域で起こり得る災害を想定し，日頃から必要な備えをするなど，自分たちにできることなどを考えたり選択・判断したりできるよう配慮すること。

(3) 内容の(4)については，次のとおり取り扱うものとする。

　ア　アの(ｱ)については，県内の主な文化財や年中行事が大まかに分かるようにするとともに，イの(ｱ)については，それらの中から具体的事例を取り上げること。

　イ　アの(ｲ)及びイの(ｲ)については，開発，教育，医療，文化，産業などの地域の発展に尽くした先人の中から選択して取り上げること。

　ウ　イの(ｱ)については，地域の伝統や文化の保存や継承に関わって，自分たちにできることなどを考えたり選択・判断したりできるよう配慮すること。

(4) 内容の(5)については，次のとおり取り扱うものとする。

　ア　県内の特色ある地域が大まかに分かるようにするとともに，伝統的な技術を生かした地場産業が盛んな地域，国際交流に取り組んでいる地域及び地域の資源を保護・活用している地域を取り上げること。その際，地域の資源を保護・活用している地域については，自然環境，伝統的な文化のいずれかを選択して取り上げること。

　イ　国際交流に取り組んでいる地域を取り上げる際には，我が国や外国には国旗があることを理解し，それを尊重する態度を養うよう配慮すること。

〔第5学年〕

1　目　標

社会的事象の見方・考え方を働かせ，学習の問題を追究・解決する活動を通して，次のとおり資質・能力を育成することを目指す。

(1) 我が国の国土の地理的環境の特色や産業の現状，社会の情報化と産業の関わりについて，国民生活との関連を踏まえて理解するとともに，地図帳や地球儀，統計などの各種の基礎的資料を通して，情報を適切に調べまとめる技能を身に付けるようにする。

(2) 社会的事象の特色や相互の関連，意味を多角的に考える力，社会に見られる課題を把握して，その解決に向けて社会への関わり方を選択・判断する力，考えたことや選択・判断したことを説明したり，それらを基に議論したりする力を養う。

付録3

(3) 社会的事象について，主体的に学習の問題を解決しようとする態度や，よりよい社会を考え学習したことを社会生活に生かそうとする態度を養うとともに，多角的な思考や理解を通して，我が国の国土に対する愛情，我が国の産業の発展を願い我が国の将来を担う国民としての自覚を養う。

2 内 容

(1) 我が国の国土の様子と国民生活について，学習の問題を追究・解決する活動を通して，次の事項を身に付けることができるよう指導する。

ア 次のような知識及び技能を身に付けること。
  (ア) 世界における我が国の国土の位置，国土の構成，領土の範囲などを大まかに理解すること。
  (イ) 我が国の国土の地形や気候の概要を理解するとともに，人々は自然環境に適応して生活していることを理解すること。
  (ウ) 地図帳や地球儀，各種の資料で調べ，まとめること。

イ 次のような思考力，判断力，表現力等を身に付けること。
  (ア) 世界の大陸と主な海洋，主な国の位置，海洋に囲まれ多数の島からなる国土の構成などに着目して，我が国の国土の様子を捉え，その特色を考え，表現すること。
  (イ) 地形や気候などに着目して，国土の自然などの様子や自然条件から見て特色ある地域の人々の生活を捉え，国土の自然環境の特色やそれらと国民生活との関連を考え，表現すること。

(2) 我が国の農業や水産業における食料生産について，学習の問題を追究・解決する活動を通して，次の事項を身に付けることができるよう指導する。

ア 次のような知識及び技能を身に付けること。
  (ア) 我が国の食料生産は，自然条件を生かして営まれていることや，国民の食料を確保する重要な役割を果たしていることを理解すること。
  (イ) 食料生産に関わる人々は，生産性や品質を高めるよう努力したり輸送方法や販売方法を工夫したりして，良質な食料を消費地に届けるなど，食料生産を支えていることを理解すること。
  (ウ) 地図帳や地球儀，各種の資料で調べ，まとめること。

イ 次のような思考力，判断力，表現力等を身に付けること。
  (ア) 生産物の種類や分布，生産量の変化，輸入など外国との関わりなどに着目して，食料生産の概要を捉え，食料生産が国民生活に果たす役割を考え，表現すること。
  (イ) 生産の工程，人々の協力関係，技術の向上，輸送，価格や費用などに着目して，食料生産に関わる人々の工夫や努力を捉え，その働きを考え，表現すること。

(3) 我が国の工業生産について，学習の問題を追究・解決する活動を通して，次の事項を身に付けることができるよう指導する。

ア 次のような知識及び技能を身に付けること。
  (ア) 我が国では様々な工業生産が行われていることや，国土には工業の盛んな地域が広がっていること及び工業製品は国民生活の向上に重要な役割を果たしていることを理解すること。
  (イ) 工業生産に関わる人々は，消費者の需要や社会の変化に対応し，優れた製品を生産するよう様々な工夫や努力をして，工業生産を支えていることを理解すること。
  (ウ) 貿易や運輸は，原材料の確保や製品の販売などにおいて，工業生産を支える重要な役割を果たしていることを理解すること。

(エ) 地図帳や地球儀，各種の資料で調べ，まとめること。
 イ 次のような思考力，判断力，表現力等を身に付けること。
  (ア) 工業の種類，工業の盛んな地域の分布，工業製品の改良などに着目して，工業生産の概要を捉え，工業生産が国民生活に果たす役割を考え，表現すること。
  (イ) 製造の工程，工場相互の協力関係，優れた技術などに着目して，工業生産に関わる人々の工夫や努力を捉え，その働きを考え，表現すること。
  (ウ) 交通網の広がり，外国との関わりなどに着目して，貿易や運輸の様子を捉え，それらの役割を考え，表現すること。
(4) 我が国の産業と情報との関わりについて，学習の問題を追究・解決する活動を通して，次の事項を身に付けることができるよう指導する。
 ア 次のような知識及び技能を身に付けること。
  (ア) 放送，新聞などの産業は，国民生活に大きな影響を及ぼしていることを理解すること。
  (イ) 大量の情報や情報通信技術の活用は，様々な産業を発展させ，国民生活を向上させていることを理解すること。
  (ウ) 聞き取り調査をしたり映像や新聞などの各種資料で調べたりして，まとめること。
 イ 次のような思考力，判断力，表現力等を身に付けること。
  (ア) 情報を集め発信するまでの工夫や努力などに着目して，放送，新聞などの産業の様子を捉え，それらの産業が国民生活に果たす役割を考え，表現すること。
  (イ) 情報の種類，情報の活用の仕方などに着目して，産業における情報活用の現状を捉え，情報を生かして発展する産業が国民生活に果たす役割を考え，表現すること。
(5) 我が国の国土の自然環境と国民生活との関連について，学習の問題を追究・解決する活動を通して，次の事項を身に付けることができるよう指導する。
 ア 次のような知識及び技能を身に付けること。
  (ア) 自然災害は国土の自然条件などと関連して発生していることや，自然災害から国土を保全し国民生活を守るために国や県などが様々な対策や事業を進めていることを理解すること。
  (イ) 森林は，その育成や保護に従事している人々の様々な工夫と努力により国土の保全など重要な役割を果たしていることを理解すること。
  (ウ) 関係機関や地域の人々の様々な努力により公害の防止や生活環境の改善が図られてきたことを理解するとともに，公害から国土の環境や国民の健康な生活を守ることの大切さを理解すること。
  (エ) 地図帳や各種の資料で調べ，まとめること。
 イ 次のような思考力，判断力，表現力等を身に付けること。
  (ア) 災害の種類や発生の位置や時期，防災対策などに着目して，国土の自然災害の状況を捉え，自然条件との関連を考え，表現すること。
  (イ) 森林資源の分布や働きなどに着目して，国土の環境を捉え，森林資源が果たす役割を考え，表現すること。
  (ウ) 公害の発生時期や経過，人々の協力や努力などに着目して，公害防止の取組を捉え，その働きを考え，表現すること。

3 内容の取扱い
(1) 内容の(1)については，次のとおり取り扱うものとする。
 ア アの(ア)の「領土の範囲」については，竹島や北方領土，尖閣諸島が我が国の固有の領土であることに触れること。

付録3

イ　ア の (ウ) については，地図帳や地球儀を用いて，方位，緯度や経度などによる位置の表し方について取り扱うこと。
　　ウ　イ の (ア) の「主な国」については，名称についても扱うようにし，近隣の諸国を含めて取り上げること。その際，我が国や諸外国には国旗があることを理解し，それを尊重する態度を養うよう配慮すること。
　　エ　イ の (イ) の「自然条件から見て特色ある地域」については，地形条件や気候条件から見て特色ある地域を取り上げること。
　(2) 内容の (2) については，次のとおり取り扱うものとする。
　　ア　ア の (イ) 及びイ の (イ) については，食料生産の盛んな地域の具体的事例を通して調べることとし，稲作のほか，野菜，果物，畜産物，水産物などの中から一つを取り上げること。
　　イ　イ の (ア) 及び (イ) については，消費者や生産者の立場などから多角的に考えて，これからの農業などの発展について，自分の考えをまとめることができるよう配慮すること。
　(3) 内容の (3) については，次のとおり取り扱うものとする。
　　ア　ア の (イ) 及びイ の (イ) については，工業の盛んな地域の具体的事例を通して調べることとし，金属工業，機械工業，化学工業，食料品工業などの中から一つを取り上げること。
　　イ　イ の (ア) 及び (イ) については，消費者や生産者の立場などから多角的に考えて，これからの工業の発展について，自分の考えをまとめることができるよう配慮すること。
　(4) 内容の (4) については，次のとおり取り扱うものとする。
　　ア　ア の (ア) の「放送，新聞などの産業」については，それらの中から選択して取り上げること。その際，情報を有効に活用することについて，情報の送り手と受け手の立場から多角的に考え，受け手として正しく判断することや送り手として責任をもつことが大切であることに気付くようにすること。
　　イ　ア の (イ) 及びイ の (イ) については，情報や情報技術を活用して発展している販売，運輸，観光，医療，福祉などに関わる産業の中から選択して取り上げること。その際，産業と国民の立場から多角的に考えて，情報化の進展に伴う産業の発展や国民生活の向上について，自分の考えをまとめることができるよう配慮すること。
　(5) 内容の (5) については，次のとおり取り扱うものとする。
　　ア　ア の (ア) については，地震災害，津波災害，風水害，火山災害，雪害などを取り上げること。
　　イ　ア の (ウ) 及びイ の (ウ) については，大気の汚染，水質の汚濁などの中から具体的事例を選択して取り上げること。
　　ウ　イ の (イ) 及び (ウ) については，国土の環境保全について，自分たちにできることなどを考えたり選択・判断したりできるよう配慮すること。

〔第6学年〕
1　目　標
　社会的事象の見方・考え方を働かせ，学習の問題を追究・解決する活動を通して，次のとおり資質・能力を育成することを目指す。
(1) 我が国の政治の考え方と仕組みや働き，国家及び社会の発展に大きな働きをした先人の業績や優れた文化遺産，我が国と関係の深い国の生活やグローバル化する国際社会における我が国の役割について理解するとともに，地図帳や地球儀，統計や年表などの各種の基礎的資料を通して，情報を適切に調べまとめる技能を身に付けるようにする。
(2) 社会的事象の特色や相互の関連，意味を多角的に考える力，社会に見られる課題を把握して，その解決に向けて社会への関わり方を選択・判断する力，考えたことや選択・判断したことを説明したり，それらを基に議論したりする力を養う。

(3) 社会的事象について，主体的に学習の問題を解決しようとする態度や，よりよい社会を考え学習したことを社会生活に生かそうとする態度を養うとともに，多角的な思考や理解を通して，我が国の歴史や伝統を大切にして国を愛する心情，我が国の将来を担う国民としての自覚や平和を願う日本人として世界の国々の人々と共に生きることの大切さについての自覚を養う。

2 内容

(1) 我が国の政治の働きについて，学習の問題を追究・解決する活動を通して，次の事項を身に付けることができるよう指導する。

　ア　次のような知識及び技能を身に付けること。

　　(ｱ)　日本国憲法は国家の理想，天皇の地位，国民としての権利及び義務など国家や国民生活の基本を定めていることや，現在の我が国の民主政治は日本国憲法の基本的な考え方に基づいていることを理解するとともに，立法，行政，司法の三権がそれぞれの役割を果たしていることを理解すること。

　　(ｲ)　国や地方公共団体の政治は，国民主権の考え方の下，国民生活の安定と向上を図る大切な働きをしていることを理解すること。

　　(ｳ)　見学・調査したり各種の資料で調べたりして，まとめること。

　イ　次のような思考力，判断力，表現力等を身に付けること。

　　(ｱ)　日本国憲法の基本的な考え方に着目して，我が国の民主政治を捉え，日本国憲法が国民生活に果たす役割や，国会，内閣，裁判所と国民との関わりを考え，表現すること。

　　(ｲ)　政策の内容や計画から実施までの過程，法令や予算との関わりなどに着目して，国や地方公共団体の政治の取組を捉え，国民生活における政治の働きを考え，表現すること。

(2) 我が国の歴史上の主な事象について，学習の問題を追究・解決する活動を通して，次の事項を身に付けることができるよう指導する。

　ア　次のような知識及び技能を身に付けること。その際，我が国の歴史上の主な事象を手掛かりに，大まかな歴史を理解するとともに，関連する先人の業績，優れた文化遺産を理解すること。

　　(ｱ)　狩猟・採集や農耕の生活，古墳，大和朝廷（大和政権）による統一の様子を手掛かりに，むらからくにへと変化したことを理解すること。その際，神話・伝承を手掛かりに，国の形成に関する考え方などに関心をもつこと。

　　(ｲ)　大陸文化の摂取，大化の改新，大仏造営の様子を手掛かりに，天皇を中心とした政治が確立されたことを理解すること。

　　(ｳ)　貴族の生活や文化を手掛かりに，日本風の文化が生まれたことを理解すること。

　　(ｴ)　源平の戦い，鎌倉幕府の始まり，元との戦いを手掛かりに，武士による政治が始まったことを理解すること。

　　(ｵ)　京都の室町に幕府が置かれた頃の代表的な建造物や絵画を手掛かりに，今日の生活文化につながる室町文化が生まれたことを理解すること。

　　(ｶ)　キリスト教の伝来，織田・豊臣の天下統一を手掛かりに，戦国の世が統一されたことを理解すること。

　　(ｷ)　江戸幕府の始まり，参勤交代や鎖国などの幕府の政策，身分制を手掛かりに，武士による政治が安定したことを理解すること。

　　(ｸ)　歌舞伎や浮世絵，国学や蘭学を手掛かりに，町人の文化が栄え新しい学問がおこったことを理解すること。

　　(ｹ)　黒船の来航，廃藩置県や四民平等などの改革，文明開化などを手掛かりに，我が国が明治維新を機に欧米の文化を取り入れつつ近代化を進めたことを理解すること。

㋙　大日本帝国憲法の発布，日清（にっしん）・日露の戦争，条約改正，科学の発展などを手掛かりに，我が国の国力が充実し国際的地位が向上したことを理解すること。

　　　㋚　日中戦争や我が国に関わる第二次世界大戦，日本国憲法の制定，オリンピック・パラリンピックの開催などを手掛かりに，戦後我が国は民主的な国家として出発し，国民生活が向上し，国際社会の中で重要な役割を果たしてきたことを理解すること。

　　　㋛　遺跡や文化財，地図や年表などの資料で調べ，まとめること。

　　イ　次のような思考力，判断力，表現力等を身に付けること。

　　　㋐　世の中の様子，人物の働きや代表的な文化遺産などに着目して，我が国の歴史上の主な事象を捉え，我が国の歴史の展開を考えるとともに，歴史を学ぶ意味を考え，表現すること。

(3) グローバル化する世界と日本の役割について，学習の問題を追究・解決する活動を通して，次の事項を身に付けることができるよう指導する。

　　ア　次のような知識及び技能を身に付けること。

　　　㋐　我が国と経済や文化などの面でつながりが深い国の人々の生活は，多様であることを理解するとともに，スポーツや文化などを通して他国と交流し，異なる文化や習慣を尊重し合うことが大切であることを理解すること。

　　　㋑　我が国は，平和な世界の実現のために国際連合の一員として重要な役割を果たしたり，諸外国の発展のために援助や協力を行ったりしていることを理解すること。

　　　㋒　地図帳や地球儀，各種の資料で調べ，まとめること。

　　イ　次のような思考力，判断力，表現力等を身に付けること。

　　　㋐　外国の人々の生活の様子などに着目して，日本の文化や習慣との違いを捉え，国際交流の果たす役割を考え，表現すること。

　　　㋑　地球規模で発生している課題の解決に向けた連携・協力などに着目して，国際連合の働きや我が国の国際協力の様子を捉え，国際社会において我が国が果たしている役割を考え，表現すること。

3　内容の取扱い

(1) 内容の (1) については，次のとおり取り扱うものとする。

　　ア　アの㋐については，国会などの議会政治や選挙の意味，国会と内閣と裁判所の三権相互の関連，裁判員制度や租税の役割などについて扱うこと。その際，イの㋐に関わって，国民としての政治への関わり方について多角的に考えて，自分の考えをまとめることができるよう配慮すること。

　　イ　アの㋐の「天皇の地位」については，日本国憲法に定める天皇の国事に関する行為など児童に理解しやすい事項を取り上げ，歴史に関する学習との関連も図りながら，天皇についての理解と敬愛の念を深めるようにすること。また，「国民としての権利及び義務」については，参政権，納税の義務などを取り上げること。

　　ウ　アの㋑の「国や地方公共団体の政治」については，社会保障，自然災害からの復旧や復興，地域の開発や活性化などの取組の中から選択して取り上げること。

　　エ　イの㋐の「国会」について，国民との関わりを指導する際には，各々の国民の祝日に関心をもち，我が国の社会や文化における意義を考えることができるよう配慮すること。

(2) 内容の (2) については，次のとおり取り扱うものとする。

　　ア　アの㋐から㋚までについては，児童の興味・関心を重視し，取り上げる人物や文化遺産の重点の置き方に工夫を加えるなど，精選して具体的に理解できるようにすること。その際，アの㋚の指導に当たっては，児童の発達の段階を考慮すること。

　　イ　アの㋐から㋚までについては，例えば，国宝，重要文化財に指定されているものや，世界

文化遺産に登録されているものなどを取り上げ，我が国の代表的な文化遺産を通して学習できるように配慮すること。

ウ　アの(ア)から(コ)までについては，例えば，次に掲げる人物を取り上げ，人物の働きを通して学習できるよう指導すること。

卑弥呼，聖徳太子，小野妹子，中大兄皇子，中臣鎌足，聖武天皇，行基，
鑑真，藤原道長，紫式部，清少納言，平清盛，源頼朝，源義経，
北条時宗，足利義満，足利義政，雪舟，ザビエル，織田信長，豊臣秀吉，
徳川家康，徳川家光，近松門左衛門，歌川広重，本居宣長，
杉田玄白，伊能忠敬，ペリー，勝海舟，西郷隆盛，大久保利通，木戸孝允，
明治天皇，福沢諭吉，大隈重信，板垣退助，伊藤博文，陸奥宗光，
東郷平八郎，小村寿太郎，野口英世

エ　アの(ア)の「神話・伝承」については，古事記，日本書紀，風土記などの中から適切なものを取り上げること。

オ　アの(イ)から(サ)までについては，当時の世界との関わりにも目を向け，我が国の歴史を広い視野から捉えられるよう配慮すること。

カ　アの(シ)については，年表や絵画など資料の特性に留意した読み取り方についても指導すること。

キ　イの(ア)については，歴史学習全体を通して，我が国は長い歴史をもち伝統や文化を育んできたこと，我が国の歴史は政治の中心地や世の中の様子などによって幾つかの時期に分けられることに気付くようにするとともに，現在の自分たちの生活と過去の出来事との関わりを考えたり，過去の出来事を基に現在及び将来の発展を考えたりするなど，歴史を学ぶ意味を考えるようにすること。

(3) 内容の(3)については，次のとおり取り扱うものとする。

ア　アについては，我が国の国旗と国歌の意義を理解し，これを尊重する態度を養うとともに，諸外国の国旗と国歌も同様に尊重する態度を養うよう配慮すること。

イ　アの(ア)については，我が国とつながりが深い国から数か国を取り上げること。その際，児童が１か国を選択して調べるよう配慮すること。

ウ　アの(ア)については，我が国や諸外国の伝統や文化を尊重しようとする態度を養うよう配慮すること。

エ　イについては，世界の人々と共に生きていくために大切なことや，今後，我が国が国際社会において果たすべき役割などを多角的に考えたり選択・判断したりできるよう配慮すること。

オ　イの(イ)については，網羅的，抽象的な扱いを避けるため，「国際連合の働き」については，ユニセフやユネスコの身近な活動を取り上げること。また，「我が国の国際協力の様子」については，教育，医療，農業などの分野で世界に貢献している事例の中から選択して取り上げること。

● 第3　指導計画の作成と内容の取扱い

1　指導計画の作成に当たっては，次の事項に配慮するものとする。

(1) 単元など内容や時間のまとまりを見通して，その中で育む資質・能力の育成に向けて，児童の主体的・対話的で深い学びの実現を図るようにすること。その際，問題解決への見通しをもつこと，社会的事象の見方・考え方を働かせ，事象の特色や意味などを考え概念などに関する知識を獲得すること，学習の過程や成果を振り返り学んだことを活用することなど，学習の問

題を追究・解決する活動の充実を図ること。
  (2) 各学年の目標や内容を踏まえて，事例の取り上げ方を工夫して，内容の配列や授業時数の配分などに留意して効果的な年間指導計画を作成すること。
  (3) 我が国の47都道府県の名称と位置，世界の大陸と主な海洋の名称と位置については，学習内容と関連付けながら，その都度，地図帳や地球儀などを使って確認するなどして，小学校卒業までに身に付け活用できるように工夫して指導すること。
  (4) 障害のある児童などについては，学習活動を行う場合に生じる困難さに応じた指導内容や指導方法の工夫を計画的，組織的に行うこと。
  (5) 第1章総則の第1の2の(2)に示す道徳教育の目標に基づき，道徳科などとの関連を考慮しながら，第3章特別の教科道徳の第2に示す内容について，社会科の特質に応じて適切な指導をすること。
2 第2の内容の取扱いについては，次の事項に配慮するものとする。
  (1) 各学校においては，地域の実態を生かし，児童が興味・関心をもって学習に取り組めるようにするとともに，観察や見学，聞き取りなどの調査活動を含む具体的な体験を伴う学習やそれに基づく表現活動の一層の充実を図ること。また，社会的事象の特色や意味，社会に見られる課題などについて，多角的に考えたことや選択・判断したことを論理的に説明したり，立場や根拠を明確にして議論したりするなど言語活動に関わる学習を一層重視すること。
  (2) 学校図書館や公共図書館，コンピュータなどを活用して，情報の収集やまとめなどを行うようにすること。また，全ての学年において，地図帳を活用すること。
  (3) 博物館や資料館などの施設の活用を図るとともに，身近な地域及び国土の遺跡や文化財などについての調査活動を取り入れるようにすること。また，内容に関わる専門家や関係者，関係の諸機関との連携を図るようにすること。
  (4) 児童の発達の段階を考慮し，社会的事象については，児童の考えが深まるよう様々な見解を提示するよう配慮し，多様な見解のある事柄，未確定な事柄を取り上げる場合には，有益適切な教材に基づいて指導するとともに，特定の事柄を強調し過ぎたり，一面的な見解を十分な配慮なく取り上げたりするなどの偏った取扱いにより，児童が多角的に考えたり，事実を客観的に捉え，公正に判断したりすることを妨げることのないよう留意すること。

中学校学習指導要領 第2章 第2節 社会

● 第1 目標

社会的な見方・考え方を働かせ，課題を追究したり解決したりする活動を通して，広い視野に立ち，グローバル化する国際社会に主体的に生きる平和で民主的な国家及び社会の形成者に必要な公民としての資質・能力の基礎を次のとおり育成することを目指す。

(1) 我が国の国土と歴史，現代の政治，経済，国際関係等に関して理解するとともに，調査や諸資料から様々な情報を効果的に調べまとめる技能を身に付けるようにする。

(2) 社会的事象の意味や意義，特色や相互の関連を多面的・多角的に考察したり，社会に見られる課題の解決に向けて選択・判断したりする力，思考・判断したことを説明したり，それらを基に議論したりする力を養う。

(3) 社会的事象について，よりよい社会の実現を視野に課題を主体的に解決しようとする態度を養うとともに，多面的・多角的な考察や深い理解を通して涵養される我が国の国土や歴史に対する愛情，国民主権を担う公民として，自国を愛し，その平和と繁栄を図ることや，他国や他国の文化を尊重することの大切さについての自覚などを深める。

● 第2 各学年の目標及び内容

〔地理的分野〕

1 目 標

社会的事象の地理的な見方・考え方を働かせ，課題を追究したり解決したりする活動を通して，広い視野に立ち，グローバル化する国際社会に主体的に生きる平和で民主的な国家及び社会の形成者に必要な公民としての資質・能力の基礎を次のとおり育成することを目指す。

(1) 我が国の国土及び世界の諸地域に関して，地域の諸事象や地域的特色を理解するとともに，調査や諸資料から地理に関する様々な情報を効果的に調べまとめる技能を身に付けるようにする。

(2) 地理に関わる事象の意味や意義，特色や相互の関連を，位置や分布，場所，人間と自然環境との相互依存関係，空間的相互依存作用，地域などに着目して，多面的・多角的に考察したり，地理的な課題の解決に向けて公正に選択・判断したりする力，思考・判断したことを説明したり，それらを基に議論したりする力を養う。

(3) 日本や世界の地域に関わる諸事象について，よりよい社会の実現を視野にそこで見られる課題を主体的に追究，解決しようとする態度を養うとともに，多面的・多角的な考察や深い理解を通して涵養される我が国の国土に対する愛情，世界の諸地域の多様な生活文化を尊重しようとすることの大切さについての自覚などを深める。

2 内 容

A 世界と日本の地域構成

(1) 地域構成

次の①と②の地域構成を取り上げ，位置や分布などに着目して，課題を追究したり解決したりする活動を通して，以下のア及びイの事項を身に付けることができるよう指導する。

① 世界の地域構成　　② 日本の地域構成

ア　次のような知識を身に付けること。

付録4

(ア) 緯度と経度，大陸と海洋の分布，主な国々の名称と位置などを基に，世界の地域構成を大観し理解すること。
(イ) 我が国の国土の位置，世界各地との時差，領域の範囲や変化とその特色などを基に，日本の地域構成を大観し理解すること。

イ 次のような思考力，判断力，表現力等を身に付けること。

(ア) 世界の地域構成の特色を，大陸と海洋の分布や主な国の位置，緯度や経度などに着目して多面的・多角的に考察し，表現すること。
(イ) 日本の地域構成の特色を，周辺の海洋の広がりや国土を構成する島々の位置などに着目して多面的・多角的に考察し，表現すること。

B 世界の様々な地域
(1) 世界各地の人々の生活と環境

場所や人間と自然環境との相互依存関係などに着目して，課題を追究したり解決したりする活動を通して，次の事項を身に付けることができるよう指導する。

ア 次のような知識を身に付けること。

(ア) 人々の生活は，その生活が営まれる場所の自然及び社会的条件から影響を受けたり，その場所の自然及び社会的条件に影響を与えたりすることを理解すること。
(イ) 世界各地における人々の生活やその変容を基に，世界の人々の生活や環境の多様性を理解すること。その際，世界の主な宗教の分布についても理解すること。

イ 次のような思考力，判断力，表現力等を身に付けること。

(ア) 世界各地における人々の生活の特色やその変容の理由を，その生活が営まれる場所の自然及び社会的条件などに着目して多面的・多角的に考察し，表現すること。

(2) 世界の諸地域

次の①から⑥までの各州を取り上げ，空間的相互依存作用や地域などに着目して，主題を設けて課題を追究したり解決したりする活動を通して，以下のア及びイの事項を身に付けることができるよう指導する。

① アジア　　② ヨーロッパ　　③ アフリカ
④ 北アメリカ　　⑤ 南アメリカ　　⑥ オセアニア

ア 次のような知識を身に付けること。

(ア) 世界各地で顕在化している地球的課題は，それが見られる地域の地域的特色の影響を受けて，現れ方が異なることを理解すること。
(イ) ①から⑥までの世界の各州に暮らす人々の生活を基に，各州の地域的特色を大観し理解すること。

イ 次のような思考力，判断力，表現力等を身に付けること。

(ア) ①から⑥までの世界の各州において，地域で見られる地球的課題の要因や影響を，州という地域の広がりや地域内の結び付きなどに着目して，それらの地域的特色と関連付けて多面的・多角的に考察し，表現すること。

C 日本の様々な地域
(1) 地域調査の手法

場所などに着目して，課題を追究したり解決したりする活動を通して，次の事項を身に付けることができるよう指導する。

ア 次のような知識及び技能を身に付けること。

(ア) 観察や野外調査，文献調査を行う際の視点や方法，地理的なまとめ方の基礎を理解すること。
(イ) 地形図や主題図の読図，目的や用途に適した地図の作成などの地理的技能を身に付ける

こと。
- イ 次のような思考力，判断力，表現力等を身に付けること。
  - (ア) 地域調査において，対象となる場所の特徴などに着目して，適切な主題や調査，まとめとなるように，調査の手法やその結果を多面的・多角的に考察し，表現すること。

(2) 日本の地域的特色と地域区分

次の①から④までの項目を取り上げ，分布や地域などに着目して，課題を追究したり解決したりする活動を通して，以下のア及びイの事項を身に付けることができるよう指導する。

① 自然環境　② 人口　③ 資源・エネルギーと産業
④ 交通・通信

- ア 次のような知識及び技能を身に付けること。
  - (ア) 日本の地形や気候の特色，海洋に囲まれた日本の国土の特色，自然災害と防災への取組などを基に，日本の自然環境に関する特色を理解すること。
  - (イ) 少子高齢化の課題，国内の人口分布や過疎・過密問題などを基に，日本の人口に関する特色を理解すること。
  - (ウ) 日本の資源・エネルギー利用の現状，国内の産業の動向，環境やエネルギーに関する課題などを基に，日本の資源・エネルギーと産業に関する特色を理解すること。
  - (エ) 国内や日本と世界との交通・通信網の整備状況，これを活用した陸上，海上輸送などの物流や人の往来などを基に，国内各地の結び付きや日本と世界との結び付きの特色を理解すること。
  - (オ) ①から④までの項目に基づく地域区分を踏まえ，我が国の国土の特色を大観し理解すること。
  - (カ) 日本や国内地域に関する各種の主題図や資料を基に，地域区分をする技能を身に付けること。
- イ 次のような思考力，判断力，表現力等を身に付けること。
  - (ア) ①から④までの項目について，それぞれの地域区分を，地域の共通点や差異，分布などに着目して，多面的・多角的に考察し，表現すること。
  - (イ) 日本の地域的特色を，①から④までの項目に基づく地域区分などに着目して，それらを関連付けて多面的・多角的に考察し，表現すること。

(3) 日本の諸地域

次の①から⑤までの考察の仕方を基にして，空間的相互依存作用や地域などに着目して，主題を設けて課題を追究したり解決したりする活動を通して，以下のア及びイの事項を身に付けることができるよう指導する。

① 自然環境を中核とした考察の仕方
② 人口や都市・村落を中核とした考察の仕方
③ 産業を中核とした考察の仕方
④ 交通や通信を中核とした考察の仕方
⑤ その他の事象を中核とした考察の仕方

- ア 次のような知識を身に付けること。
  - (ア) 幾つかに区分した日本のそれぞれの地域について，その地域的特色や地域の課題を理解すること。
  - (イ) ①から⑤までの考察の仕方で取り上げた特色ある事象と，それに関連する他の事象や，そこで生ずる課題を理解すること。
- イ 次のような思考力，判断力，表現力等を身に付けること。
  - (ア) 日本の諸地域において，それぞれ①から⑤までで扱う中核となる事象の成立条件を，地

付録4

域の広がりや地域内の結び付き，人々の対応などに着目して，他の事象やそこで生ずる課題と有機的に関連付けて多面的・多角的に考察し，表現すること。

(4) 地域の在り方

空間的相互依存作用や地域などに着目して，課題を追究したり解決したりする活動を通して，次の事項を身に付けることができるよう指導する。

ア 次のような知識を身に付けること。
　(ア) 地域の実態や課題解決のための取組を理解すること。
　(イ) 地域的な課題の解決に向けて考察，構想したことを適切に説明，議論しまとめる手法について理解すること。

イ 次のような思考力，判断力，表現力等を身に付けること。
　(ア) 地域の在り方を，地域の結び付きや地域の変容，持続可能性などに着目し，そこで見られる地理的な課題について多面的・多角的に考察，構想し，表現すること。

3　内容の取扱い

(1) 内容のA，B及びCについては，この順序で取り扱うものとし，既習の学習成果を生かすこと。

(2) 内容の取扱いについては，次の事項に配慮するものとする。

ア 世界や日本の場所や地域の特色には，一般的共通性と地方的特殊性があり，また，地域に見られる諸事象は，その地域の規模の違いによって現れ方が異なることに留意すること。

イ 地図の読図や作図，景観写真の読み取り，地域に関する情報の収集や処理などの地理的技能を身に付けるに当たっては，系統性に留意して計画的に指導すること。その際，教科用図書「地図」を十分に活用すること。

ウ 学習で取り上げる地域や国については，各項目間の調整を図り，一部の地域に偏ることのないようにすること。

エ 地域の特色や変化を捉えるに当たっては，歴史的分野との連携を踏まえ，歴史的背景に留意して地域的特色を追究するよう工夫するとともに，公民的分野との関連にも配慮すること。

オ 地域的特色を追究する過程で生物や地学的な事象などを取り上げる際には，地域的特色を捉える上で必要な範囲にとどめること。

(3) 内容のAについては，次のとおり取り扱うものとする。

ア (1)については，次のとおり取り扱うものとする。
　(ア) 日本の地域構成を扱う際には，都道府県の名称と位置のほかに都道府県庁所在地名も取り上げること。
　(イ) 「領域の範囲や変化とその特色」については，我が国の海洋国家としての特色を取り上げるとともに，竹島や北方領土が我が国の固有の領土であることなど，我が国の領域をめぐる問題も取り上げるようにすること。その際，尖閣諸島については我が国の固有の領土であり，領土問題は存在しないことも扱うこと。
　(ウ) 地球儀や地図を積極的に活用し，学習全体を通して，大まかに世界地図や日本地図を描けるようにすること。

(4) 内容のBについては，次のとおり取り扱うものとする。

ア (1)については，世界各地の人々の生活の特色やその変容の理由と，その生活が営まれる場所の自然及び社会的条件との関係を考察するに当たって，衣食住の特色や，生活と宗教との関わりなどを取り上げるようにすること。

イ (2)については，次のとおり取り扱うものとする。
　(ア) 州ごとに設ける主題については，各州に暮らす人々の生活の様子を的確に把握できる事象を取り上げるとともに，そこで特徴的に見られる地球的課題と関連付けて取り上げること。

(イ) 取り上げる地球的課題については，地域間の共通性に気付き，我が国の国土の認識を深め，持続可能な社会づくりを考える上で効果的であるという観点から設定すること。また，州ごとに異なるものとなるようにすること。
(5) 内容のCについては，次のとおり取り扱うものとする。
　ア (1)については，次のとおり取り扱うものとする。
　　(ア) 地域調査に当たっては，対象地域は学校周辺とし，主題は学校所在地の事情を踏まえて，防災，人口の偏在，産業の変容，交通の発達などの事象から適切に設定し，観察や調査を指導計画に位置付けて実施すること。なお，学習の効果を高めることができる場合には，内容のCの(3)の中の学校所在地を含む地域の学習や，Cの(4)と結び付けて扱うことができること。
　　(イ) 様々な資料を的確に読み取ったり，地図を有効に活用して事象を説明したりするなどの作業的な学習活動を取り入れること。また，課題の追究に当たり，例えば，防災に関わり危険を予測したり，人口の偏在に関わり人口動態を推測したりする際には，縮尺の大きな地図や統計その他の資料を含む地理空間情報を適切に取り扱い，その活用の技能を高めるようにすること。
　イ (2)については，次のとおり取り扱うものとする。
　　(ア) ①から④までで示した日本の地域的特色については，系統的に理解を深めるための基本的な事柄で構成すること。
　　(イ) 地域区分に際しては，日本の地域的特色を見いだしやすくなるようにそれぞれ適切な数で区分すること。
　ウ (3)については，次のとおり取り扱うものとする。
　　(ア) 日本の諸地域については，国内を幾つかの地域に区分して取り上げることとし，その地域区分は，指導の観点や学校所在地の事情などを考慮して適切に決めること。
　　(イ) 学習する地域ごとに①から⑤までの考察の仕方を一つ選択することとし，①から④までの考察の仕方は，少なくとも一度は取り扱うこと。また，⑤の考察の仕方は，様々な事象や事柄の中から，取り上げる地域に応じた適切なものを適宜設定すること。
　　(ウ) 地域の考察に当たっては，そこに暮らす人々の生活・文化，地域の伝統や歴史的な背景，地域の持続可能な社会づくりを踏まえた視点に留意すること。
　エ (4)については，次のとおり取り扱うものとする。
　　(ア) 取り上げる地域や課題については，各学校において具体的に地域の在り方を考察できるような，適切な規模の地域や適切な課題を取り上げること。
　　(イ) 学習の効果を高めることができる場合には，内容のCの(1)の学習や，Cの(3)の中の学校所在地を含む地域の学習と結び付けて扱うことができること。
　　(ウ) 考察，構想，表現する際には，学習対象の地域と類似の課題が見られる他の地域と比較したり，関連付けたりするなど，具体的に学習を進めること。
　　(エ) 観察や調査の結果をまとめる際には，地図や諸資料を有効に活用して事象を説明したり，自分の解釈を加えて論述したり，意見交換したりするなどの学習活動を充実させること。

〔歴史的分野〕
1　目　標
　社会的事象の歴史的な見方・考え方を働かせ，課題を追究したり解決したりする活動を通して，広い視野に立ち，グローバル化する国際社会に主体的に生きる平和で民主的な国家及び社会の形成者に必要な公民としての資質・能力の基礎を次のとおり育成することを目指す。
(1) 我が国の歴史の大きな流れを，世界の歴史を背景に，各時代の特色を踏まえて理解するとと

もに，諸資料から歴史に関する様々な情報を効果的に調べまとめる技能を身に付けるようにする。
(2) 歴史に関わる事象の意味や意義，伝統と文化の特色などを，時期や年代，推移，比較，相互の関連や現在とのつながりなどに着目して多面的・多角的に考察したり，歴史に見られる課題を把握し複数の立場や意見を踏まえて公正に選択・判断したりする力，思考・判断したことを説明したり，それらを基に議論したりする力を養う。
(3) 歴史に関わる諸事象について，よりよい社会の実現を視野にそこで見られる課題を主体的に追究，解決しようとする態度を養うとともに，多面的・多角的な考察や深い理解を通して涵養される我が国の歴史に対する愛情，国民としての自覚，国家及び社会並びに文化の発展や人々の生活の向上に尽くした歴史上の人物と現在に伝わる文化遺産を尊重しようとすることの大切さについての自覚などを深め，国際協調の精神を養う。

2 内容

A 歴史との対話
 (1) 私たちと歴史
  課題を追究したり解決したりする活動を通して，次の事項を身に付けることができるよう指導する。
  ア 次のような知識及び技能を身に付けること。
   (ア) 年代の表し方や時代区分の意味や意義についての基本的な内容を理解すること。
   (イ) 資料から歴史に関わる情報を読み取ったり，年表などにまとめたりするなどの技能を身に付けること。
  イ 次のような思考力，判断力，表現力等を身に付けること。
   (ア) 時期や年代，推移，現在の私たちとのつながりなどに着目して，小学校での学習を踏まえて歴史上の人物や文化財，出来事などから適切なものを取り上げ，時代区分との関わりなどについて考察し表現すること。
 (2) 身近な地域の歴史
  課題を追究したり解決したりする活動を通して，次の事項を身に付けることができるよう指導する。
  ア 次のような知識及び技能を身に付けること。
   (ア) 自らが生活する地域や受け継がれてきた伝統や文化への関心をもって，具体的な事柄との関わりの中で，地域の歴史について調べたり，収集した情報を年表などにまとめたりするなどの技能を身に付けること。
  イ 次のような思考力，判断力，表現力等を身に付けること。
   (ア) 比較や関連，時代的な背景や地域的な環境，歴史と私たちとのつながりなどに着目して，地域に残る文化財や諸資料を活用して，身近な地域の歴史的な特徴を多面的・多角的に考察し，表現すること。

B 近世までの日本とアジア
 (1) 古代までの日本
  課題を追究したり解決したりする活動を通して，次の事項を身に付けることができるよう指導する。
  ア 次のような知識を身に付けること。
   (ア) 世界の古代文明や宗教のおこり
    世界の古代文明や宗教のおこりを基に，世界の各地で文明が築かれたことを理解すること。
   (イ) 日本列島における国家形成
    日本列島における農耕の広まりと生活の変化や当時の人々の信仰，大和朝廷（大和政権）

による統一の様子と東アジアとの関わりなどを基に，東アジアの文明の影響を受けながら我が国で国家が形成されていったことを理解すること。

 (ウ) 律令国家の形成
  律令国家の確立に至るまでの過程，摂関政治などを基に，東アジアの文物や制度を積極的に取り入れながら国家の仕組みが整えられ，その後，天皇や貴族による政治が展開したことを理解すること。

 (エ) 古代の文化と東アジアとの関わり
  仏教の伝来とその影響，仮名文字の成立などを基に，国際的な要素をもった文化が栄え，それらを基礎としながら文化の国風化が進んだことを理解すること。

イ　次のような思考力，判断力，表現力等を身に付けること。

 (ア) 古代文明や宗教が起こった場所や環境，農耕の広まりや生産技術の発展，東アジアとの接触や交流と政治や文化の変化などに着目して，事象を相互に関連付けるなどして，アの(ア)から(エ)までについて古代の社会の変化の様子を多面的・多角的に考察し，表現すること。

 (イ) 古代までの日本を大観して，時代の特色を多面的・多角的に考察し，表現すること。

(2)　中世の日本

課題を追究したり解決したりする活動を通して，次の事項を身に付けることができるよう指導する。

ア　次のような知識を身に付けること。

 (ア) 武家政治の成立とユーラシアの交流
  鎌倉幕府の成立，元寇（モンゴル帝国の襲来）などを基に，武士が台頭して主従の結び付きや武力を背景とした武家政権が成立し，その支配が広まったこと，元寇がユーラシアの変化の中で起こったことを理解すること。

 (イ) 武家政治の展開と東アジアの動き
  南北朝の争乱と室町幕府，日明貿易，琉球の国際的な役割などを基に，武家政治の展開とともに，東アジア世界との密接な関わりが見られたことを理解すること。

 (ウ) 民衆の成長と新たな文化の形成
  農業など諸産業の発達，畿内を中心とした都市や農村における自治的な仕組みの成立，武士や民衆などの多様な文化の形成，応仁の乱後の社会的な変動などを基に，民衆の成長を背景とした社会や文化が生まれたことを理解すること。

イ　次のような思考力，判断力，表現力等を身に付けること。

 (ア) 武士の政治への進出と展開，東アジアにおける交流，農業や商工業の発達などに着目して，事象を相互に関連付けるなどして，アの(ア)から(ウ)までについて中世の社会の変化の様子を多面的・多角的に考察し，表現すること。

 (イ) 中世の日本を大観して，時代の特色を多面的・多角的に考察し，表現すること。

(3)　近世の日本

課題を追究したり解決したりする活動を通して，次の事項を身に付けることができるよう指導する。

ア　次のような知識を身に付けること。

 (ア) 世界の動きと統一事業
  ヨーロッパ人来航の背景とその影響，織田・豊臣による統一事業とその当時の対外関係，武将や豪商などの生活文化の展開などを基に，近世社会の基礎がつくられたことを理解すること。

 (イ) 江戸幕府の成立と対外関係
  江戸幕府の成立と大名統制，身分制と農村の様子，鎖国などの幕府の対外政策と対外関

付録4

　　　　係などを基に，幕府と藩による支配が確立したことを理解すること。
　　　(ｳ)　産業の発達と町人文化
　　　　産業や交通の発達，教育の普及と文化の広がりなどを基に，町人文化が都市を中心に形成されたことや，各地方の生活文化が生まれたことを理解すること。
　　　(ｴ)　幕府の政治の展開
　　　　社会の変動や欧米諸国の接近，幕府の政治改革，新しい学問・思想の動きなどを基に，幕府の政治が次第に行き詰まりをみせたことを理解すること。
　　イ　次のような思考力，判断力，表現力等を身に付けること。
　　　(ｱ)　交易の広がりとその影響，統一政権の諸政策の目的，産業の発達と文化の担い手の変化，社会の変化と幕府の政策の変化などに着目して，事象を相互に関連付けるなどして，アの(ｱ)から(ｴ)までについて近世の社会の変化の様子を多面的・多角的に考察し，表現すること。
　　　(ｲ)　近世の日本を大観して，時代の特色を多面的・多角的に考察し，表現すること。
　C　近現代の日本と世界
　(1)　近代の日本と世界
　　課題を追究したり解決したりする活動を通して，次の事項を身に付けることができるよう指導する。
　　ア　次のような知識を身に付けること。
　　　(ｱ)　欧米における近代社会の成立とアジア諸国の動き
　　　　欧米諸国における産業革命や市民革命，アジア諸国の動きなどを基に，欧米諸国が近代社会を成立させてアジアへ進出したことを理解すること。
　　　(ｲ)　明治維新と近代国家の形成
　　　　開国とその影響，富国強兵・殖産興業政策，文明開化の風潮などを基に，明治維新によって近代国家の基礎が整えられて，人々の生活が大きく変化したことを理解すること。
　　　(ｳ)　議会政治の始まりと国際社会との関わり
　　　　自由民権運動，大日本帝国憲法の制定，日清・日露戦争，条約改正などを基に，立憲制の国家が成立して議会政治が始まるとともに，我が国の国際的な地位が向上したことを理解すること。
　　　(ｴ)　近代産業の発展と近代文化の形成
　　　　我が国の産業革命，この時期の国民生活の変化，学問・教育・科学・芸術の発展などを基に，我が国で近代産業が発展し，近代文化が形成されたことを理解すること。
　　　(ｵ)　第一次世界大戦前後の国際情勢と大衆の出現
　　　　第一次世界大戦の背景とその影響，民族運動の高まりと国際協調の動き，我が国の国民の政治的自覚の高まりと文化の大衆化などを基に，第一次世界大戦前後の国際情勢及び我が国の動きと，大戦後に国際平和への努力がなされたことを理解すること。
　　　(ｶ)　第二次世界大戦と人類への惨禍
　　　　経済の世界的な混乱と社会問題の発生，昭和初期から第二次世界大戦の終結までの我が国の政治・外交の動き，中国などアジア諸国との関係，欧米諸国の動き，戦時下の国民の生活などを基に，軍部の台頭から戦争までの経過と，大戦が人類全体に惨禍を及ぼしたことを理解すること。
　　イ　次のような思考力，判断力，表現力等を身に付けること。
　　　(ｱ)　工業化の進展と政治や社会の変化，明治政府の諸改革の目的，議会政治や外交の展開，近代化がもたらした文化への影響，経済の変化の政治への影響，戦争に向かう時期の社会や生活の変化，世界の動きと我が国との関連などに着目して，事象を相互に関連付けるなどして，アの(ｱ)から(ｶ)までについて近代の社会の変化の様子を多面的・多角的に考察し，

付録4

　　　　表現すること。
　　（ｲ）近代の日本と世界を大観して，時代の特色を多面的・多角的に考察し，表現すること。
　(2) 現代の日本と世界
　　　課題を追究したり解決したりする活動を通して，次の事項を身に付けることができるよう指導する。
　　ア　次のような知識を身に付けること。
　　（ｱ）日本の民主化と冷戦下の国際社会
　　　　　冷戦，我が国の民主化と再建の過程，国際社会への復帰などを基に，第二次世界大戦後の諸改革の特色や世界の動きの中で新しい日本の建設が進められたことを理解すること。
　　（ｲ）日本の経済の発展とグローバル化する世界
　　　　　高度経済成長，国際社会との関わり，冷戦の終結などを基に，我が国の経済や科学技術の発展によって国民の生活が向上し，国際社会において我が国の役割が大きくなってきたことを理解すること。
　　イ　次のような思考力，判断力，表現力等を身に付けること。
　　（ｱ）諸改革の展開と国際社会の変化，政治の展開と国民生活の変化などに着目して，事象を相互に関連付けるなどして，アの(ｱ)及び(ｲ)について現代の社会の変化の様子を多面的・多角的に考察し，表現すること。
　　（ｲ）現代の日本と世界を大観して，時代の特色を多面的・多角的に考察し，表現すること。
　　（ｳ）これまでの学習を踏まえ，歴史と私たちとのつながり，現在と未来の日本や世界の在り方について，課題意識をもって多面的・多角的に考察，構想し，表現すること。

3　内容の取扱い

(1) 内容の取扱いについては，次の事項に配慮するものとする。
　ア　生徒の発達の段階を考慮して，各時代の特色や時代の転換に関係する基礎的・基本的な歴史に関わる事象を重点的に選んで指導内容を構成すること。
　イ　調査や諸資料から歴史に関わる事象についての様々な情報を効果的に収集し，読み取り，まとめる技能を身に付ける学習を重視すること。その際,年表を活用した読み取りやまとめ，文献，図版などの多様な資料，地図などの活用を十分に行うこと。
　ウ　歴史に関わる事象の意味・意義や特色，事象間の関連を説明したり，課題を設けて追究したり，意見交換したりするなどの学習を重視して，思考力，判断力，表現力等を養うとともに，学習内容の確かな理解と定着を図ること。
　エ　各時代の文化については,代表的な事例を取り上げてその特色を考察させるようにすること。
　オ　歴史に見られる国際関係や文化交流のあらましを理解させ，我が国と諸外国の歴史や文化が相互に深く関わっていることを考察させるようにすること。その際，歴史に見られる文化や生活の多様性に気付かせること。
　カ　国家及び社会並びに文化の発展や人々の生活の向上に尽くした歴史上の人物と現在に伝わる文化遺産について，生徒の興味・関心を育てる指導に努めるとともに，それらの時代的背景や地域性などと関連付けて考察させるようにすること。その際，身近な地域の歴史上の人物と文化遺産を取り上げることにも留意すること。
　キ　歴史に関わる事象の指導に当たっては，地理的分野との連携を踏まえ，地理的条件にも着目して取り扱うよう工夫するとともに，公民的分野との関連にも配慮すること。
　ク　日本人の生活や生活に根ざした文化については，政治の動き，社会の動き，各地域の地理的条件，身近な地域の歴史とも関連付けて指導したり，民俗学や考古学などの成果の活用や博物館，郷土資料館などの施設を見学・調査したりするなど具体的に学ぶことを通して理解

させるように工夫すること。
- (2) 内容のAについては，次のとおり取り扱うものとする。
  - ア (1)については，中学校の歴史学習の導入として実施することを原則とすること。小学校での学習を踏まえ，扱う内容や活動を工夫すること。「課題を追究したり解決したりする活動」については，内容のB以下の学習と関わらせて，歴史を追究するために，課題意識をもって学ぶことを促す適切な学習活動を設けるような工夫をすること。(1)のアの(ア)の「年代の表し方や時代区分」の学習については，導入における学習内容を基盤にし，内容のB以下の学習と関わらせて継続的・計画的に進めること。また，(1)のイの(ア)の「時期や年代，推移，現在の私たちとのつながり」については，内容のB以下の学習と関わらせて，事象相互の関連などにも留意し，それぞれの時代でこれらに着目して考察することが大切であることに気付かせること。
  - イ (2)については，内容のB以下の学習と関わらせて計画的に実施し，地域の特性に応じた時代を取り上げるようにするとともに，人々の生活や生活に根ざした伝統や文化に着目した取扱いを工夫すること。その際，博物館，郷土資料館などの地域の施設の活用や地域の人々の協力も考慮すること。
- (3) 内容のBについては，次のとおり取り扱うものとする。
  - ア (1)のアの(ア)の「世界の古代文明」については，人類の出現にも触れ，中国の文明をはじめとして諸文明の特徴を取り扱い，生活技術の発達，文字の使用，国家のおこりと発展などの共通する特徴に気付かせるようにすること。また，ギリシャ・ローマの文明について，政治制度など民主政治の来歴の観点から取り扱うこと。「宗教のおこり」については，仏教，キリスト教，イスラム教などを取り上げ，古代の文明とともに大きく捉えさせるようにすること。(1)のアの(イ)の「日本列島における国家形成」については，狩猟・採集を行っていた人々の生活が農耕の広まりとともに変化していったことに気付かせるようにすること。また，考古学などの成果を活用するとともに，古事記，日本書紀，風土記などにまとめられた神話・伝承などの学習を通して，当時の人々の信仰やものの見方などに気付かせるよう留意すること。「大和朝廷（大和政権）による統一の様子と東アジアとの関わり」については，古墳の広まりにも触れるとともに，大陸から移住してきた人々の我が国の社会や文化に果たした役割にも気付かせるようにすること。(1)のアの(ウ)の「律令国家の確立に至るまでの過程」については，聖徳太子の政治，大化の改新から律令国家の確立に至るまでの過程を，小学校での学習内容を活用して大きく捉えさせるようにすること。なお，「聖徳太子の政治」を取り上げる際には，聖徳太子が古事記や日本書紀においては「厩戸皇子」などと表記され，後に「聖徳太子」と称されるようになったことに触れること。
  - イ (2)のアの(ア)の「ユーラシアの変化」については，モンゴル帝国の拡大によるユーラシアの結び付きについて気付かせること。(2)のアの(イ)の「琉球の国際的な役割」については，琉球の文化についても触れること。(2)のアの(ウ)の「武士や民衆などの多様な文化の形成」については，代表的な事例を取り上げてその特色を捉えさせるようにすること。その際，この時代の文化の中に現在に結び付くものが見られることに気付かせるようにすること。また，禅宗の文化的な影響についても触れること。「応仁の乱後の社会的な変動」については，戦国の動乱も取り扱うようにすること。
  - ウ (3)のアの(ア)の「ヨーロッパ人来航の背景」については，新航路の開拓を中心に取り扱い，その背景となるアジアの交易の状況やムスリム商人などの役割と世界の結び付きに気付かせること。また，宗教改革についても触れること。「織田・豊臣による統一事業」については，検地・刀狩などの政策を取り扱うようにすること。(3)のアの(イ)の「鎖国などの幕府の対外政策と対外関係」については，オランダ，中国との交易のほか，朝鮮との交流や琉球の役割，

北方との交易をしていたアイヌについて取り扱うようにすること。その際，アイヌの文化についても触れること。「幕府と藩による支配」については，その支配の下に大きな戦乱のない時期を迎えたことなどに気付かせること。(3)のアの(ウ)の「産業や交通の発達」については，身近な地域の特徴を生かすようにすること。「各地方の生活文化」については，身近な地域の事例を取り上げるように配慮し，藩校や寺子屋などによる「教育の普及」や社会的な「文化の広がり」と関連させて，現在との結び付きに気付かせるようにすること。(3)のアの(エ)の「幕府の政治改革」については，百姓一揆などに結び付く農村の変化や商業の発達などへの対応という観点から，代表的な事例を取り上げるようにすること。

(4) 内容のCについては，次のとおり取り扱うものとする。

ア (1)のアの(ア)の「市民革命」については，政治体制の変化や人権思想の発達や広がり，現代の政治とのつながりなどと関連付けて，アメリカの独立，フランス革命などを扱うこと。「アジア諸国の動き」については，欧米諸国の進出に対するアジア諸国の対応と変容という観点から，代表的な事例を取り上げるようにすること。(1)のアの(イ)の「開国とその影響」については，(1)のアの(ア)の欧米諸国のアジア進出と関連付けて取り扱うようにすること。「富国強兵・殖産興業政策」については，この政策の下に新政府が行った，廃藩置県，学制・兵制・税制の改革，身分制度の廃止，領土の画定などを取り扱うようにすること。その際，北方領土に触れるとともに，竹島，尖閣諸島の編入についても触れること。「明治維新」については，複雑な国際情勢の中で独立を保ち，近代国家を形成していった政府や人々の努力に気付かせるようにすること。(1)のアの(ウ)の「日清・日露戦争」については，この頃の大陸との関係を踏まえて取り扱うようにすること。「条約改正」については，当時の国内の社会状況や国際情勢との関わりを踏まえて，欧米諸国と対等な外交関係を樹立する過程の中から代表的な事例を取り上げるようにすること。「立憲制の国家が成立して議会政治が始まる」については，その歴史上の意義や現代の政治とのつながりに気付かせるようにすること。(1)のアの(エ)の「近代文化」については，伝統的な文化の上に欧米文化を受容して形成されたものであることに気付かせるようにすること。(1)のアの(オ)の「第一次世界大戦」については，世界に戦禍が広がった背景や，日本の参戦，ロシア革命なども取り上げて，世界の動きと我が国との関連を踏まえて取り扱うようにすること。「我が国の国民の政治的自覚の高まり」については，大正デモクラシーの時期の政党政治の発達，民主主義的な思想の普及，社会運動の展開を取り扱うようにすること。(1)のアの(カ)については，国際協調と国際平和の実現に努めることが大切であることに気付かせるようにすること。

イ (2)のアの(ア)の「我が国の民主化と再建の過程」については，国民が苦難を乗り越えて新しい日本の建設に努力したことに気付かせるようにすること。その際，男女普通選挙の確立，日本国憲法の制定などを取り扱うこと。(2)のアの(イ)については，沖縄返還，日中国交正常化，石油危機などの節目となる歴史に関わる事象を取り扱うようにすること。また，民族や宗教をめぐる対立や地球環境問題への対応などを取り扱い，これまでの学習と関わらせて考察，構想させるようにすること。

〔公民的分野〕

1 目標

現代社会の見方・考え方を働かせ，課題を追究したり解決したりする活動を通して，広い視野に立ち，グローバル化する国際社会に主体的に生きる平和で民主的な国家及び社会の形成者に必要な公民としての資質・能力の基礎を次のとおり育成することを目指す。

(1) 個人の尊厳と人権の尊重の意義，特に自由・権利と責任・義務との関係を広い視野から正しく認識し，民主主義，民主政治の意義，国民の生活の向上と経済活動との関わり，現代の社会

生活及び国際関係などについて，個人と社会との関わりを中心に理解を深めるとともに，諸資料から現代の社会的事象に関する情報を効果的に調べまとめる技能を身に付けるようにする。
(2) 社会的事象の意味や意義，特色や相互の関連を現代の社会生活と関連付けて多面的・多角的に考察したり，現代社会に見られる課題について公正に判断したりする力，思考・判断したことを説明したり，それらを基に議論したりする力を養う。
(3) 現代の社会的事象について，現代社会に見られる課題の解決を視野に主体的に社会に関わろうとする態度を養うとともに，多面的・多角的な考察や深い理解を通して涵養される，国民主権を担う公民として，自国を愛し，その平和と繁栄を図ることや，各国が相互に主権を尊重し，各国民が協力し合うことの大切さについての自覚などを深める。

2 内容

A 私たちと現代社会
(1) 私たちが生きる現代社会と文化の特色
位置や空間的な広がり，推移や変化などに着目して，課題を追究したり解決したりする活動を通して，次の事項を身に付けることができるよう指導する。
ア 次のような知識を身に付けること。
(ア) 現代日本の特色として少子高齢化，情報化，グローバル化などが見られることについて理解すること。
(イ) 現代社会における文化の意義や影響について理解すること。
イ 次のような思考力，判断力，表現力等を身に付けること。
(ア) 少子高齢化，情報化，グローバル化などが現在と将来の政治，経済，国際関係に与える影響について多面的・多角的に考察し，表現すること。
(イ) 文化の継承と創造の意義について多面的・多角的に考察し，表現すること。
(2) 現代社会を捉える枠組み
対立と合意，効率と公正などに着目して，課題を追究したり解決したりする活動を通して，次の事項を身に付けることができるよう指導する。
ア 次のような知識を身に付けること。
(ア) 現代社会の見方・考え方の基礎となる枠組みとして，対立と合意，効率と公正などについて理解すること。
(イ) 人間は本来社会的存在であることを基に，個人の尊厳と両性の本質的平等，契約の重要性やそれを守ることの意義及び個人の責任について理解すること。
イ 次のような思考力，判断力，表現力等を身に付けること。
(ア) 社会生活における物事の決定の仕方，契約を通した個人と社会との関係，きまりの役割について多面的・多角的に考察し，表現すること。

B 私たちと経済
(1) 市場の働きと経済
対立と合意，効率と公正，分業と交換，希少性などに着目して，課題を追究したり解決したりする活動を通して，次の事項を身に付けることができるよう指導する。
ア 次のような知識を身に付けること。
(ア) 身近な消費生活を中心に経済活動の意義について理解すること。
(イ) 市場経済の基本的な考え方について理解すること。その際，市場における価格の決まり方や資源の配分について理解すること。
(ウ) 現代の生産や金融などの仕組みや働きを理解すること。
(エ) 勤労の権利と義務，労働組合の意義及び労働基準法の精神について理解すること。

イ　次のような思考力，判断力，表現力等を身に付けること。
　　(ア)　個人や企業の経済活動における役割と責任について多面的・多角的に考察し，表現すること。
　　(イ)　社会生活における職業の意義と役割及び雇用と労働条件の改善について多面的・多角的に考察し，表現すること。
(2)　国民の生活と政府の役割
　　対立と合意，効率と公正，分業と交換，希少性などに着目して，課題を追究したり解決したりする活動を通して，次の事項を身に付けることができるよう指導する。
　ア　次のような知識を身に付けること。
　　(ア)　社会資本の整備，公害の防止など環境の保全，少子高齢社会における社会保障の充実・安定化，消費者の保護について，それらの意義を理解すること。
　　(イ)　財政及び租税の意義，国民の納税の義務について理解すること。
　イ　国民の生活と福祉の向上を図ることに向けて，次のような思考力，判断力，表現力等を身に付けること。
　　(ア)　市場の働きに委ねることが難しい諸問題に関して，国や地方公共団体が果たす役割について多面的・多角的に考察，構想し，表現すること。
　　(イ)　財政及び租税の役割について多面的・多角的に考察し，表現すること。
C　私たちと政治
(1)　人間の尊重と日本国憲法の基本的原則
　　対立と合意，効率と公正，個人の尊重と法の支配，民主主義などに着目して，課題を追究したり解決したりする活動を通して，次の事項を身に付けることができるよう指導する。
　ア　次のような知識を身に付けること。
　　(ア)　人間の尊重についての考え方を，基本的人権を中心に深め，法の意義を理解すること。
　　(イ)　民主的な社会生活を営むためには，法に基づく政治が大切であることを理解すること。
　　(ウ)　日本国憲法が基本的人権の尊重，国民主権及び平和主義を基本的原則としていることについて理解すること。
　　(エ)　日本国及び日本国民統合の象徴としての天皇の地位と天皇の国事に関する行為について理解すること。
　イ　次のような思考力，判断力，表現力等を身に付けること。
　　(ア)　我が国の政治が日本国憲法に基づいて行われていることの意義について多面的・多角的に考察し，表現すること。
(2)　民主政治と政治参加
　　対立と合意，効率と公正，個人の尊重と法の支配，民主主義などに着目して，課題を追究したり解決したりする活動を通して，次の事項を身に付けることができるよう指導する。
　ア　次のような知識を身に付けること。
　　(ア)　国会を中心とする我が国の民主政治の仕組みのあらましや政党の役割を理解すること。
　　(イ)　議会制民主主義の意義，多数決の原理とその運用の在り方について理解すること。
　　(ウ)　国民の権利を守り，社会の秩序を維持するために，法に基づく公正な裁判の保障があることについて理解すること。
　　(エ)　地方自治の基本的な考え方について理解すること。その際，地方公共団体の政治の仕組み，住民の権利や義務について理解すること。
　イ　地方自治や我が国の民主政治の発展に寄与しようとする自覚や住民としての自治意識の基礎を育成することに向けて，次のような思考力，判断力，表現力等を身に付けること。
　　(ア)　民主政治の推進と，公正な世論の形成や選挙など国民の政治参加との関連について多面

的・多角的に考察，構想し，表現すること。
　D　私たちと国際社会の諸課題
　(1)　世界平和と人類の福祉の増大
　　　対立と合意，効率と公正，協調，持続可能性などに着目して，課題を追究したり解決したりする活動を通して，次の事項を身に付けることができるよう指導する。
　　ア　次のような知識を身に付けること。
　　　(ｱ)　世界平和の実現と人類の福祉の増大のためには，国際協調の観点から，国家間の相互の主権の尊重と協力，各国民の相互理解と協力及び国際連合をはじめとする国際機構などの役割が大切であることを理解すること。その際，領土（領海，領空を含む。），国家主権，国際連合の働きなど基本的な事項について理解すること。
　　　(ｲ)　地球環境，資源・エネルギー，貧困などの課題の解決のために経済的，技術的な協力などが大切であることを理解すること。
　　イ　次のような思考力，判断力，表現力等を身に付けること。
　　　(ｱ)　日本国憲法の平和主義を基に，我が国の安全と防衛，国際貢献を含む国際社会における我が国の役割について多面的・多角的に考察，構想し，表現すること。
　(2)　よりよい社会を目指して
　　　持続可能な社会を形成することに向けて，社会的な見方・考え方を働かせ，課題を探究する活動を通して，次の事項を身に付けることができるよう指導する。
　　ア　私たちがよりよい社会を築いていくために解決すべき課題を多面的・多角的に考察，構想し，自分の考えを説明，論述すること。

3　内容の取扱い
(1)　内容の取扱いについては，次の事項に配慮するものとする。
　ア　地理的分野及び歴史的分野の学習の成果を活用するとともに，これらの分野で育成された資質・能力が，更に高まり発展するようにすること。また，社会的事象は相互に関連し合っていることに留意し，特定の内容に偏ることなく，分野全体として見通しをもったまとまりのある学習が展開できるようにすること。
　イ　生徒が内容の基本的な意味を理解できるように配慮し，現代社会の見方・考え方を働かせ，日常の社会生活と関連付けながら具体的事例を通して，政治や経済などに関わる制度や仕組みの意義や働きについて理解を深め，多面的・多角的に考察，構想し，表現できるようにすること。
　ウ　分野全体を通して，課題の解決に向けて習得した知識を活用して，事実を基に多面的・多角的に考察，構想したことを説明したり，論拠を基に自分の意見を説明，論述させたりすることにより，思考力，判断力，表現力等を養うこと。また，考察，構想させる場合には，資料を読み取らせて解釈させたり，議論などを行って考えを深めさせたりするなどの工夫をすること。
　エ　合意形成や社会参画を視野に入れながら，取り上げた課題について構想したことを，妥当性や効果，実現可能性などを踏まえて表現できるよう指導すること。
　オ　分野の内容に関係する専門家や関係諸機関などと円滑な連携・協働を図り，社会との関わりを意識した課題を追究したり解決したりする活動を充実させること。
(2)　内容のAについては，次のとおり取り扱うものとする。
　ア　(1)については，次のとおり取り扱うものとすること。
　　(ｱ)　「情報化」については，人工知能の急速な進化などによる産業や社会の構造的な変化などと関連付けたり，災害時における防災情報の発信・活用などの具体的事例を取り上げた

りすること。アの(イ)の「現代社会における文化の意義や影響」については，科学，芸術，宗教などを取り上げ，社会生活との関わりなどについて学習できるように工夫すること。

　　(イ)　イの(イ)の「文化の継承と創造の意義」については，我が国の伝統と文化などを取り扱うこと。

　イ　(1)及び(2)については公民的分野の導入部として位置付け，(1)，(2)の順で行うものとし，適切かつ十分な授業時数を配当すること。

(3)　内容のBについては，次のとおり取り扱うものとする。

　ア　(1)については，次のとおり取り扱うものとすること。

　　(ア)　アの(イ)の「市場における価格の決まり方や資源の配分」については，個人や企業の経済活動が様々な条件の中での選択を通して行われていることや，市場における取引が貨幣を通して行われていることなどを取り上げること。

　　(イ)　イの(ア)の「個人や企業の経済活動における役割と責任」については，起業について触れるとともに，経済活動や起業などを支える金融などの働きについて取り扱うこと。イの(イ)の「社会生活における職業の意義と役割及び雇用と労働条件の改善」については，仕事と生活の調和という観点から労働保護立法についても触れること。

　イ　(2)については，次のとおり取り扱うものとすること。

　　(ア)　アの(ア)の「消費者の保護」については，消費者の自立の支援なども含めた消費者行政を取り扱うこと。

　　(イ)　イの(イ)の「財政及び租税の役割」については，財源の確保と配分という観点から，財政の現状や少子高齢社会など現代社会の特色を踏まえて財政の持続可能性と関連付けて考察し，表現させること。

(4)　内容のCについては，次のとおり取り扱うものとする。

　ア　(2)のアの(ウ)の「法に基づく公正な裁判の保障」に関連させて，裁判員制度についても触れること。

(5)　内容のDについては，次のとおり取り扱うものとする。

　ア　(1)については，次のとおり取り扱うものとすること。

　　(ア)　アの(ア)の「国家間の相互の主権の尊重と協力」との関連で，国旗及び国歌の意義並びにそれらを相互に尊重することが国際的な儀礼であることの理解を通して，それらを尊重する態度を養うように配慮すること。また，「領土（領海，領空を含む。），国家主権」については関連させて取り扱い，我が国が，固有の領土である竹島や北方領土に関し残されている問題の平和的な手段による解決に向けて努力していることや，尖閣諸島をめぐり解決すべき領有権の問題は存在していないことなどを取り上げること。「国際連合をはじめとする国際機構などの役割」については，国際連合における持続可能な開発のための取組についても触れること。

　　(イ)　イの(ア)の「国際社会における我が国の役割」に関連させて，核兵器などの脅威に触れ，戦争を防止し，世界平和を確立するための熱意と協力の態度を育成するように配慮すること。また，国際社会における文化や宗教の多様性について取り上げること。

　イ　(2)については，身近な地域や我が国の取組との関連性に着目させ，世界的な視野と地域的な視点に立って探究させること。また，社会科のまとめとして位置付け，適切かつ十分な授業時数を配当すること。

第3　指導計画の作成と内容の取扱い

1　指導計画の作成に当たっては，次の事項に配慮するものとする。

(1) 単元など内容や時間のまとまりを見通して，その中で育む資質・能力の育成に向けて，生徒の主体的・対話的で深い学びの実現を図るようにすること。その際，分野の特質に応じた見方・考え方を働かせ，社会的事象の意味や意義などを考察し，概念などに関する知識を獲得したり，社会との関わりを意識した課題を追究したり解決したりする活動の充実を図ること。また，知識に偏り過ぎた指導にならないようにするため，基本的な事柄を厳選して指導内容を構成するとともに，各分野において，第2の内容の範囲や程度に十分配慮しつつ事柄を再構成するなどの工夫をして，基本的な内容が確実に身に付くよう指導すること。

(2) 小学校社会科の内容との関連及び各分野相互の有機的な関連を図るとともに，地理的分野及び歴史的分野の基礎の上に公民的分野の学習を展開するこの教科の基本的な構造に留意して，全体として教科の目標が達成できるようにする必要があること。

(3) 各分野の履修については，第1，第2学年を通じて地理的分野及び歴史的分野を並行して学習させることを原則とし，第3学年において歴史的分野及び公民的分野を学習させること。各分野に配当する授業時数は，地理的分野115単位時間，歴史的分野135単位時間，公民的分野100単位時間とすること。これらの点に留意し，各学校で創意工夫して適切な指導計画を作成すること。

(4) 障害のある生徒などについては，学習活動を行う場合に生じる困難さに応じた指導内容や指導方法の工夫を計画的，組織的に行うこと。

(5) 第1章総則の第1の2の(2)に示す道徳教育の目標に基づき，道徳科などとの関連を考慮しながら，第3章特別の教科道徳の第2に示す内容について，社会科の特質に応じて適切な指導をすること。

2 第2の内容の取扱いについては，次の事項に配慮するものとする。

(1) 社会的な見方・考え方を働かせることをより一層重視する観点に立って，社会的事象の意味や意義，事象の特色や事象間の関連，社会に見られる課題などについて，考察したことや選択・判断したことを論理的に説明したり，立場や根拠を明確にして議論したりするなどの言語活動に関わる学習を一層重視すること。

(2) 情報の収集，処理や発表などに当たっては，学校図書館や地域の公共施設などを活用するとともに，コンピュータや情報通信ネットワークなどの情報手段を積極的に活用し，指導に生かすことで，生徒が主体的に調べ分かろうとして学習に取り組めるようにすること。その際，課題の追究や解決の見通しをもって生徒が主体的に情報手段を活用できるようにするとともに，情報モラルの指導にも留意すること。

(3) 調査や諸資料から，社会的事象に関する様々な情報を効果的に収集し，読み取り，まとめる技能を身に付ける学習活動を重視するとともに，作業的で具体的な体験を伴う学習の充実を図るようにすること。その際，地図や年表を読んだり作成したり，現代社会の諸課題を捉え，多面的・多角的に考察，構想するに当たっては，関連する新聞，読み物，統計その他の資料に平素から親しみ適切に活用したり，観察や調査などの過程と結果を整理し報告書にまとめ，発表したりするなどの活動を取り入れるようにすること。

(4) 社会的事象については，生徒の考えが深まるよう様々な見解を提示するよう配慮し，多様な見解のある事柄，未確定な事柄を取り上げる場合には，有益適切な教材に基づいて指導するとともに，特定の事柄を強調し過ぎたり，一面的な見解を十分な配慮なく取り上げたりするなどの偏った取扱いにより，生徒が多面的・多角的に考察したり，事実を客観的に捉え，公正に判断したりすることを妨げることのないよう留意すること。

3 第2の内容の指導に当たっては，教育基本法第14条及び第15条の規定に基づき，適切に行うよう特に慎重に配慮して，政治及び宗教に関する教育を行うものとする。

小学校学習指導要領　第3章　特別の教科　道徳

● 第1　目標

第1章総則の第1の2の(2)に示す道徳教育の目標に基づき，よりよく生きるための基盤となる道徳性を養うため，道徳的諸価値についての理解を基に，自己を見つめ，物事を多面的・多角的に考え，自己の生き方についての考えを深める学習を通して，道徳的な判断力，心情，実践意欲と態度を育てる。

● 第2　内容

学校の教育活動全体を通じて行う道徳教育の要である道徳科においては，以下に示す項目について扱う。

　A　主として自分自身に関すること

［善悪の判断，自律，自由と責任］

　〔第1学年及び第2学年〕
　　よいことと悪いこととの区別をし，よいと思うことを進んで行うこと。
　〔第3学年及び第4学年〕
　　正しいと判断したことは，自信をもって行うこと。
　〔第5学年及び第6学年〕
　　自由を大切にし，自律的に判断し，責任のある行動をすること。

［正直，誠実］

　〔第1学年及び第2学年〕
　　うそをついたりごまかしをしたりしないで，素直に伸び伸びと生活すること。
　〔第3学年及び第4学年〕
　　過ちは素直に改め，正直に明るい心で生活すること。
　〔第5学年及び第6学年〕
　　誠実に，明るい心で生活すること。

［節度，節制］

　〔第1学年及び第2学年〕
　　健康や安全に気を付け，物や金銭を大切にし，身の回りを整え，わがままをしないで，規則正しい生活をすること。
　〔第3学年及び第4学年〕
　　自分でできることは自分でやり，安全に気を付け，よく考えて行動し，節度のある生活をすること。
　〔第5学年及び第6学年〕
　　安全に気を付けることや，生活習慣の大切さについて理解し，自分の生活を見直し，節度を守り節制に心掛けること。

［個性の伸長］

　〔第1学年及び第2学年〕
　　自分の特徴に気付くこと。
　〔第3学年及び第4学年〕
　　自分の特徴に気付き，長所を伸ばすこと。
　〔第5学年及び第6学年〕

付録5

自分の特徴を知って，短所を改め長所を伸ばすこと。
［希望と勇気，努力と強い意志］
　〔第1学年及び第2学年〕
　　　自分のやるべき勉強や仕事をしっかりと行うこと。
　〔第3学年及び第4学年〕
　　　自分でやろうと決めた目標に向かって，強い意志をもち，粘り強くやり抜くこと。
　〔第5学年及び第6学年〕
　　　より高い目標を立て，希望と勇気をもち，困難があってもくじけずに努力して物事をやり抜くこと。
［真理の探究］
　〔第5学年及び第6学年〕
　　　真理を大切にし，物事を探究しようとする心をもつこと。
B　主として人との関わりに関すること
［親切，思いやり］
　〔第1学年及び第2学年〕
　　　身近にいる人に温かい心で接し，親切にすること。
　〔第3学年及び第4学年〕
　　　相手のことを思いやり，進んで親切にすること。
　〔第5学年及び第6学年〕
　　　誰に対しても思いやりの心をもち，相手の立場に立って親切にすること。
［感謝］
　〔第1学年及び第2学年〕
　　　家族など日頃世話になっている人々に感謝すること。
　〔第3学年及び第4学年〕
　　　家族など生活を支えてくれている人々や現在の生活を築いてくれた高齢者に，尊敬と感謝の気持ちをもって接すること。
　〔第5学年及び第6学年〕
　　　日々の生活が家族や過去からの多くの人々の支え合いや助け合いで成り立っていることに感謝し，それに応えること。
［礼儀］
　〔第1学年及び第2学年〕
　　　気持ちのよい挨拶，言葉遣い，動作などに心掛けて，明るく接すること。
　〔第3学年及び第4学年〕
　　　礼儀の大切さを知り，誰に対しても真心をもって接すること。
　〔第5学年及び第6学年〕
　　　時と場をわきまえて，礼儀正しく真心をもって接すること。
［友情，信頼］
　〔第1学年及び第2学年〕
　　　友達と仲よくし，助け合うこと。
　〔第3学年及び第4学年〕
　　　友達と互いに理解し，信頼し，助け合うこと。
　〔第5学年及び第6学年〕
　　　友達と互いに信頼し，学び合って友情を深め，異性についても理解しながら，人間関係を築いていくこと。

［相互理解，寛容］
　〔第3学年及び第4学年〕
　　　自分の考えや意見を相手に伝えるとともに，相手のことを理解し，自分と異なる意見も大切にすること。
　〔第5学年及び第6学年〕
　　　自分の考えや意見を相手に伝えるとともに，謙虚な心をもち，広い心で自分と異なる意見や立場を尊重すること。
C　主として集団や社会との関わりに関すること
［規則の尊重］
　〔第1学年及び第2学年〕
　　　約束やきまりを守り，みんなが使う物を大切にすること。
　〔第3学年及び第4学年〕
　　　約束や社会のきまりの意義を理解し，それらを守ること。
　〔第5学年及び第6学年〕
　　　法やきまりの意義を理解した上で進んでそれらを守り，自他の権利を大切にし，義務を果たすこと。
［公正，公平，社会正義］
　〔第1学年及び第2学年〕
　　　自分の好き嫌いにとらわれないで接すること。
　〔第3学年及び第4学年〕
　　　誰に対しても分け隔てをせず，公正，公平な態度で接すること。
　〔第5学年及び第6学年〕
　　　誰に対しても差別をすることや偏見をもつことなく，公正，公平な態度で接し，正義の実現に努めること。
［勤労，公共の精神］
　〔第1学年及び第2学年〕
　　　働くことのよさを知り，みんなのために働くこと。
　〔第3学年及び第4学年〕
　　　働くことの大切さを知り，進んでみんなのために働くこと。
　〔第5学年及び第6学年〕
　　　働くことや社会に奉仕することの充実感を味わうとともに，その意義を理解し，公共のために役に立つことをすること。
［家族愛，家庭生活の充実］
　〔第1学年及び第2学年〕
　　　父母，祖父母を敬愛し，進んで家の手伝いなどをして，家族の役に立つこと。
　〔第3学年及び第4学年〕
　　　父母，祖父母を敬愛し，家族みんなで協力し合って楽しい家庭をつくること。
　〔第5学年及び第6学年〕
　　　父母，祖父母を敬愛し，家族の幸せを求めて，進んで役に立つことをすること。
［よりよい学校生活，集団生活の充実］
　〔第1学年及び第2学年〕
　　　先生を敬愛し，学校の人々に親しんで，学級や学校の生活を楽しくすること。
　〔第3学年及び第4学年〕
　　　先生や学校の人々を敬愛し，みんなで協力し合って楽しい学級や学校をつくること。

付録5

〔第5学年及び第6学年〕

先生や学校の人々を敬愛し，みんなで協力し合ってよりよい学級や学校をつくるとともに，様々な集団の中での自分の役割を自覚して集団生活の充実に努めること。

［伝統と文化の尊重，国や郷土を愛する態度］

〔第1学年及び第2学年〕

我が国や郷土の文化と生活に親しみ，愛着をもつこと。

〔第3学年及び第4学年〕

我が国や郷土の伝統と文化を大切にし，国や郷土を愛する心をもつこと。

〔第5学年及び第6学年〕

我が国や郷土の伝統と文化を大切にし，先人の努力を知り，国や郷土を愛する心をもつこと。

［国際理解，国際親善］

〔第1学年及び第2学年〕

他国の人々や文化に親しむこと。

〔第3学年及び第4学年〕

他国の人々や文化に親しみ，関心をもつこと。

〔第5学年及び第6学年〕

他国の人々や文化について理解し，日本人としての自覚をもって国際親善に努めること。

D　主として生命や自然，崇高なものとの関わりに関すること

［生命の尊さ］

〔第1学年及び第2学年〕

生きることのすばらしさを知り，生命を大切にすること。

〔第3学年及び第4学年〕

生命の尊さを知り，生命あるものを大切にすること。

〔第5学年及び第6学年〕

生命が多くの生命のつながりの中にあるかけがえのないものであることを理解し，生命を尊重すること。

［自然愛護］

〔第1学年及び第2学年〕

身近な自然に親しみ，動植物に優しい心で接すること。

〔第3学年及び第4学年〕

自然のすばらしさや不思議さを感じ取り，自然や動植物を大切にすること。

〔第5学年及び第6学年〕

自然の偉大さを知り，自然環境を大切にすること。

［感動，畏敬の念］

〔第1学年及び第2学年〕

美しいものに触れ，すがすがしい心をもつこと。

〔第3学年及び第4学年〕

美しいものや気高いものに感動する心をもつこと。

〔第5学年及び第6学年〕

美しいものや気高いものに感動する心や人間の力を超えたものに対する畏敬の念をもつこと。

［よりよく生きる喜び］

〔第5学年及び第6学年〕

よりよく生きようとする人間の強さや気高さを理解し，人間として生きる喜びを感じること。

第3 指導計画の作成と内容の取扱い

1 各学校においては，道徳教育の全体計画に基づき，各教科，外国語活動，総合的な学習の時間及び特別活動との関連を考慮しながら，道徳科の年間指導計画を作成するものとする。なお，作成に当たっては，第2に示す各学年段階の内容項目について，相当する各学年において全て取り上げることとする。その際，児童や学校の実態に応じ，2学年間を見通した重点的な指導や内容項目間の関連を密にした指導，一つの内容項目を複数の時間で扱う指導を取り入れるなどの工夫を行うものとする。

2 第2の内容の指導に当たっては，次の事項に配慮するものとする。

(1) 校長や教頭などの参加，他の教師との協力的な指導などについて工夫し，道徳教育推進教師を中心とした指導体制を充実すること。

(2) 道徳科が学校の教育活動全体を通じて行う道徳教育の要としての役割を果たすことができるよう，計画的・発展的な指導を行うこと。特に，各教科，外国語活動，総合的な学習の時間及び特別活動における道徳教育としては取り扱う機会が十分でない内容項目に関わる指導を補うことや，児童や学校の実態等を踏まえて指導をより一層深めること，内容項目の相互の関連を捉え直したり発展させたりすることに留意すること。

(3) 児童が自ら道徳性を養う中で，自らを振り返って成長を実感したり，これからの課題や目標を見付けたりすることができるよう工夫すること。その際，道徳性を養うことの意義について，児童自らが考え，理解し，主体的に学習に取り組むことができるようにすること。

(4) 児童が多様な感じ方や考え方に接する中で，考えを深め，判断し，表現する力などを育むことができるよう，自分の考えを基に話し合ったり書いたりするなどの言語活動を充実すること。

(5) 児童の発達の段階や特性等を考慮し，指導のねらいに即して，問題解決的な学習，道徳的行為に関する体験的な学習等を適切に取り入れるなど，指導方法を工夫すること。その際，それらの活動を通じて学んだ内容の意義などについて考えることができるようにすること。また，特別活動等における多様な実践活動や体験活動も道徳科の授業に生かすようにすること。

(6) 児童の発達の段階や特性等を考慮し，第2に示す内容との関連を踏まえつつ，情報モラルに関する指導を充実すること。また，児童の発達の段階や特性等を考慮し，例えば，社会の持続可能な発展などの現代的な課題の取扱いにも留意し，身近な社会的課題を自分との関係において考え，それらの解決に寄与しようとする意欲や態度を育てるよう努めること。なお，多様な見方や考え方のできる事柄について，特定の見方や考え方に偏った指導を行うことのないようにすること。

(7) 道徳科の授業を公開したり，授業の実施や地域教材の開発や活用などに家庭や地域の人々，各分野の専門家等の積極的な参加や協力を得たりするなど，家庭や地域社会との共通理解を深め，相互の連携を図ること。

3 教材については，次の事項に留意するものとする。

(1) 児童の発達の段階や特性，地域の実情等を考慮し，多様な教材の活用に努めること。特に，生命の尊厳，自然，伝統と文化，先人の伝記，スポーツ，情報化への対応等の現代的な課題などを題材とし，児童が問題意識をもって多面的・多角的に考えたり，感動を覚えたりするような充実した教材の開発や活用を行うこと。

(2) 教材については，教育基本法や学校教育法その他の法令に従い，次の観点に照らし適切と判断されるものであること。

　ア 児童の発達の段階に即し，ねらいを達成するのにふさわしいものであること。

　イ 人間尊重の精神にかなうものであって，悩みや葛藤等の心の揺れ，人間関係の理解等の課題も含め，児童が深く考えることができ，人間としてよりよく生きる喜びや勇気を与えられ

付録5

　　　　るものであること。
　　ウ　多様な見方や考え方のできる事柄を取り扱う場合には，特定の見方や考え方に偏った取扱いがなされていないものであること。
4　児童の学習状況や道徳性に係る成長の様子を継続的に把握し，指導に生かすよう努める必要がある。ただし，数値などによる評価は行わないものとする。

付録5

「道徳の内容」の学年段階・学校段階の一覧表

	小学校第1学年及び第2学年（19）	小学校第3学年及び第4学年（20）
A 主として自分自身に関すること		
善悪の判断, 自律, 自由と責任	(1) よいことと悪いこととの区別をし, よいと思うことを進んで行うこと。	(1) 正しいと判断したことは, 自信をもって行うこと。
正直, 誠実	(2) うそをついたりごまかしをしたりしないで, 素直に伸び伸びと生活すること。	(2) 過ちは素直に改め, 正直に明るい心で生活すること。
節度, 節制	(3) 健康や安全に気を付け, 物や金銭を大切にし, 身の回りを整え, わがままをしないで, 規則正しい生活をすること。	(3) 自分でできることは自分でやり, 安全に気を付け, よく考えて行動し, 節度のある生活をすること。
個性の伸長	(4) 自分の特徴に気付くこと。	(4) 自分の特徴に気付き, 長所を伸ばすこと。
希望と勇気, 努力と強い意志	(5) 自分のやるべき勉強や仕事をしっかりと行うこと。	(5) 自分でやろうと決めた目標に向かって, 強い意志をもち, 粘り強くやり抜くこと。
真理の探究		
B 主として人との関わりに関すること		
親切, 思いやり	(6) 身近にいる人に温かい心で接し, 親切にすること。	(6) 相手のことを思いやり, 進んで親切にすること。
感謝	(7) 家族など日頃世話になっている人々に感謝すること。	(7) 家族など生活を支えてくれている人々や現在の生活を築いてくれた高齢者に, 尊敬と感謝の気持ちをもって接すること。
礼儀	(8) 気持ちのよい挨拶, 言葉遣い, 動作などに心掛けて, 明るく接すること。	(8) 礼儀の大切さを知り, 誰に対しても真心をもって接すること。
友情, 信頼	(9) 友達と仲よくし, 助け合うこと。	(9) 友達と互いに理解し, 信頼し, 助け合うこと。
相互理解, 寛容		(10) 自分の考えや意見を相手に伝えるとともに, 相手のことを理解し, 自分と異なる意見も大切にすること。
C 主として集団や社会との関わりに関すること		
規則の尊重	(10) 約束やきまりを守り, みんなが使う物を大切にすること。	(11) 約束や社会のきまりの意義を理解し, それらを守ること。
公正, 公平, 社会正義	(11) 自分の好き嫌いにとらわれないで接すること。	(12) 誰に対しても分け隔てをせず, 公正, 公平な態度で接すること。
勤労, 公共の精神	(12) 働くことのよさを知り, みんなのために働くこと。	(13) 働くことの大切さを知り, 進んでみんなのために働くこと。
家族愛, 家庭生活の充実	(13) 父母, 祖父母を敬愛し, 進んで家の手伝いなどをして, 家族の役に立つこと。	(14) 父母, 祖父母を敬愛し, 家族みんなで協力し合って楽しい家庭をつくること。
よりよい学校生活, 集団生活の充実	(14) 先生を敬愛し, 学校の人々に親しんで, 学級や学校の生活を楽しくすること。	(15) 先生や学校の人々を敬愛し, みんなで協力し合って楽しい学級や学校をつくること。
伝統と文化の尊重, 国や郷土を愛する態度	(15) 我が国や郷土の文化と生活に親しみ, 愛着をもつこと。	(16) 我が国や郷土の伝統と文化を大切にし, 国や郷土を愛する心をもつこと。
国際理解, 国際親善	(16) 他国の人々や文化に親しむこと。	(17) 他国の人々や文化に親しみ, 関心をもつこと。
D 主として生命や自然, 崇高なものとの関わりに関すること		
生命の尊さ	(17) 生きることのすばらしさを知り, 生命を大切にすること。	(18) 生命の尊さを知り, 生命あるものを大切にすること。
自然愛護	(18) 身近な自然に親しみ, 動植物に優しい心で接すること。	(19) 自然のすばらしさや不思議さを感じ取り, 自然や動植物を大切にすること。
感動, 畏敬の念	(19) 美しいものに触れ, すがすがしい心をもつこと。	(20) 美しいものや気高いものに感動する心をもつこと。
よりよく生きる喜び		

付録6

小学校第5学年及び第6学年（22）	中学校（22）	
(1) 自由を大切にし，自律的に判断し，責任のある行動をすること。 (2) 誠実に，明るい心で生活すること。	(1) 自律の精神を重んじ，自主的に考え，判断し，誠実に実行してその結果に責任をもつこと。	自主，自律，自由と責任
(3) 安全に気を付けることや，生活習慣の大切さについて理解し，自分の生活を見直し，節度を守り節制に心掛けること。	(2) 望ましい生活習慣を身に付け，心身の健康の増進を図り，節度を守り節制に心掛け，安全で調和のある生活をすること。	節度，節制
(4) 自分の特徴を知って，短所を改め長所を伸ばすこと。	(3) 自己を見つめ，自己の向上を図るとともに，個性を伸ばして充実した生き方を追求すること。	向上心，個性の伸長
(5) より高い目標を立て，希望と勇気をもち，困難があってもくじけずに努力して物事をやり抜くこと。	(4) より高い目標を設定し，その達成を目指し，希望と勇気をもち，困難や失敗を乗り越えて着実にやり遂げること。	希望と勇気，克己と強い意志
(6) 真理を大切にし，物事を探究しようとする心をもつこと。	(5) 真実を大切にし，真理を探究して新しいものを生み出そうと努めること。	真理の探究，創造
(7) 誰に対しても思いやりの心をもち，相手の立場に立って親切にすること。 (8) 日々の生活が家族や過去からの多くの人々の支え合いや助け合いで成り立っていることに感謝し，それに応えること。	(6) 思いやりの心をもって人と接するとともに，家族などの支えや多くの人々の善意により日々の生活や現在の自分があることに感謝し，進んでそれに応え，人間愛の精神を深めること。	思いやり，感謝
(9) 時と場をわきまえて，礼儀正しく真心をもって接すること。	(7) 礼儀の意義を理解し，時と場に応じた適切な言動をとること。	礼儀
(10) 友達と互いに信頼し，学び合って友情を深め，異性についても理解しながら，人間関係を築いていくこと。	(8) 友情の尊さを理解して心から信頼できる友達をもち，互いに励まし合い，高め合うとともに，異性についての理解を深め，悩みや葛藤も経験しながら人間関係を深めていくこと。	友情，信頼
(11) 自分の考えや意見を相手に伝えるとともに，謙虚な心をもち，広い心で自分と異なる意見や立場を尊重すること。	(9) 自分の考えや意見を相手に伝えるとともに，それぞれの個性や立場を尊重し，いろいろなものの見方や考え方があることを理解し，寛容の心をもって謙虚に他に学び，自らを高めていくこと。	相互理解，寛容
(12) 法やきまりの意義を理解した上で進んでそれらを守り，自他の権利を大切にし，義務を果たすこと。	(10) 法やきまりの意義を理解し，それらを進んで守るとともに，そのよりよい在り方について考え，自他の権利を大切にし，義務を果たして，規律ある安定した社会の実現に努めること。	遵法精神，公徳心
(13) 誰に対しても差別をすることや偏見をもつことなく，公正，公平な態度で接し，正義の実現に努めること。	(11) 正義と公正さを重んじ，誰に対しても公平に接し，差別や偏見のない社会の実現に努めること。	公正，公平，社会正義
(14) 働くことや社会に奉仕することの充実感を味わうとともに，その意義を理解し，公共のために役に立つことをすること。	(12) 社会参画の意識と社会連帯の自覚を高め，公共の精神をもってよりよい社会の実現に努めること。	社会参画，公共の精神
	(13) 勤労の尊さや意義を理解し，将来の生き方について考えを深め，勤労を通じて社会に貢献すること。	勤労
(15) 父母，祖父母を敬愛し，家族の幸せを求めて，進んで役に立つことをすること。	(14) 父母，祖父母を敬愛し，家族の一員としての自覚をもって充実した家庭生活を築くこと。	家族愛，家庭生活の充実
(16) 先生や学校の人々を敬愛し，みんなで協力し合ってよりよい学級や学校をつくるとともに，様々な集団の中での自分の役割を自覚して集団生活の充実に努めること。	(15) 教師や学校の人々を敬愛し，学級や学校の一員としての自覚をもち，協力し合ってよりよい校風をつくるとともに，様々な集団の意義や集団の中での自分の役割と責任を自覚して集団生活の充実に努めること。	よりよい学校生活，集団生活の充実
(17) 我が国や郷土の伝統と文化を大切にし，先人の努力を知り，国や郷土を愛する心をもつこと。	(16) 郷土の伝統と文化を大切にし，社会に尽くした先人や高齢者に尊敬の念を深め，地域社会の一員としての自覚をもって郷土を愛し，進んで郷土の発展に努めること。	郷土の伝統と文化の尊重，郷土を愛する態度
	(17) 優れた伝統の継承と新しい文化の創造に貢献するとともに，日本人としての自覚をもって国を愛し，国家及び社会の形成者として，その発展に努めること。	我が国の伝統と文化の尊重，国を愛する態度
(18) 他国の人々や文化について理解し，日本人としての自覚をもって国際親善に努めること。	(18) 世界の中の日本人としての自覚をもち，他国を尊重し，国際的視野に立って，世界の平和と人類の発展に寄与すること。	国際理解，国際貢献
(19) 生命が多くの生命のつながりの中にあるかけがえのないものであることを理解し，生命を尊重すること。	(19) 生命の尊さについて，その連続性や有限性なども含めて理解し，かけがえのない生命を尊重すること。	生命の尊さ
(20) 自然の偉大さを知り，自然環境を大切にすること。	(20) 自然の崇高さを知り，自然環境を大切にすることの意義を理解し，進んで自然の愛護に努めること。	自然愛護
(21) 美しいものや気高いものに感動する心や人間の力を超えたものに対する畏敬の念をもつこと。	(21) 美しいものや気高いものに感動する心をもち，人間の力を超えたものに対する畏敬の念を深めること。	感動，畏敬の念
(22) よりよく生きようとする人間の強さや気高さを理解し，人間として生きる喜びを感じること。	(22) 人間には自らの弱さや醜さを克服する強さや気高く生きようとする心があることを理解し，人間として生きることに喜びを見いだすこと。	よりよく生きる喜び

付録6

幼稚園教育要領

　教育は，教育基本法第1条に定めるとおり，人格の完成を目指し，平和で民主的な国家及び社会の形成者として必要な資質を備えた心身ともに健康な国民の育成を期すという目的のもと，同法第2条に掲げる次の目標を達成するよう行われなければならない。

1　幅広い知識と教養を身に付け，真理を求める態度を養い，豊かな情操と道徳心を培うとともに，健やかな身体を養うこと。
2　個人の価値を尊重して，その能力を伸ばし，創造性を培い，自主及び自律の精神を養うとともに，職業及び生活との関連を重視し，勤労を重んずる態度を養うこと。
3　正義と責任，男女の平等，自他の敬愛と協力を重んずるとともに，公共の精神に基づき，主体的に社会の形成に参画し，その発展に寄与する態度を養うこと。
4　生命を尊び，自然を大切にし，環境の保全に寄与する態度を養うこと。
5　伝統と文化を尊重し，それらをはぐくんできた我が国と郷土を愛するとともに，他国を尊重し，国際社会の平和と発展に寄与する態度を養うこと。

　また，幼児期の教育については，同法第11条に掲げるとおり，生涯にわたる人格形成の基礎を培う重要なものであることにかんがみ，国及び地方公共団体は，幼児の健やかな成長に資する良好な環境の整備その他適当な方法によって，その振興に努めなければならないこととされている。
　これからの幼稚園には，学校教育の始まりとして，こうした教育の目的及び目標の達成を目指しつつ，一人一人の幼児が，将来，自分のよさや可能性を認識するとともに，あらゆる他者を価値のある存在として尊重し，多様な人々と協働しながら様々な社会的変化を乗り越え，豊かな人生を切り拓き，持続可能な社会の創り手となることができるようにするための基礎を培うことが求められる。このために必要な教育の在り方を具体化するのが，各幼稚園において教育の内容等を組織的かつ計画的に組み立てた教育課程である。
　教育課程を通して，これからの時代に求められる教育を実現していくためには，よりよい学校教育を通してよりよい社会を創るという理念を学校と社会とが共有し，それぞれの幼稚園において，幼児期にふさわしい生活をどのように展開し，どのような資質・能力を育むようにするのかを教育課程において明確にしながら，社会との連携及び協働によりその実現を図っていくという，社会に開かれた教育課程の実現が重要となる。
　幼稚園教育要領とは，こうした理念の実現に向けて必要となる教育課程の基準を大綱的に定めるものである。幼稚園教育要領が果たす役割の一つは，公の性質を有する幼稚園における教育水準を全国的に確保することである。また，各幼稚園がその特色を生かして創意工夫を重ね，長年にわたり積み重ねられてきた教育実践や学術研究の蓄積を生かしながら，幼児や地域の現状や課題を捉え，家庭や地域社会と協力して，幼稚園教育要領を踏まえた教育活動の更なる充実を図っていくことも重要である。
　幼児の自発的な活動としての遊びを生み出すために必要な環境を整え，一人一人の資質・能力を育んでいくことは，教職員をはじめとする幼稚園関係者はもとより，家庭や地域の人々も含め，様々な立場から幼児や幼稚園に関わる全ての大人に期待される役割である。家庭との緊密な連携の下，小学校以降の教育や生涯にわたる学習とのつながりを見通しながら，幼児の自発的な活動としての遊びを通しての総合的な指導をする際に広く活用されるものとなることを期待して，ここに幼稚園教育要領を定める。

第1章　総則

第1　幼稚園教育の基本

　幼児期の教育は，生涯にわたる人格形成の基礎を培う重要なものであり，幼稚園教育は，学校教育法に規定する目的及び目標を達成するため，幼児期の特性を踏まえ，環境を通して行うものであることを基本とする。

　このため教師は，幼児との信頼関係を十分に築き，幼児が身近な環境に主体的に関わり，環境との関わり方や意味に気付き，これらを取り込もうとして，試行錯誤したり，考えたりするようになる幼児期の教育における見方・考え方を生かし，幼児と共によりよい教育環境を創造するように努めるものとする。これらを踏まえ，次に示す事項を重視して教育を行わなければならない。

1　幼児は安定した情緒の下で自己を十分に発揮することにより発達に必要な体験を得ていくものであることを考慮して，幼児の主体的な活動を促し，幼児期にふさわしい生活が展開されるようにすること。

2　幼児の自発的な活動としての遊びは，心身の調和のとれた発達の基礎を培う重要な学習であることを考慮して，遊びを通しての指導を中心として第2章に示すねらいが総合的に達成されるようにすること。

3　幼児の発達は，心身の諸側面が相互に関連し合い，多様な経過をたどって成し遂げられていくものであること，また，幼児の生活経験がそれぞれ異なることなどを考慮して，幼児一人一人の特性に応じ，発達の課題に即した指導を行うようにすること。

　その際，教師は，幼児の主体的な活動が確保されるよう幼児一人一人の行動の理解と予想に基づき，計画的に環境を構成しなければならない。この場合において，教師は，幼児と人やものとの関わりが重要であることを踏まえ，教材を工夫し，物的・空間的環境を構成しなければならない。また，幼児一人一人の活動の場面に応じて，様々な役割を果たし，その活動を豊かにしなければならない。

第2　幼稚園教育において育みたい資質・能力及び「幼児期の終わりまでに育ってほしい姿」

1　幼稚園においては，生きる力の基礎を育むため，この章の第1に示す幼稚園教育の基本を踏まえ，次に掲げる資質・能力を一体的に育むよう努めるものとする。

(1)　豊かな体験を通じて，感じたり，気付いたり，分かったり，できるようになったりする「知識及び技能の基礎」

(2)　気付いたことや，できるようになったことなどを使い，考えたり，試したり，工夫したり，表現したりする「思考力，判断力，表現力等の基礎」

(3)　心情，意欲，態度が育つ中で，よりよい生活を営もうとする「学びに向かう力，人間性等」

2　1に示す資質・能力は，第2章に示すねらい及び内容に基づく活動全体によって育むものである。

3　次に示す「幼児期の終わりまでに育ってほしい姿」は，第2章に示すねらい及び内容に基づく活動全体を通して資質・能力が育まれている幼児の幼稚園修了時の具体的な姿であり，教師が指導を行う際に考慮するものである。

(1)　健康な心と体

　　幼稚園生活の中で，充実感をもって自分のやりたいことに向かって心と体を十分に働かせ，見通しをもって行動し，自ら健康で安全な生活をつくり出すようになる。

(2)　自立心

　　身近な環境に主体的に関わり様々な活動を楽しむ中で，しなければならないことを自覚し，自分の力で行うために考えたり，工夫したりしながら，諦めずにやり遂げることで達成感を味

付録7

わい，自信をもって行動するようになる。
(3) 協同性
　　友達と関わる中で，互いの思いや考えなどを共有し，共通の目的の実現に向けて，考えたり，工夫したり，協力したりし，充実感をもってやり遂げるようになる。
(4) 道徳性・規範意識の芽生え
　　友達と様々な体験を重ねる中で，してよいことや悪いことが分かり，自分の行動を振り返ったり，友達の気持ちに共感したりし，相手の立場に立って行動するようになる。また，きまりを守る必要性が分かり，自分の気持ちを調整し，友達と折り合いを付けながら，きまりをつくったり，守ったりするようになる。
(5) 社会生活との関わり
　　家族を大切にしようとする気持ちをもつとともに，地域の身近な人と触れ合う中で，人との様々な関わり方に気付き，相手の気持ちを考えて関わり，自分が役に立つ喜びを感じ，地域に親しみをもつようになる。また，幼稚園内外の様々な環境に関わる中で，遊びや生活に必要な情報を取り入れ，情報に基づき判断したり，情報を伝え合ったり，活用したりするなど，情報を役立てながら活動するようになるとともに，公共の施設を大切に利用するなどして，社会とのつながりなどを意識するようになる。
(6) 思考力の芽生え
　　身近な事象に積極的に関わる中で，物の性質や仕組みなどを感じ取ったり，気付いたりし，考えたり，予想したり，工夫したりするなど，多様な関わりを楽しむようになる。また，友達の様々な考えに触れる中で，自分と異なる考えがあることに気付き，自ら判断したり，考え直したりするなど，新しい考えを生み出す喜びを味わいながら，自分の考えをよりよいものにするようになる。
(7) 自然との関わり・生命尊重
　　自然に触れて感動する体験を通して，自然の変化などを感じ取り，好奇心や探究心をもって考え言葉などで表現しながら，身近な事象への関心が高まるとともに，自然への愛情や畏敬の念をもつようになる。また，身近な動植物に心を動かされる中で，生命の不思議さや尊さに気付き，身近な動植物への接し方を考え，命あるものとしていたわり，大切にする気持ちをもって関わるようになる。
(8) 数量や図形，標識や文字などへの関心・感覚
　　遊びや生活の中で，数量や図形，標識や文字などに親しむ体験を重ねたり，標識や文字の役割に気付いたりし，自らの必要感に基づきこれらを活用し，興味や関心，感覚をもつようになる。
(9) 言葉による伝え合い
　　先生や友達と心を通わせる中で，絵本や物語などに親しみながら，豊かな言葉や表現を身に付け，経験したことや考えたことなどを言葉で伝えたり，相手の話を注意して聞いたりし，言葉による伝え合いを楽しむようになる。
(10) 豊かな感性と表現
　　心を動かす出来事などに触れ感性を働かせる中で，様々な素材の特徴や表現の仕方などに気付き，感じたことや考えたことを自分で表現したり，友達同士で表現する過程を楽しんだりし，表現する喜びを味わい，意欲をもつようになる。

付録7

第3　教育課程の役割と編成等

1　教育課程の役割

　各幼稚園においては，教育基本法及び学校教育法その他の法令並びにこの幼稚園教育要領の示すところに従い，創意工夫を生かし，幼児の心身の発達と幼稚園及び地域の実態に即応した適切な教育課程を編成するものとする。

　また，各幼稚園においては，6に示す全体的な計画にも留意しながら，「幼児期の終わりまでに育ってほしい姿」を踏まえ教育課程を編成すること，教育課程の実施状況を評価してその改善を図っていくこと，教育課程の実施に必要な人的又は物的な体制を確保するとともにその改善を図っていくことなどを通して，教育課程に基づき組織的かつ計画的に各幼稚園の教育活動の質の向上を図っていくこと（以下「カリキュラム・マネジメント」という。）に努めるものとする。

2　各幼稚園の教育目標と教育課程の編成

　教育課程の編成に当たっては，幼稚園教育において育みたい資質・能力を踏まえつつ，各幼稚園の教育目標を明確にするとともに，教育課程の編成についての基本的な方針が家庭や地域とも共有されるよう努めるものとする。

3　教育課程の編成上の基本的事項

(1)　幼稚園生活の全体を通して第2章に示すねらいが総合的に達成されるよう，教育課程に係る教育期間や幼児の生活経験や発達の過程などを考慮して具体的なねらいと内容を組織するものとする。この場合において，特に，自我が芽生え，他者の存在を意識し，自己を抑制しようとする気持ちが生まれる幼児期の発達の特性を踏まえ，入園から修了に至るまでの長期的な視野をもって充実した生活が展開できるように配慮するものとする。

(2)　幼稚園の毎学年の教育課程に係る教育週数は，特別の事情のある場合を除き，39週を下ってはならない。

(3)　幼稚園の1日の教育課程に係る教育時間は，4時間を標準とする。ただし，幼児の心身の発達の程度や季節などに適切に配慮するものとする。

4　教育課程の編成上の留意事項

　教育課程の編成に当たっては，次の事項に留意するものとする。

(1)　幼児の生活は，入園当初の一人一人の遊びや教師との触れ合いを通して幼稚園生活に親しみ，安定していく時期から，他の幼児との関わりの中で幼児の主体的な活動が深まり，幼児が互いに必要な存在であることを認識するようになり，やがて幼児同士や学級全体で目的をもって協同して幼稚園生活を展開し，深めていく時期などに至るまでの過程を様々に経ながら広げられていくものであることを考慮し，活動がそれぞれの時期にふさわしく展開されるようにすること。

(2)　入園当初，特に，3歳児の入園については，家庭との連携を緊密にし，生活のリズムや安全面に十分配慮すること。また，満3歳児については，学年の途中から入園することを考慮し，幼児が安心して幼稚園生活を過ごすことができるよう配慮すること。

(3)　幼稚園生活が幼児にとって安全なものとなるよう，教職員による協力体制の下，幼児の主体的な活動を大切にしつつ，園庭や園舎などの環境の配慮や指導の工夫を行うこと。

5　小学校教育との接続に当たっての留意事項

(1)　幼稚園においては，幼稚園教育が，小学校以降の生活や学習の基盤の育成につながることに配慮し，幼児期にふさわしい生活を通して，創造的な思考や主体的な生活態度などの基礎を培うようにするものとする。

(2)　幼稚園教育において育まれた資質・能力を踏まえ，小学校教育が円滑に行われるよう，小学校の教師との意見交換や合同の研究の機会などを設け，「幼児期の終わりまでに育ってほしい姿」を共有するなど連携を図り，幼稚園教育と小学校教育との円滑な接続を図るよう努めるも

付録7

のとする。
6 全体的な計画の作成
　各幼稚園においては，教育課程を中心に，第3章に示す教育課程に係る教育時間の終了後等に行う教育活動の計画，学校保健計画，学校安全計画などを関連させ，一体的に教育活動が展開されるよう全体的な計画を作成するものとする。

第4　指導計画の作成と幼児理解に基づいた評価
1　指導計画の考え方
　幼稚園教育は，幼児が自ら意欲をもって環境と関わることによりつくり出される具体的な活動を通して，その目標の達成を図るものである。
　幼稚園においてはこのことを踏まえ，幼児期にふさわしい生活が展開され，適切な指導が行われるよう，それぞれの幼稚園の教育課程に基づき，調和のとれた組織的，発展的な指導計画を作成し，幼児の活動に沿った柔軟な指導を行わなければならない。
2　指導計画の作成上の基本的事項
　(1) 指導計画は，幼児の発達に即して一人一人の幼児が幼児期にふさわしい生活を展開し，必要な体験を得られるようにするために，具体的に作成するものとする。
　(2) 指導計画の作成に当たっては，次に示すところにより，具体的なねらい及び内容を明確に設定し，適切な環境を構成することなどにより活動が選択・展開されるようにするものとする。
　　ア　具体的なねらい及び内容は，幼稚園生活における幼児の発達の過程を見通し，幼児の生活の連続性，季節の変化などを考慮して，幼児の興味や関心，発達の実情などに応じて設定すること。
　　イ　環境は，具体的なねらいを達成するために適切なものとなるように構成し，幼児が自らその環境に関わることにより様々な活動を展開しつつ必要な体験を得られるようにすること。その際，幼児の生活する姿や発想を大切にし，常にその環境が適切なものとなるようにすること。
　　ウ　幼児の行う具体的な活動は，生活の流れの中で様々に変化するものであることに留意し，幼児が望ましい方向に向かって自ら活動を展開していくことができるよう必要な援助をすること。

　　その際，幼児の実態及び幼児を取り巻く状況の変化などに即して指導の過程についての評価を適切に行い，常に指導計画の改善を図るものとする。
3　指導計画の作成上の留意事項
　指導計画の作成に当たっては，次の事項に留意するものとする。
　(1) 長期的に発達を見通した年，学期，月などにわたる長期の指導計画やこれとの関連を保ちながらより具体的な幼児の生活に即した週，日などの短期の指導計画を作成し，適切な指導が行われるようにすること。特に，週，日などの短期の指導計画については，幼児の生活のリズムに配慮し，幼児の意識や興味の連続性のある活動が相互に関連して幼稚園生活の自然な流れの中に組み込まれるようにすること。
　(2) 幼児が様々な人やものとの関わりを通して，多様な体験をし，心身の調和のとれた発達を促すようにしていくこと。その際，幼児の発達に即して主体的・対話的で深い学びが実現するようにするとともに，心を動かされる体験が次の活動を生み出すことを考慮し，一つ一つの体験が相互に結び付き，幼稚園生活が充実するようにすること。
　(3) 言語に関する能力の発達と思考力等の発達が関連していることを踏まえ，幼稚園生活全体を通して，幼児の発達を踏まえた言語環境を整え，言語活動の充実を図ること。

(4) 幼児が次の活動への期待や意欲をもつことができるよう，幼児の実態を踏まえながら，教師や他の幼児と共に遊びや生活の中で見通しをもったり，振り返ったりするよう工夫すること。

(5) 行事の指導に当たっては，幼稚園生活の自然の流れの中で生活に変化や潤いを与え，幼児が主体的に楽しく活動できるようにすること。なお，それぞれの行事についてはその教育的価値を十分検討し，適切なものを精選し，幼児の負担にならないようにすること。

(6) 幼児期は直接的な体験が重要であることを踏まえ，視聴覚教材やコンピュータなど情報機器を活用する際には，幼稚園生活では得難い体験を補完するなど，幼児の体験との関連を考慮すること。

(7) 幼児の主体的な活動を促すためには，教師が多様な関わりをもつことが重要であることを踏まえ，教師は，理解者，共同作業者など様々な役割を果たし，幼児の発達に必要な豊かな体験が得られるよう，活動の場面に応じて，適切な指導を行うようにすること。

(8) 幼児の行う活動は，個人，グループ，学級全体などで多様に展開されるものであることを踏まえ，幼稚園全体の教師による協力体制を作りながら，一人一人の幼児が興味や欲求を十分に満足させるよう適切な援助を行うようにすること。

4 幼児理解に基づいた評価の実施

　幼児一人一人の発達の理解に基づいた評価の実施に当たっては，次の事項に配慮するものとする。

(1) 指導の過程を振り返りながら幼児の理解を進め，幼児一人一人のよさや可能性などを把握し，指導の改善に生かすようにすること。その際，他の幼児との比較や一定の基準に対する達成度についての評定によって捉えるものではないことに留意すること。

(2) 評価の妥当性や信頼性が高められるよう創意工夫を行い，組織的かつ計画的な取組を推進するとともに，次年度又は小学校等にその内容が適切に引き継がれるようにすること。

第5 特別な配慮を必要とする幼児への指導

1 障害のある幼児などへの指導

　障害のある幼児などへの指導に当たっては，集団の中で生活することを通して全体的な発達を促していくことに配慮し，特別支援学校などの助言又は援助を活用しつつ，個々の幼児の障害の状態などに応じた指導内容や指導方法の工夫を組織的かつ計画的に行うものとする。また，家庭，地域及び医療や福祉，保健等の業務を行う関係機関との連携を図り，長期的な視点で幼児への教育的支援を行うために，個別の教育支援計画を作成し活用することに努めるとともに，個々の幼児の実態を的確に把握し，個別の指導計画を作成し活用することに努めるものとする。

2 海外から帰国した幼児や生活に必要な日本語の習得に困難のある幼児の幼稚園生活への適応

　海外から帰国した幼児や生活に必要な日本語の習得に困難のある幼児については，安心して自己を発揮できるよう配慮するなど個々の幼児の実態に応じ，指導内容や指導方法の工夫を組織的かつ計画的に行うものとする。

第6 幼稚園運営上の留意事項

1 各幼稚園においては，園長の方針の下に，園務分掌に基づき教職員が適切に役割を分担しつつ，相互に連携しながら，教育課程や指導の改善を図るものとする。また，各幼稚園が行う学校評価については，教育課程の編成，実施，改善が教育活動や幼稚園運営の中核となることを踏まえ，カリキュラム・マネジメントと関連付けながら実施するよう留意するものとする。

2 幼児の生活は，家庭を基盤として地域社会を通じて次第に広がりをもつものであることに留意し，家庭との連携を十分に図るなど，幼稚園における生活が家庭や地域社会と連続性を保ちつつ展開されるようにするものとする。その際，地域の自然，高齢者や異年齢の子供などを含む人材，

行事や公共施設などの地域の資源を積極的に活用し，幼児が豊かな生活体験を得られるように工夫するものとする。また，家庭との連携に当たっては，保護者との情報交換の機会を設けたり，保護者と幼児との活動の機会を設けたりなどすることを通じて，保護者の幼児期の教育に関する理解が深まるよう配慮するものとする。

3　地域や幼稚園の実態等により，幼稚園間に加え，保育所，幼保連携型認定こども園，小学校，中学校，高等学校及び特別支援学校などとの間の連携や交流を図るものとする。特に，幼稚園教育と小学校教育の円滑な接続のため，幼稚園の幼児と小学校の児童との交流の機会を積極的に設けるようにするものとする。また，障害のある幼児児童生徒との交流及び共同学習の機会を設け，共に尊重し合いながら協働して生活していく態度を育むよう努めるものとする。

第7　教育課程に係る教育時間終了後等に行う教育活動など

幼稚園は，第3章に示す教育課程に係る教育時間の終了後等に行う教育活動について，学校教育法に規定する目的及び目標並びにこの章の第1に示す幼稚園教育の基本を踏まえ実施するものとする。また，幼稚園の目的の達成に資するため，幼児の生活全体が豊かなものとなるよう家庭や地域における幼児期の教育の支援に努めるものとする。

第2章　ねらい及び内容

　この章に示すねらいは，幼稚園教育において育みたい資質・能力を幼児の生活する姿から捉えたものであり，内容は，ねらいを達成するために指導する事項である。各領域は，これらを幼児の発達の側面から，心身の健康に関する領域「健康」，人との関わりに関する領域「人間関係」，身近な環境との関わりに関する領域「環境」，言葉の獲得に関する領域「言葉」及び感性と表現に関する領域「表現」としてまとめ，示したものである。内容の取扱いは，幼児の発達を踏まえた指導を行うに当たって留意すべき事項である。

　各領域に示すねらいは，幼稚園における生活の全体を通じ，幼児が様々な体験を積み重ねる中で相互に関連をもちながら次第に達成に向かうものであること，内容は，幼児が環境に関わって展開する具体的な活動を通して総合的に指導されるものであることに留意しなければならない。

　また，「幼児期の終わりまでに育ってほしい姿」が，ねらい及び内容に基づく活動全体を通して資質・能力が育まれている幼児の幼稚園修了時の具体的な姿であることを踏まえ，指導を行う際に考慮するものとする。

　なお，特に必要な場合には，各領域に示すねらいの趣旨に基づいて適切な，具体的な内容を工夫し，それを加えても差し支えないが，その場合には，それが第1章の第1に示す幼稚園教育の基本を逸脱しないよう慎重に配慮する必要がある。

健　康
〔健康な心と体を育て，自ら健康で安全な生活をつくり出す力を養う。〕

1　ねらい
(1)　明るく伸び伸びと行動し，充実感を味わう。
(2)　自分の体を十分に動かし，進んで運動しようとする。
(3)　健康，安全な生活に必要な習慣や態度を身に付け，見通しをもって行動する。

2　内　容
(1)　先生や友達と触れ合い，安定感をもって行動する。
(2)　いろいろな遊びの中で十分に体を動かす。
(3)　進んで戸外で遊ぶ。
(4)　様々な活動に親しみ，楽しんで取り組む。
(5)　先生や友達と食べることを楽しみ，食べ物への興味や関心をもつ。
(6)　健康な生活のリズムを身に付ける。
(7)　身の回りを清潔にし，衣服の着脱，食事，排泄(せつ)などの生活に必要な活動を自分でする。
(8)　幼稚園における生活の仕方を知り，自分たちで生活の場を整えながら見通しをもって行動する。
(9)　自分の健康に関心をもち，病気の予防などに必要な活動を進んで行う。
(10)　危険な場所，危険な遊び方，災害時などの行動の仕方が分かり，安全に気を付けて行動する。

3　内容の取扱い
上記の取扱いに当たっては，次の事項に留意する必要がある。
(1)　心と体の健康は，相互に密接な関連があるものであることを踏まえ，幼児が教師や他の幼児との温かい触れ合いの中で自己の存在感や充実感を味わうことなどを基盤として，しなやかな心と体の発達を促すこと。特に，十分に体を動かす気持ちよさを体験し，自ら体を動かそうとする意欲が育つようにすること。
(2)　様々な遊びの中で，幼児が興味や関心，能力に応じて全身を使って活動することにより，体を

動かす楽しさを味わい，自分の体を大切にしようとする気持ちが育つようにすること。その際，多様な動きを経験する中で，体の動きを調整するようにすること。
(3) 自然の中で伸び伸びと体を動かして遊ぶことにより，体の諸機能の発達が促されることに留意し，幼児の興味や関心が戸外にも向くようにすること。その際，幼児の動線に配慮した園庭や遊具の配置などを工夫すること。
(4) 健康な心と体を育てるためには食育を通じた望ましい食習慣の形成が大切であることを踏まえ，幼児の食生活の実情に配慮し，和やかな雰囲気の中で教師や他の幼児と食べる喜びや楽しさを味わったり，様々な食べ物への興味や関心をもったりするなどし，食の大切さに気付き，進んで食べようとする気持ちが育つようにすること。
(5) 基本的な生活習慣の形成に当たっては，家庭での生活経験に配慮し，幼児の自立心を育て，幼児が他の幼児と関わりながら主体的な活動を展開する中で，生活に必要な習慣を身に付け，次第に見通しをもって行動できるようにすること。
(6) 安全に関する指導に当たっては，情緒の安定を図り，遊びを通して安全についての構えを身に付け，危険な場所や事物などが分かり，安全についての理解を深めるようにすること。また，交通安全の習慣を身に付けるようにするとともに，避難訓練などを通して，災害などの緊急時に適切な行動がとれるようにすること。

人間関係
〔他の人々と親しみ，支え合って生活するために，自立心を育て，人と関わる力を養う。〕

1 ねらい
(1) 幼稚園生活を楽しみ，自分の力で行動することの充実感を味わう。
(2) 身近な人と親しみ，関わりを深め，工夫したり，協力したりして一緒に活動する楽しさを味わい，愛情や信頼感をもつ。
(3) 社会生活における望ましい習慣や態度を身に付ける。

2 内 容
(1) 先生や友達と共に過ごすことの喜びを味わう。
(2) 自分で考え，自分で行動する。
(3) 自分でできることは自分でする。
(4) いろいろな遊びを楽しみながら物事をやり遂げようとする気持ちをもつ。
(5) 友達と積極的に関わりながら喜びや悲しみを共感し合う。
(6) 自分の思ったことを相手に伝え，相手の思っていることに気付く。
(7) 友達のよさに気付き，一緒に活動する楽しさを味わう。
(8) 友達と楽しく活動する中で，共通の目的を見いだし，工夫したり，協力したりなどする。
(9) よいことや悪いことがあることに気付き，考えながら行動する。
(10) 友達との関わりを深め，思いやりをもつ。
(11) 友達と楽しく生活する中できまりの大切さに気付き，守ろうとする。
(12) 共同の遊具や用具を大切にし，皆で使う。
(13) 高齢者をはじめ地域の人々などの自分の生活に関係の深いいろいろな人に親しみをもつ。

3 内容の取扱い
上記の取扱いに当たっては，次の事項に留意する必要がある。
(1) 教師との信頼関係に支えられて自分自身の生活を確立していくことが人と関わる基盤となることを考慮し，幼児が自ら周囲に働き掛けることにより多様な感情を体験し，試行錯誤しながら

諦めずにやり遂げることの達成感や，前向きな見通しをもって自分の力で行うことの充実感を味わうことができるよう，幼児の行動を見守りながら適切な援助を行うようにすること。

(2) 一人一人を生かした集団を形成しながら人と関わる力を育てていくようにすること。その際，集団の生活の中で，幼児が自己を発揮し，教師や他の幼児に認められる体験をし，自分のよさや特徴に気付き，自信をもって行動できるようにすること。

(3) 幼児が互いに関わりを深め，協同して遊ぶようになるため，自ら行動する力を育てるようにするとともに，他の幼児と試行錯誤しながら活動を展開する楽しさや共通の目的が実現する喜びを味わうことができるようにすること。

(4) 道徳性の芽生えを培うに当たっては，基本的な生活習慣の形成を図るとともに，幼児が他の幼児との関わりの中で他人の存在に気付き，相手を尊重する気持ちをもって行動できるようにし，また，自然や身近な動植物に親しむことなどを通して豊かな心情が育つようにすること。特に，人に対する信頼感や思いやりの気持ちは，葛藤やつまずきをも体験し，それらを乗り越えることにより次第に芽生えてくることに配慮すること。

(5) 集団の生活を通して，幼児が人との関わりを深め，規範意識の芽生えが培われることを考慮し，幼児が教師との信頼関係に支えられて自己を発揮する中で，互いに思いを主張し，折り合いを付ける体験をし，きまりの必要性などに気付き，自分の気持ちを調整する力が育つようにすること。

(6) 高齢者をはじめ地域の人々などの自分の生活に関係の深いいろいろな人と触れ合い，自分の感情や意志を表現しながら共に楽しみ，共感し合う体験を通して，これらの人々などに親しみをもち，人と関わることの楽しさや人の役に立つ喜びを味わうことができるようにすること。また，生活を通して親や祖父母などの家族の愛情に気付き，家族を大切にしようとする気持ちが育つようにすること。

環　境

〔周囲の様々な環境に好奇心や探究心をもって関わり，それらを生活に取り入れていこうとする力を養う。〕

1　ねらい

(1) 身近な環境に親しみ，自然と触れ合う中で様々な事象に興味や関心をもつ。
(2) 身近な環境に自分から関わり，発見を楽しんだり，考えたりし，それを生活に取り入れようとする。
(3) 身近な事象を見たり，考えたり，扱ったりする中で，物の性質や数量，文字などに対する感覚を豊かにする。

2　内　容

(1) 自然に触れて生活し，その大きさ，美しさ，不思議さなどに気付く。
(2) 生活の中で，様々な物に触れ，その性質や仕組みに興味や関心をもつ。
(3) 季節により自然や人間の生活に変化のあることに気付く。
(4) 自然などの身近な事象に関心をもち，取り入れて遊ぶ。
(5) 身近な動植物に親しみをもって接し，生命の尊さに気付き，いたわったり，大切にしたりする。
(6) 日常生活の中で，我が国や地域社会における様々な文化や伝統に親しむ。
(7) 身近な物を大切にする。
(8) 身近な物や遊具に興味をもって関わり，自分なりに比べたり，関連付けたりしながら考えたり，試したりして工夫して遊ぶ。
(9) 日常生活の中で数量や図形などに関心をもつ。

付録7

(10) 日常生活の中で簡単な標識や文字などに関心をもつ。
(11) 生活に関係の深い情報や施設などに興味や関心をもつ。
(12) 幼稚園内外の行事において国旗に親しむ。

3 内容の取扱い

上記の取扱いに当たっては,次の事項に留意する必要がある。

(1) 幼児が,遊びの中で周囲の環境と関わり,次第に周囲の世界に好奇心を抱き,その意味や操作の仕方に関心をもち,物事の法則性に気付き,自分なりに考えることができるようになる過程を大切にすること。また,他の幼児の考えなどに触れて新しい考えを生み出す喜びや楽しさを味わい,自分の考えをよりよいものにしようとする気持ちが育つようにすること。
(2) 幼児期において自然のもつ意味は大きく,自然の大きさ,美しさ,不思議さなどに直接触れる体験を通して,幼児の心が安らぎ,豊かな感情,好奇心,思考力,表現力の基礎が培われることを踏まえ,幼児が自然との関わりを深めることができるよう工夫すること。
(3) 身近な事象や動植物に対する感動を伝え合い,共感し合うことなどを通して自分から関わろうとする意欲を育てるとともに,様々な関わり方を通してそれらに対する親しみや畏敬の念,生命を大切にする気持ち,公共心,探究心などが養われるようにすること。
(4) 文化や伝統に親しむ際には,正月や節句など我が国の伝統的な行事,国歌,唱歌,わらべうたや我が国の伝統的な遊びに親しんだり,異なる文化に触れる活動に親しんだりすることを通じて,社会とのつながりの意識や国際理解の意識の芽生えなどが養われるようにすること。
(5) 数量や文字などに関しては,日常生活の中で幼児自身の必要感に基づく体験を大切にし,数量や文字などに関する興味や関心,感覚が養われるようにすること。

言 葉

> 経験したことや考えたことなどを自分なりの言葉で表現し,相手の話す言葉を聞こうとする意欲や態度を育て,言葉に対する感覚や言葉で表現する力を養う。

1 ねらい

(1) 自分の気持ちを言葉で表現する楽しさを味わう。
(2) 人の言葉や話などをよく聞き,自分の経験したことや考えたことを話し,伝え合う喜びを味わう。
(3) 日常生活に必要な言葉が分かるようになるとともに,絵本や物語などに親しみ,言葉に対する感覚を豊かにし,先生や友達と心を通わせる。

2 内 容

(1) 先生や友達の言葉や話に興味や関心をもち,親しみをもって聞いたり,話したりする。
(2) したり,見たり,聞いたり,感じたり,考えたりなどしたことを自分なりに言葉で表現する。
(3) したいこと,してほしいことを言葉で表現したり,分からないことを尋ねたりする。
(4) 人の話を注意して聞き,相手に分かるように話す。
(5) 生活の中で必要な言葉が分かり,使う。
(6) 親しみをもって日常の挨拶をする。
(7) 生活の中で言葉の楽しさや美しさに気付く。
(8) いろいろな体験を通じてイメージや言葉を豊かにする。
(9) 絵本や物語などに親しみ,興味をもって聞き,想像をする楽しさを味わう。
(10) 日常生活の中で,文字などで伝える楽しさを味わう。

3 内容の取扱い

上記の取扱いに当たっては，次の事項に留意する必要がある。

(1) 言葉は，身近な人に親しみをもって接し，自分の感情や意志などを伝え，それに相手が応答し，その言葉を聞くことを通して次第に獲得されていくものであることを考慮して，幼児が教師や他の幼児と関わることにより心を動かされるような体験をし，言葉を交わす喜びを味わえるようにすること。

(2) 幼児が自分の思いを言葉で伝えるとともに，教師や他の幼児などの話を興味をもって注意して聞くことを通して次第に話を理解するようになっていき，言葉による伝え合いができるようにすること。

(3) 絵本や物語などで，その内容と自分の経験とを結び付けたり，想像を巡らせたりするなど，楽しみを十分に味わうことによって，次第に豊かなイメージをもち，言葉に対する感覚が養われるようにすること。

(4) 幼児が生活の中で，言葉の響きやリズム，新しい言葉や表現などに触れ，これらを使う楽しさを味わえるようにすること。その際，絵本や物語に親しんだり，言葉遊びなどをしたりすることを通して，言葉が豊かになるようにすること。

(5) 幼児が日常生活の中で，文字などを使いながら思ったことや考えたことを伝える喜びや楽しさを味わい，文字に対する興味や関心をもつようにすること。

表現

感じたことや考えたことを自分なりに表現することを通して，豊かな感性や表現する力を養い，創造性を豊かにする。

1 ねらい

(1) いろいろなものの美しさなどに対する豊かな感性をもつ。
(2) 感じたことや考えたことを自分なりに表現して楽しむ。
(3) 生活の中でイメージを豊かにし，様々な表現を楽しむ。

2 内容

(1) 生活の中で様々な音，形，色，手触り，動きなどに気付いたり，感じたりするなどして楽しむ。
(2) 生活の中で美しいものや心を動かす出来事に触れ，イメージを豊かにする。
(3) 様々な出来事の中で，感動したことを伝え合う楽しさを味わう。
(4) 感じたこと，考えたことなどを音や動きなどで表現したり，自由にかいたり，つくったりなどする。
(5) いろいろな素材に親しみ，工夫して遊ぶ。
(6) 音楽に親しみ，歌を歌ったり，簡単なリズム楽器を使ったりなどする楽しさを味わう。
(7) かいたり，つくったりすることを楽しみ，遊びに使ったり，飾ったりなどする。
(8) 自分のイメージを動きや言葉などで表現したり，演じて遊んだりするなどの楽しさを味わう。

3 内容の取扱い

上記の取扱いに当たっては，次の事項に留意する必要がある。

(1) 豊かな感性は，身近な環境と十分に関わる中で美しいもの，優れたもの，心を動かす出来事などに出会い，そこから得た感動を他の幼児や教師と共有し，様々に表現することなどを通して養われるようにすること。その際，風の音や雨の音，身近にある草や花の形や色など自然の中にある音，形，色などに気付くようにすること。

(2) 幼児の自己表現は素朴な形で行われることが多いので，教師はそのような表現を受容し，幼児

付録7

自身の表現しようとする意欲を受け止めて，幼児が生活の中で幼児らしい様々な表現を楽しむことができるようにすること。

(3) 生活経験や発達に応じ，自ら様々な表現を楽しみ，表現する意欲を十分に発揮させることができるように，遊具や用具などを整えたり，様々な素材や表現の仕方に親しんだり，他の幼児の表現に触れられるよう配慮したりし，表現する過程を大切にして自己表現を楽しめるように工夫すること。

第3章　教育課程に係る教育時間の終了後等に行う教育活動などの留意事項

1 　地域の実態や保護者の要請により，教育課程に係る教育時間の終了後等に希望する者を対象に行う教育活動については，幼児の心身の負担に配慮するものとする。また，次の点にも留意するものとする。
　(1)　教育課程に基づく活動を考慮し，幼児期にふさわしい無理のないものとなるようにすること。その際，教育課程に基づく活動を担当する教師と緊密な連携を図るようにすること。
　(2)　家庭や地域での幼児の生活も考慮し，教育課程に係る教育時間の終了後等に行う教育活動の計画を作成するようにすること。その際，地域の人々と連携するなど，地域の様々な資源を活用しつつ，多様な体験ができるようにすること。
　(3)　家庭との緊密な連携を図るようにすること。その際，情報交換の機会を設けたりするなど，保護者が，幼稚園と共に幼児を育てるという意識が高まるようにすること。
　(4)　地域の実態や保護者の事情とともに幼児の生活のリズムを踏まえつつ，例えば実施日数や時間などについて，弾力的な運用に配慮すること。
　(5)　適切な責任体制と指導体制を整備した上で行うようにすること。
2 　幼稚園の運営に当たっては，子育ての支援のために保護者や地域の人々に機能や施設を開放して，園内体制の整備や関係機関との連携及び協力に配慮しつつ，幼児期の教育に関する相談に応じたり，情報を提供したり，幼児と保護者との登園を受け入れたり，保護者同士の交流の機会を提供したりするなど，幼稚園と家庭が一体となって幼児と関わる取組を進め，地域における幼児期の教育のセンターとしての役割を果たすよう努めるものとする。その際，心理や保健の専門家，地域の子育て経験者等と連携・協働しながら取り組むよう配慮するものとする。

付録7

学習指導要領等の改善に係る検討に必要な専門的作業等協力者（五十音順）

（職名は平成 29 年 6 月現在）

石 井 正 広	東京都町田市立大蔵小学校長
市 川 寛 明	江戸東京博物館学芸員
梅 田 比奈子	神奈川県横浜市立瀬ケ崎小学校長
大 嶋 和 彦	香川県高松市立十河小学校教頭
小 倉 勝 登	東京学芸大学附属小金井小学校教諭
加 藤 寿 朗	島根大学大学院教授
唐 木 清 志	筑波大学教授
北　　俊 夫	国士舘大学教授
栗 栖 ゆみ子	京都府京都市立金閣小学校教頭
児 玉 大 祐	東京都教職員研修センター企画部企画課長
佐 野 浩 志	北海道札幌市立幌南小学校教頭
柴 田 華 子	大阪府大阪市立豊崎小学校教諭
永 田 忠 道	広島大学大学院准教授
中 田 正 弘	帝京大学大学院教授
溝 口 和 宏	鹿児島大学学術研究院教授
安 野　 功	國學院大學教授

国立教育政策研究所においては，次の者が本書の作成に携わった。
二 井 正 浩 　教育課程研究センター総括研究官

なお，文部科学省においては，次の者が本書の編集に当たった。
合 田 哲 雄 　初等中等教育局教育課程課長
梶 山 正 司 　初等中等教育局教科書課長
　　　　　　　（前初等中等教育局主任視学官）
平 野　 誠 　大臣官房教育改革調整官
澤 井 陽 介 　初等中等教育局視学官
大 内 克 紀 　初等中等教育局教育課程課学校教育官
嶋 田 孝 次 　初等中等教育局教育課程課専門官
堀 江　 真 　独立行政法人大学入試センター事業部事業第二課長
　　　　　　　（前初等中等教育局教育課程課専門官）

小学校学習指導要領(平成29年告示)解説　社会編

MEXT 1-1704

平成 30 年 2 月 28 日	初版発行
平成 30 年 3 月 31 日	二版発行
平成 30 年 7 月 18 日	三版発行
令和 2 年 1 月 7 日	四版発行
令和 2 年 11 月 26 日	五版発行
令和 3 年 8 月 20 日	六版発行

著作権所有　　　　文部科学省

発 行 者　　　　大阪市住吉区南住吉4-7-5
　　　　　　　　日本文教出版株式会社
　　　　　　　　代表者　佐々木秀樹

印 刷 者　　　　広島県呉市広白石1-2-34
　　　　　　　　株式会社　ユニックス

発 行 所　　　　大阪市住吉区南住吉4-7-5
　　　　　　　　日本文教出版株式会社
　　　　　　　　電話　06-6692-1261

定価　156円(本体142円+税10%)